陳鼓應

莊子今註今譯

【下】

中華書局

至樂

至樂篇，討論人生快樂和生死態度的問題。「至樂」，至極的快樂。取首句中二字為篇名。

本篇共七章，各自成獨立單元。第一章，談人生有沒有至極的快樂。評世俗縱情於官能之樂；富貴者求樂，適足以傷生，疏離生命。標示「至樂無樂」——「至樂」為超脫俗情縱慾而求內心恬和之樂。第二章，莊子妻死，鼓盆而歌，忘卻死亡之憂，以為生死不過是氣的聚散。第三章，支離叔與滑介叔「觀化」，天地間無時不在變化中，人當順隨變化而安於所化。第四章，莊子與空髑髏對話的寓言。借髑髏寫出人生的種種累患。第五章，為孔子和子貢的對話，講魯侯養海鳥的寓言，魯侯「以己養養鳥」，非以鳥養養鳥」，結果把鳥弄死了。這寓言喻治者以己意強施於民，往往造成眾人的災害。所以主張為政之道，要使人民「不一其能，不同其事」。第六章，列子見髑髏而有所感言，以為人的死生當不為憂樂所執。第七章，寫物種演化的歷程。此外，髑髏出自本篇的著名成語有：鼓盆而歌、夜以繼日、褚小懷大、綆短汲深等。此外，髑髏見夢、魯侯養鳥等富有哲理性的寓言，亦見於本篇。

一

天下有至樂無有哉？有可以活身者無有哉？今奚為奚據？奚避奚處？奚就奚去？奚樂奚惡？

夫天下之所尊者，富貴壽善[1]也；所樂者，身安厚味美服好色音聲也；所下者，貧賤夭惡也；所苦者，身不得安逸，口不得厚味，形不得美服，目不得好色，耳不得音聲；

若不得者，則大憂以懼，其為形也，亦愚哉！

夫富者，苦身疾作②，多積財而不得盡用，其為形也亦外矣③。夫貴者，夜以繼日，思慮善否，其為形也亦疏矣。人之生也，與憂俱生，壽者惛惛④，久憂不死，何苦也！其為形也亦遠矣。烈士為天下見善矣，未足以活身。吾未知善之誠善邪，誠不善邪？若以為善矣，不足活身；以為不善矣，足以活人。故曰：「忠諫不聽，蹲循⑤勿爭。」故夫子胥爭之以殘其形，不爭，名亦不成。誠有善無有哉？

今俗之所為與其所樂，吾又未知樂之果樂邪，果不樂邪？吾觀夫俗之所樂，舉羣趣⑥者，誙誙然⑦如將不得已⑧，而皆曰樂者，吾未知之樂也，亦未知之不樂也⑨。果有樂無有哉？吾以無為誠樂矣，又俗之所大苦也。故曰：「至樂無樂，至譽無譽。」

【註譯】

①善：善名（成疏）；所遇順善（王先謙註）。

②疾作：勤勉勞動。

③外矣：「內矣」相反字。下文「疏矣」「遠矣」，即是「密矣」「近矣」的相反字，都是指違反常性的意思。

④惛惛（mèn 悶）：即昏昏；指精神懵懂。涵本「惛惛」作「惽惽」（馬叙倫莊子義證）。

⑤蹲循：即「逡巡」，卻退的意思。

林雲銘說：「蹲循，逡巡退聽之貌。言忠諫不見聽，即當卻去不必與之爭也。」（莊子因）俞樾說：「『蹲循』，當讀為『逡巡』。古書『逡巡』字或作『逡遁』，漢鄭固碑：『逡遁，退讓也。』是也，此又作『蹲循』者，據外物篇：『帥弟子而踆於窾水。』釋文引字林云：『踆，古蹲字。』然則『蹲循』者，『踆遁』也。漢碑作『逡遁』，莊子書作『蹲循』，字異而音義同矣。『忠諫不聽，蹲循勿爭』，謂人主不聽忠諫，則為人臣者當逡巡而退，勿與之爭也。」（諸子平議）

⑥舉羣趣：言舉世羣然而趨之（林希逸口義）；形容一窩蜂地追逐。

⑦誙誙然：必取之意（林希逸口義）；專確貌（宣穎南華經解）。按：形容執着的樣子。

⑧不得已：「已」，作「止」。

⑨吾未知之樂也，亦未知之不樂也：兩「知」字今本原缺。按：陳碧虛闕誤引江南古藏本，兩「未」字下並有「知」字，當從之。「吾未知之樂也，亦未知之不樂也」，即「吾未知其樂也，亦未知其不樂也」。「之」猶「其」（王叔岷校釋）。

【今譯】

世界上有沒有至極的歡樂呢？有沒有可以養活身命的方法呢？如果有，要做些什麼？依據什麼？迴避什麼？留意什麼？從就什麼？捨去什麼？喜歡什麼？嫌惡什麼？

世界上所尊貴的，就是富有、華貴、長壽、善名；所享樂的，就是身體的安適、豐盛的飲食、華麗的裝飾、美好的顏色、悅耳的聲音；所厭棄的，就是貧窮、卑賤、夭折、惡名；所苦惱的，就是身體不能得到安逸，口腹不能得到美味，外表不能得到華麗服飾，眼睛不能看到美好顏色，耳朵不能聽到動人聲音；如果得不到這些，就大為憂懼。這樣的為形體，豈不是太愚昧了嗎？富人勞苦身體，辛勤工作，聚積很多錢財而不能完全使用，這樣對於護養自己的形體，豈不是背道而馳嗎？貴人日以繼夜，憂慮着名聲的好壞，這樣對於護養自己的形體，豈不是很疏忽嗎？人的一生，和憂愁共存，長命的人昏昏沉沉，久久地憂患着如何才能不死，多麼苦惱啊！這樣對於保全自己的形體豈不是很疏遠嗎？烈士被天下人所稱讚，然而卻保不住自己的性命，我不知道這真是完善呢？還是不完善？如果說是完善，卻保不住自己的性命；如果說不完善，卻救活了別人。俗語說：「忠誠地諫告，如果不聽，就退去，不必再爭諫。」所以子胥因為諫諍而遭殘戮，如果他不爭諫，就不會成名。這樣看來有沒有真正的完善呢？

現在世俗所追求和所歡樂的，我不知道果真是快樂，還是不快樂？我看世俗所歡樂的，一窩蜂地追逐，十分執着地好像欲罷不能，而大家都說這是快樂，我不知道這算是快樂，還是不快樂。果真有快樂沒有呢？我以為清靜無為是真正的快樂，但這又是世俗人所大感苦惱的。所以說：「至極的歡樂在於『無樂』，最高的聲譽在於『無譽』。」

天下是非果未可定也。雖然，無為可以定是非。至樂活身，唯無為幾存①。請嘗試言之。天無為以之清，地無為以之寧②，故兩無為相合，萬物皆化生③。芒乎芴乎④，而無從出乎！芴乎芒乎，而無有象乎！萬物職職⑤，皆從無為殖⑥。故曰天地無為也而無不為也⑦，人也孰能得無為哉！

【註譯】

①無為幾存：「幾」，近。老子六十四章有「無為故無敗」句。

②天無為以之清，地無為以之寧：同於老子三十九章：「天得一以清，地得一以寧。」（「一」即指無為之道。）

③兩無為相合，萬物皆化生：「生」字舊脫。陳碧虛闕誤引江南古藏本「化」下有「生」字，當從之。「生」與上文「清」、「寧」為韻，疏「而萬物化生」，是成本亦有「生」字（劉文典、王叔岷校）。

④芒乎芴乎：恍惚芒昧（成疏）。老子二十一章有「恍兮惚兮」句。

⑤職職：繁多的樣子。

馬叙倫說：「按『職』借為『秩』。說文曰：『秩，積也。』」

⑥無為殖：意指萬物在自然中產生。

郭象註：「皆自殖耳。」

⑦天地無為也而無不為也：老子三十七章作：「道常無為而無不為。」

【今譯】

天下的是非確實不可以成定論的。雖然這樣，然而「無為」的態度可以定論是非。至極的歡樂可以養活身心，只有「無為」的生活方式或許可以得到歡樂。請讓我說說：天「無為」卻自然清虛，地「無為」卻自然寧靜，天地「無為」而相合，萬物乃變化生長。恍恍惚惚，不知道從哪裏生出來！恍恍惚惚，找不出一點跡象來！萬物繁多，都從無為的狀態中產生。所以說：天地無心作為卻沒有一樣東西不是從它們生出來的。誰能夠學這種「無為」的精神呢！

二

莊子妻死，惠子弔之，莊子則方箕踞①鼓盆②而歌。惠子曰：「與人居③，長子、老、身死④，不哭，亦足矣，又鼓盆而歌，不亦甚乎！」莊子曰：「不然。是其始死也，我獨何能無概⑤然！察其始而本無生，非徒無生也而本無形，非徒無形也而本無氣。雜乎芒芴⑥之間，變而有氣，氣變而有形，形變而有生，今又變而之死，是相與為春秋冬夏四時行也。人且偃然⑦寢於巨室⑧，而我噭噭然⑨隨而哭之，自以為不通乎命，故止也。」

【註譯】

①箕踞：蹲坐，如簸箕形狀。

②盆：瓦缶，古時樂器。

③與人居：「人」指莊子妻。

④長子、老、身死：長養子孫，妻老死亡（成疏）。歷來多以「長子老身」為句，「死」字屬下讀。今從宣穎本讀法。

⑤概：即慨，感觸哀傷。

⑥芒芴：讀同恍惚（褚伯秀義海纂微）。

⑦偃然：安息的樣子。

⑧巨室：指天地之間。

⑨噭噭然：叫哭聲。

【今譯】

莊子的妻子死了，惠子去弔喪，看到莊子正蹲坐着，敲着盆子唱歌。

惠子說：「妻子和你住在一起，為你生兒育女，現在老而身死，不哭也就罷了，還要敲着盆子唱歌，這豈不太過分了嗎？」

莊子說：「不是這樣。當她剛死的時候，我怎能不哀傷呢？可是觀察她起初本來是沒有生命的，不僅沒有生命而且還沒有形體，不僅沒有形體而且還沒有氣息。在若有若無之間，變而成氣，氣變而成形，形變而成生命，現在又變而為死，這樣生來死往的變化就好像春夏秋冬四季的運行一樣。人家靜靜地安息在天地之間，而我還在啼啼哭哭，我以為這樣是不通達生命的道理，所以才不哭。」

三

支離叔與滑介叔①觀於冥伯之丘②，崑崙之虛，黃帝之所休。俄而柳③生其左肘④，其意蹶蹶然⑤惡之。

支離叔曰：「子惡之乎？」

滑介叔曰：「亡，予何惡！生者，假借⑥也；假之而生生者，塵垢⑦也。死生為晝夜。且吾與子觀化⑧而化及我，我又何惡焉！」

【註譯】

①支離叔與滑介叔：寓託人名。
李頤說：「支離忘形，滑介忘智，言二子乃識化也。」（釋文引）

②冥伯之丘：寓託丘名。
李頤說：「丘名，喻杳冥。」

③柳：借為「瘤」。
郭嵩燾說：「『柳』，『瘤』字，一聲之轉。」（見郭慶藩莊子集釋引）

④肘（zhǒu 箒）：臂部關節彎曲處。

⑤蹶蹶然：驚動的樣子。

⑥假借：指身體乃是外在物質元素假合而成。
⑦塵垢：暫時的湊集（據宣穎註）。
⑧觀化：觀於變化。「化」，指生死的變化。
徐復觀先生說：「所謂『觀化』，即對萬物的變化，保持觀照而不牽惹自己的感情判斷的態度。」（中國人性論史莊子的心第三九二頁）

【今譯】

支離叔和滑介叔一同到冥伯的丘陵、崑崙的荒野去遊覽，那是黃帝曾經休息過的地方。忽然間滑介叔左臂上長了一個瘤，他顯得驚動不安，好像厭惡它的樣子。
支離叔說：「你嫌惡它嗎？」
滑介叔說：「不，我為什麽嫌惡？身體乃是外在物質元素假合而成；外在元素假合而產生的生命，乃是暫時的湊集。死生就好像晝夜一般的運轉。我和你觀察萬物的變化，現在變化臨到了我，我又為什麽要嫌惡呢？」

四

莊子之楚，見空髑髏，髐然①有形，撽②以馬捶③，因而問之，曰：「夫子貪生失理，而為此乎？將子有亡國之事，斧鉞之誅，而為此乎？將子有不善之行，愧遺父母妻子之醜，而為此乎？將子有凍餒之患，而為此乎？將子之春秋④故及此乎？」

於是語卒，援髑髏，枕而臥。夜半，髑髏見夢曰：「子之談者似辯士。視子所言，皆生人之累也，死則無此矣。子欲聞死之說乎？」

莊子曰：「然。」

髑髏曰：「死，無君於上，無臣於下；亦無四時之事，從然⑤以天地為春秋，雖南面王樂，不能過也。」

莊子不信，曰：「吾使司命⑥復生子形，為子骨肉肌膚，反子父母妻子閭里知識⑦，子欲之乎？」

髑髏深矉蹙頞⑧曰：「吾安能棄南面王樂而復為人間之勞乎！」

【註譯】

①髐（xiāo 哮）然：空枯的樣子。

②撽：說文作「擊」，云：旁擊（釋文）。

③馬捶：「捶」，作「箠」，即馬鞭。

④春秋：年紀。

⑤從然：「從」，通「縱」，形容縱逸的樣子。闕誤引張君房本「從然」作「泛然」。

⑥司命：掌管生命的鬼神。
⑦知識：指朋友。
⑧深矉蹙（cù醋）頞（è遏）：「矉」，同顰，皺眉。「頞」，同「額」。形容眉目之間露出憂愁的樣子。

【今譯】

莊子到楚國，看見一個骷髏，空枯成形，他就用馬鞭敲它，問道：「先生是因為貪生背理，以至於死的嗎？還是國家敗亡，遭到斧鉞的砍殺，而死於戰亂的呢？你是做了不善的行為，玷辱父母妻兒，而慚愧致死的嗎？還是凍餓的災患而致死的呢？或是年壽盡了而自然死亡的呢？」莊子這樣說完了話，就拿着骷髏，當着枕頭睡覺。半夜裏，莊子夢見骷髏對他說：「你的談話好像辯士。聽你所說，都是生人的累患，死了就沒有這些憂慮。你要聽聽死人的情形嗎？」

莊子說：「好。」

骷髏說：「死了，上面沒有君主，下面沒有臣子；也沒有四季的冷凍熱曬，從容自得和天地共長久，雖是國王的快樂，也不能勝過。」

莊子不相信，說：「我讓掌管生命的神靈恢復你的形體，還給你骨肉肌膚，把你送回到父母妻子故鄉朋友那裏，你願意嗎？」

骷髏聽了，眉目之間露出憂愁的樣子說：「我怎能拋棄國王般的快樂而回復到人間的勞苦呢？」

五

顏淵東之齊，孔子有憂色，子貢下蓆而問曰：「小子敢問，回東之齊，夫子有憂色，何邪？」

孔子曰：「善哉汝問！昔者管子有言，丘甚善之，曰：『褚[①]小者不可以懷大，綆[②]短者不可以汲深。』夫若是者，以為命有所成而形有所適也[③]，夫不可損益。吾恐回與齊侯言堯舜黃帝之道，而重以燧人神農之言。彼將內求於己而不得，不得則惑，人惑則死。

「且女獨不聞邪？昔者海鳥止於魯郊，魯侯御[④]而觴[⑤]之於廟，奏九韶以為樂，具太牢[⑥]以為膳。鳥乃眩視憂悲，不敢食一臠，不敢飲一杯，三日而死。此以己養養鳥也，非以鳥養養鳥也。夫以鳥養養鳥者，宜棲之深林，遊之壇陸[⑦]，浮之江湖，食之鰌鰷[⑧]，隨行列而止，委虵[⑨]而處。彼唯人言之惡聞，奚以夫譊譊[⑩]為乎！咸池九韶之樂，張之洞庭之野[⑪]，鳥聞之而飛，獸聞之而走，魚聞之而下入[⑫]，人卒[⑬]聞之，相與還而觀之。魚處水而生，人處水而死，彼必相與異，其好惡故異也。故先聖不一其能，不同其事。名止於實，義設於適[⑭]，是之謂條達[⑮]而福持[⑯]。」

【註譯】

①褚：布袋。

②綆（gěng 梗）：繩索。

③命有所成而形有所適也：性命各有它形成之理，而形體各有它適宜之處。

④御：迎。

⑤觴（shāng 傷）：宴飲。

⑥太牢：指牛羊豕。

⑦壇陸：「壇」，司馬本作「澶」（釋文）；水中沙澶。「壇陸」，即湖渚。

⑧鰷：小魚名。「鰷」，泥鰍。「鮍」，白魚子。

⑨委蛇：寬舒自得（成疏）。「委」，成疏作「逶」。「委」為「逶」省（馬叙倫說）。

⑩譊譊（náo 撓）：喧雜。

⑪洞庭之野：即廣漠之野。見天運篇。

⑫鳥聞之而飛，獸聞之而走，魚聞之而下入：齊物論作：「魚見之深入，鳥見之高飛，麋鹿見之決驟。」

⑬人卒：衆人。已見於天地篇與秋水篇。

⑭義設於適：事理的設施在於適性。

成玄英疏：「『義』者，宜也，隨宜施設，適性而已。」

林希逸說：「義設於適，蓋言人各隨其分也。」

⑮條達：條理通達。
⑯福持：福分常在。

【今譯】

顏淵往東到齊國，孔子面色憂愁。子貢即離蓆向前問說：「學生請問，顏回東往齊國，先生面色憂愁，為什麼呢？」

孔子說：「你問得很好！從前管子有句話，我覺得很好，他說：『布袋小的，不可以藏大的東西；繩索短的不可以汲深井的水。』這樣說來，性命各有它形成的道理，而形體各有它適宜的地方，這是不可以改變的。我恐怕顏回向齊侯談說堯舜黃帝的道理，而強調燧人神農的言論。齊侯聽了會內求自己而不得了解，不得了解就會產生疑惑，起了疑惑就要遭殃了。

「你沒有聽說過這個故事嗎？從前有隻海鳥飛落在魯國的郊外，魯侯把它迎進太廟，送酒給它飲，奏九韶的音樂取樂它，宰牛羊餵它。海鳥目眩心悲，不敢吃一塊肉，不敢飲一杯酒，三天就死了。這是用養人的方法去養鳥，不是用養鳥的方法去養鳥。用養鳥的方法去養鳥，就應該讓鳥在深林裏棲息，在沙灘上漫遊，在江湖中漂浮，啄食小魚，隨鳥羣行列而止息，自由自在地生活。鳥最怕聽到人的聲音，為什麼還要弄得這般喧雜呢？如果在洞庭的野外演奏咸池九韶的音樂，鳥聽了會飛去，獸聽了會逃走，魚聽了會沉下，然而人們聽了，卻會圍過來觀賞。魚在水裏才能得生，人在水裏就會淹死，人和魚的稟性各別，所以好惡也就不同了。所以先聖不求才能的劃一，不求事物相同。名和實相符，事理的設施求其適合於各自的性情，這就叫做『條理通達而福分常在』。」

六

列子行食於道從①，見百歲髑髏，攓②蓬而指之曰：「唯予與汝知而③未嘗死，未嘗生也。若果養④乎？予果歡乎？」

【註譯】

①道從：「從」，道旁（司馬彪註）。

②攓（qiān 牽）：拔。

③而：汝。

④養：憂。

宣穎說：「養，心憂不定貌。詩曰：『中心養養。』是也。」

俞樾說：「『養』，讀為『恙』，爾雅釋詁：『恙，憂也。』」

【今譯】

列子旅行在路旁進餐，看見一個百年的骷髏，撥開蓬草指着它說：「只有我和你知道，你沒有死也沒有生的道理。你果真憂愁嗎？我果真歡樂嗎？」

七

種有幾①，得水則為㡭②，得水土之際則為鼃蠙之衣③，生於陵屯④則為陵舄⑤，陵舄得鬱棲⑥則為烏足⑦。烏足之根為蠐螬⑧，其葉為胡蝶。胡蝶胥也⑨化而為蟲，生於竈下，其狀若脫⑩，其名為鴝掇⑪。鴝掇千日化而為鳥，其名為乾餘骨。乾餘骨之沫⑫為斯彌⑬，斯彌為食醯⑭。頤輅⑮生乎食醯；黃軦⑯生乎九猷⑰；瞀芮⑱生乎腐蠸⑲。羊奚⑳比乎不箰，久竹㉑生青寧㉒；青寧生程㉓，程生馬，馬生人，人又反入於機㉔。萬物皆出於機，皆入於機。

【註譯】

①種有幾：有多種解釋：（一）物種的變化有多少；如張湛說：「先問變化種數凡有幾條，然後明之於下。」（列子註）如郭象說：「變化種類，不可勝計。」（二）「幾」作「機」講；如陶鴻慶說：「『幾』當讀為『機』。黃帝篇之『杜德幾』『善者幾』『衡氣幾』諸『幾』字，莊子皆作『機』，即其例也。『機』即下文『萬物皆出於機皆入於機』也。」（見陶著讀列子札記，引自楊伯峻撰列子集釋內）（三）物種中有一種極微小的生物叫做「幾」；如馬叙倫說：「寓言篇曰：『萬物皆種也。』是此『幾』字謂萬物之種也。『幾』者，說文曰：『微也。』從二『幺』，『幺』小也，從二『幺』，故為『微』也。」如胡適說：「『種有幾』的『幾』字，當作『幾微』的『幾』字解。易繫辭傳說：『幾者，動之微，吉凶之先見者也。』正是這個『幾』字。『幾』字從『𢆶』，『𢆶』

字以從8，本象生物胞胎之形。我以為此處的『幾』字，是指物種最初時代的種子。」（中國哲學史）今譯從（三）。

②㡭：司馬本作「繼」，指一種斷續如絲的草。

林希逸說：「繼者，水上塵垢初生苔而未成，亦有絲縷相縈之意，但其為物甚微耳。」

王先謙說：「釋草：『蕒，牛脣。』郭註引毛詩傳曰：『水舄也，如續斷，寸寸有節，拔之可復。』說文：『蕒，水舄也。』郝懿行云：『今驗馬舄生水中者，華如車前而大，拔之，節節復生。』據此，即莊子所謂『㡭』也。拔之寸節復生，故以『繼』為名。」

③嬪之衣：青苔，俗稱蝦蟆衣（見成疏）。

④陵屯：高地。「屯」，阜（司馬彪註）。

⑤陵舄：車前草（成疏）。

⑥鬱棲：糞壤（李頤註）。

⑦烏足：草名。

⑧蠐（qí齊）螬（zāo糟）：金龜子的幼蟲。

馬叙倫說：「論衡無形篇曰：『蠐螬化而為復育，復育轉而為蟬。』陳藏器曰：『蠐螬居糞土中，身短足長，背有毛筋，但從夏入秋，蛻而為蟬。』李時珍曰：『蠐螬，狀如蠶而大，身短節促，足長，有毛，生樹根及糞土中者，外黃內黑，生舊茅屋上者，外白內黯。』」

⑨胥也：同「須臾」。

俞樾說：「釋文曰：『胡蝶胥也，一名胥。』此失其義，當屬下句讀之。本云『胡蝶胥也化而為蟲』，與下文『鴝掇千日為鳥』，兩文相對。『千日為鳥』，言其久也；『胥也化而為蟲』，言其速也。列子天瑞篇釋文曰：『胥，少也，謂少時也。』得其義矣。」

⑩脫：借為「蛻」。

⑪鴝掇，蟲名。

馬敘倫說：「『鴝掇』疑即『竈馬』。酉陽雜俎：竈馬狀如促織，稍大，腳長，好穴竈旁。」

⑫沫：口中唾沫。

⑬斯彌：蟲名。

⑭食醯（xī希）：酒甕裏的蠛蠓。

⑮頤輅：蟲名。

⑯黃軦：蟲名。

⑰九猷：蟲名。

⑱瞀（mào冒）芮（ruì瑞）：即蠡蚋。「瞀」、「蠡」一聲之轉（馬敘倫義證）。

⑲腐蠸：螢火蟲。

⑳羊奚：草名。

㉑不箰，久竹：久不長筍的竹子。「箰」，列子作「筍」。

㉒青寧：蟲名。

㉓程：豹。

殷敬順說：「尸子云：『程，中國謂之豹，越人謂之貘。』」（列子釋文）

羅勉道說：「筆談云：『延州人至今謂虎豹為程。蓋言蟲也。』」（南華真經循本）

㉔人又反入於機：有兩種解釋：（一）「機」，作天機，自然講；如成玄英疏：「機者發動，所謂造化也。造化者，無物也。人既從無生有，又反入歸無也。」（二）「機」，作「幾」，如馬叙倫說：「按『機』當為『幾』。即『種有幾』之『幾』也。」又如胡適說：「這一節的末三句所用三個『機』字，皆當作『幾』，即是上文『種有幾』的『幾』字。若這字不是承上文來的，何必說：『人又反入於機』呢？用『又』字和『反』字，可見這一句是回照『種有幾』一句。易繫辭傳『極深而研幾』一句，據釋文，一本『幾』作『機』。可見『幾』字誤作『機』是常有的事。」兩說都言之成理。今譯從（一）。

【今譯】

物種中有一種極微小的生物叫幾，它得到水以後就變成斷續如絲的繼草，在水和土的交境就變成青苔，生在高地上就變為車前草，車前草得到糞土以後就變為烏足草，烏足草的根變為蝎子，它的葉子變為蝴蝶。蝴蝶一會兒就化為蟲，生在火灶底下，形狀好像蛻化了皮似的，它的名叫鴝掇。鴝掇蟲過了一千日以後就變成鳥，名叫乾餘骨。乾餘骨的唾沫變為斯彌，斯彌變成蠛蠓。頤輅蟲生於蠛蠓；黄軦生於九猷蟲；瞀芮蟲生於螢火蟲。羊奚草和不筍久竹結合就生出青寧蟲；青寧蟲生出赤蟲，赤蟲生出馬，馬生出人，人又復歸於自然。萬物都從自然中出來，又回歸於自然。

達生

達生篇，主旨在說養神，強調人的精神作用。「達生」，暢達生命。取篇首二字為篇名。本篇由十一個寓言故事組成，篇首一章是通篇的綱領，指出通達生命實情的人，不重財物、名位、權勢，認為健全的生命，當求形體健全、精神充足（「形全精復」），與自然為一（「與天為一」）。第二章，關尹與列子的對話，由「純氣之守」說到「神全」。「純氣之守」，即保守純和的精神；「神全」，即是精神的凝聚。這一章主要寫精神凝聚的作用。第三章，仲尼見痀僂者承蜩，寫駝背老人「用志不分，乃凝於神」；由於他心志專一於對象上，發揮了洗鍊的技藝。第四章，顏淵與孔子的對話，指善游者忘水，乃神暇與專一之功。本章「外重者內拙」一語，頗有深義。第五章，田開之與周威公對話的故事，寫單豹「養其內而虎食其外」，張毅「養其外而病攻其內」，都各有所偏廢。養生要在「形」「精」並重。第六章，祝宗人說彘，諷權貴人物惑榮華而遭害，逐權位而取禍。第七章，寫桓公心神不寧而病生，心神釋然而病除，喻養神的重要。第八章，由養鬥雞寫養神的作用。第九章，孔子在呂梁觀人游水，得安習成性的道理。第十章，梓慶削木為鐻，寫一位專技者的精修用心的過程。第十一章，東野稷御馬，馬力竭而困敗，寫耗神過度，則勞竭必敗。第十二章，工倕畫圖，「指與物化」，寫其創造技能的精巧純熟，達到被創造對象融合為一的化境。「忘足，屨之適也；忘要（腰），帶之適也；忘是非，心之適也」的名句及「忘適之適」的命題，見於本節。出自本篇的著名成語，如：用志不分、外重內拙、呆若木雞、屨適忘足、帶適忘腰、忘適之適、昭然若揭等。此外，痀僂承蜩、梓慶為鐻等富有啓發性的寓言亦見於本篇。

一

達生之情[1]者，不務生之所無以為[2]；達命之情者，不務命[3]之所無奈何。養形必先之以物，物有餘而形不養者有之矣；有生必先無離形，形不離而生亡者有之矣。生之來不能卻，其去不能止。悲夫！世之人以為養形足以存生；而養形果不足以存生，則世奚足為哉！雖不足為而不可不為者，其為不免矣。

夫欲免為形者，莫如棄世④。棄世則無累⑤，無累則正平⑥，正平則與彼更生⑦，更生則幾⑧矣。事奚足棄而生奚足遺？棄事則形不勞，遺生⑨則精不虧。夫形全精復⑩，與天為一。天地者，萬物之父母也，合則成體，散則成始⑪。形精不虧，是謂能移⑫；精而又精，反以相天⑬。

【註譯】

①達生之情：通達生命的真義。「情」，實情、真相之意。

②生之所無以為：「無以為」謂無可為。生不能強求，故云「無以為」（李勉莊子分篇評註）。

林雲銘說：「『無以為』，身外之物，無所用也。」（莊子因）

宣穎說：「為無益之養者，『生之所無以為』也。」（南華經解）

③命：今本作「知」。「知」乃「命」字之譌（武延緒札記）。弘明集正誣論引「知」作「命」，當從之。兩「命」字與兩「生」字對言，淮南子詮言訓、泰族訓亦並作「命」（王叔岷校釋）。茲依武延緒、馬叙倫、劉文典、王叔岷、嚴靈峯諸說改。

④棄世：棄卻世間分外之事（成玄英疏）。

林希逸說：「『棄世』者，非避世也。處世以無心，感而後應，迫而後動，不得已而後起，則我自我而世自世矣。」

⑤無累：指不被分外之事所累。

⑥正平：心正氣平（陳壽昌南華真經正義）；心性純正平和（曹礎基說）。

⑦與彼更生：「更生」，日新之謂（郭象註）。「彼」，指自然。「與彼更生」是說和自然共同變化、推陳出新。

曹礎基說：「『彼』，指形體。『更生』，新生。謂心性純正平和則身體亦會隨之健康。」

⑧幾：近道（林雲銘說）。

⑨遺生：「遺」，忘。指遺忘生活中的分外之事。

⑩形全精復：「復」讀為「備」，古字通。儀禮特牲之「復」字，今文漢簡均作「備」，是其證。「精備」即本篇之「神全」，即上文之「精不虧」。形精完備，即下文之「形精不虧」。

⑪合則成體，散則成始：指物質原素相合便形成物體，離散便成為另一物體結合的開始。

宣穎說：「二氣合，則生物形；散於此者，生於彼之始。」

⑫能移：「移」，遷轉（成疏）。指能隨自然變化而更新。

⑬相天：「相」，助（成疏）。還輔其自然（郭註）。

【今譯】

通達生命實情的，不追求生命所不必要的東西；通達命運實況的，不追求命運所無可奈何的事故。保養形體必定先用物資，可是有些人物資豐餘而形體卻保養不好；保有生命必定先不使脫離形體，可是有些人形體沒有離散而生命卻已亡失了。生命的來臨不能拒絕，生命的離去不能阻止。可悲啊！世上的人以為保養形體便是保存生命；然而保養形體果真不足以保存生命，那麼世間的事還有什麼值得去做的呢？雖然不值得做卻不可不去做，這樣去做便不免於累了。要想免於為形體勞累，便不如捨棄俗世。捨棄俗世就沒有拖累，沒有拖累就心正氣平，心正氣平就和自然共同變化更新，和自然共同變化更新就接近道了。俗事為什麼需捨棄，生命為什麼需遺忘？捨棄俗事形體就不勞累，遺忘生命中的事務精神就不虧損。形體健全，精神充足，便和自然合而為一。天地是產生萬物的根源，（物質原素）相合便形成物體，離散便成為另一物體結合的開始。形體精神不虧損，就是能隨自然變化而更新；精而又精，返回過來輔助自然。

二

子列子問關尹①曰：「至人潛行不窒，蹈火不熱②，行乎萬物之上而不慄。請問何以至於此？」

關尹曰：「是純氣之守③也，非知巧果敢之列。居，予語汝！凡有貌象聲色者，皆物④也，物與物何以相遠？夫奚足以至乎先？是形色而已⑤。則物之造乎不形而止乎無所化⑥，夫得是而窮之者，物焉得而止焉⑦！彼⑧將處乎不淫之度⑨，而藏乎無端之紀⑩，遊乎萬物之所終始，壹其性，養其氣，合其德，以通乎物之所造⑪。夫若是者，其天守全，其神無郤⑫，物奚自入焉！

「夫醉者之墜車，雖疾不死。骨節與人同而犯害與人異，其神全也，乘亦不知也，墜亦不知也，死生驚懼不入乎其胸中，是故遻⑬物而不慴。彼得全於酒而猶若是，而況得全於天乎？聖人藏於天，故莫之能傷也。」

〔復讎者不折鏌干，雖有忮心者不怨飄瓦，是以天下平均。故無攻戰之亂，無殺戮之刑者，由此道也。不開人之天，而開天之天，開天者德生，開人者賊生。不厭其天，不忽於人，民幾乎以其真！〕⑭

【註譯】

①關尹：即關令尹，以官職作名稱。關尹與老聃並列，見天下篇。舊說關尹名喜，其實「喜」是高興的意思（見史記老莊申韓列傳），誤為人名。

郭鼎堂說：「『關令尹喜曰』（史記）本來是『關令尹高興而說道』的意思，到了漢書藝文志竟有了『關尹子九篇，名喜』的著錄了。這九篇出於偽託，是毫無疑問的。……照天下篇所引的關尹遺說看來，他是主張虛己接物的，心要如明鏡止水，對於外物要如響之應聲，影之隨形。」（十批判書一五一頁）

蔣伯潛說：「漢志道家有關尹子九篇，今存一卷，舊題『周尹喜撰』。關尹子，不但今存的本子靠不住，作這書的人，也是不可靠的。經典釋文載喜字公度，不知何據。李道謙終南祖庭仙真內傳，說：『終南樓觀，為尹喜故居。』也是道士們底讕言。按關尹子，列仙傳又作關令子。可見稱他為關尹子，是因為他曾做關令尹，並非姓『尹』；何得逕稱之曰『尹喜』呢？」（諸子學纂要二〇二頁）

②潛行不窒，蹈火不熱：大宗師作：「入水不濡，入火不熱。」

成玄英說：「不為物境障礙。」

楊樹達說：「說文十一篇上水部：『潛，涉及也。』『潛行不窒』謂潛行水中呼吸不窒，與下文『蹈火不熱』文正相對。疏云：『潛伏行世。』非也。」（莊子拾遺）

③純氣之守：保守純和之氣（成疏）。

④物：指人物。

⑤夫奚足以至乎先？是形色而已：意指同樣具有形色的東西，（有些人）怎能超在他人前面呢？按：「形色而已」句，「色」字上原缺「形」字，當依陳碧虛闕誤引江南古藏本補上。依郭註亦有「形」字（奚侗說）。

⑥物之造乎不形而止乎無所化：指至人達到不露形跡且臻於不變滅的境地。按：「物」，根據詹姆士里格（James Legge）英譯為「至人」（The perfect man），甚是。能達到「不形」和「無所化」的境界的「物」，當指「至人」。「造」，至。「不形」，指道。

⑦物焉得而止焉：「止」，猶入（李勉說）。謂外物怎能進入心中來攪擾。

郭象說：「夫至極者，非物所制。」

成玄英說：「世間萬物，何得止而控馭焉！」

⑧彼：指「得是而窮之者」，即至人。

⑨不淫之度：即恰如其分，指合乎天道的分寸（曹礎基說）。林雲銘說：「適當而不過也。」

⑩無端之紀：形容循環變化的境地。郭象註：「冥然與變化日新。」馬敘倫說：「『紀』借為『基』。詩終南：『有紀有堂。』傳曰：『紀，基也。』此借『紀』為『基』之證。」

⑪物之所造：指自然（見成疏）。王夫之說：「物之所造者，氣也。……物者，氣之凝滯者也。」（莊子解）

⑫無郤：「郤」，同隙。見德充符：「使日夜無郤。」

⑬遻（wù悟）：同「迕」，逆。

⑭〔復讎者不折鏌干，……民幾乎以其真〕：這一段七十二字疑是別處錯入，和本節主題（論神全）無關。關尹回答列子的問題，到「聖人藏於天，故莫之能傷也」，文義已完足。列子黃帝篇正同，文至「故莫之能傷也」句而止。根據列子並省察文義，宜刪。今僅存其文，不加註譯。

【今譯】

列子問關尹說：「至人潛行水中不受阻礙，腳蹈火上不覺炎熱，行走在萬物之上而不畏懼。請問為什麼能達到這樣？」

關尹說：「這是保守純和之氣的緣故，不是智巧果敢所能做到的。坐下，我告訴你：凡是有形象聲色的，都是人，人與人為什麼會有很大的差別？同樣是具有形色的東西，（有些人）怎能超在（他人）前面呢？而至人能達到不露形跡而不變滅的境界，能達到這境界而窮理盡性的，他物怎能阻撓得了他呢？至人要處於適當的位置，而藏心於循環變化的境地，神遊於萬物的根源，專一他的本性，涵養他的精氣，融合他的德性，以通向自然。像這樣的人，他的天性完備，他的精神凝聚，外物怎樣侵入呢？

「酒醉的人從車上墜下，雖然受傷卻不會摔死。骨節和別人一樣而遇到傷害的情況卻和別人不同，這是由於他的精神凝聚，乘車也不知道，墜下也不知道，死生驚懼進不了他的胸中，所以觸撞外物而不驚懼。得全於酒的人都可以這樣，何況是得全於自然之道的人呢？聖人含藏於自然，所以外物傷害不了他。」

三

仲尼適楚，出於林中，見痀僂[1]者承蜩[2]，猶掇[3]之也。

仲尼曰：「子巧乎！有道邪？」

曰：「我有道也。五六月[4]纍丸二而不墜，則失者錙銖[5]；纍三而不墜，則失者十一；

纍五而不墜，猶掇之也。吾處身也，若橛株枸⑥；吾執臂也，若槁木之枝；雖天地之大，萬物之多，而唯蜩翼之知。吾不反不側⑦，不以萬物易蜩之翼，何為而不得！」

孔子顧謂弟子曰：「用志不分，乃凝於神，其痀僂丈人之謂乎！」

【註譯】

①痀僂：即曲背。同大宗師「曲僂」。抱朴子對俗篇引「痀」作「傴」，義同。

②承蜩：以竿黏蟬曰「承」（林雲銘說）。

③掇：拾取。

④五六月：指學習所經過的時間。

王敔說：「學之五六月。」（見王夫之莊子解內）

陶鴻慶說：「案『五 六月』，釋文引司馬曰：『黏蟬時也。』此說失之。『五 六月』，謂數習所歷之時也。」（讀莊子札記）

⑤錙銖：古時衡重量的名稱，喻最小最輕。

⑥橛株枸：今所謂木樁（林希逸說）。形容身心的凝定；郭註「不動之至」為是。「橛」，世德堂本作「厥」。「橛」、「厥」古通。「枸」今本作「拘」。道藏褚伯秀義海纂微本、陳碧虛闕誤引張君房本、江南古藏本「拘」並作「枸」，「枸」與「拘」同音通用（王叔岷說）。「枸」指木根部分。

郭嵩燾說：「山海經海內經：『達木下有九枸。』郭璞註：『枸，根盤錯也。』說文：『株，木根也。』徐鉉曰：『在土曰根，在土上曰株。』『株枸』者，近根盤錯處；『厥』者，斷木為杙也。身若斷株，臂若槁木之枝，皆堅實不動之意。」

⑦不反不側：念無迴顧（王敔註）。「反側」，猶變動（成疏）。按「不反不側」形容內心凝靜，心無二念。

【今譯】

孔子到楚國去，經過樹林中，看見一個駝背的人在黏蟬，好像拾取一樣容易。

孔子說：「你是有技巧呢？還是有道？」

駝背老人回答說：「我有道。經過五、六個月（訓練）在竿頭上纍疊兩個丸子而不會掉下來，那麼失手的機會就很少；纍疊三個丸子而不會掉下來，那麼失手的機會只有十分之一；纍疊五個丸子而不會掉下來，就好像拾取一樣容易。我安處身心，猶如木樁；我用臂執竿，如同枯槁樹枝；雖面對天地之大，萬物之多，卻只用心在蟬翼。我心無二念，不因外物紛繁而改變對蟬翼的注意，為什麼會得不到呢？」

孔子回向弟子說：「用心不分散，凝神會精，不就是說這位駝背老人麼？」

四

顏淵問仲尼曰：「吾嘗濟①乎觴深②之淵，津人③操舟若神。吾問焉，曰：『操舟可學邪？』曰：『可，善游者數能④。若乃夫沒人⑤，則未嘗見舟而便操之也。』吾問焉而不吾告，敢問何謂也？」

仲尼曰：「善游者數能，忘水也。若乃夫沒人之未嘗見舟而便操之也，彼視淵若陵，視舟之覆猶其車卻也。覆卻萬方陳乎前而不得入其舍⑥，惡往而不暇！以瓦注⑦者巧，以鉤⑧注者憚，以黃金注者殙⑨。其巧一也，而有所矜⑩，則重外也。凡外重者內拙⑪。」

【註譯】

①濟：同「渡」。

②觴深：淵名。

③津人：擺渡的人。

④數能：猶速成（嚴復說）。「數」，借為速（馬叙倫說）。按：「數」、「速」古通，老子五章「多言數窮」，即多言速窮。

⑤沒人：潛水的人。

⑥舍：指心。

林希逸說：「心者，神明之舍也。」

⑦注：射，射而賭物曰「注」（林希逸說）。

⑧鉤：即帶鉤。墨子辭過篇：「鑄金以為鉤。」

⑨殙（hūn昏）：同「惛」。列子黃帝篇作「惛」。

⑩矜：顧惜。

徐復觀先生說：「『矜』是對象與主觀有距離，而主觀感受有對象壓力之心理狀態。」（中國藝術精神一二四頁）

⑪外重者內拙：重視外物的，內心就笨拙。

成玄英說：「為重於外物，故內心昏拙。」

【今譯】

顏淵問孔子說：「我曾在觴深淵過渡，擺渡的人操舟如神。我問他：『操舟可以學習嗎？』他回答說：『可以。會游泳的人很快就學會。要是像會潛水的人，即使沒有見過船也會行駛。』我再問他，他不告訴我，請問這是怎麼說的。」

孔子說：「會游泳的很快就學會，這是因為他適於水性。像會潛水的人沒有見過船就能行駛，這是因為他視深淵如同高地，視船的覆沒猶如車的倒退。覆沒倒退的萬種景象呈現在他眼前，也不會攪擾他的內心，到哪兒他不從容呢？用瓦作賭注的便心思靈巧，用帶鉤作賭注的便心生怖懼，用黃金作賭注的便心緒紊亂。他的技巧還是一樣，而有所顧惜，便重視外物。凡是重視外物的，內心就笨拙。」

五

田開之①見周威公②。威公曰：「吾聞祝腎③學生④，吾子與祝腎遊，亦何聞焉？」

田開之曰：「開之操拔篲⑤以侍門庭，亦何聞於夫子！」

威公曰：「田子無讓，寡人願聞之。」

開之曰：「聞之夫子曰：『善養生者，若牧羊然，視其後者而鞭之。』」

威公曰：「何謂也？」

田開之曰：「魯有單豹⑥者，巖居而水飲，不與民共利，行年七十而猶有嬰兒之色；不幸遇餓虎，餓虎殺而食之。有張毅⑦者，高門縣薄⑧，無不趨也⑨，行年四十而有內熱之病以死。豹養其內而虎食其外，毅養其外而病攻其內，此二子者，皆不鞭其後者也⑩。」

仲尼曰：「無入而藏，無出而陽⑪，柴立其中央⑫。三者若得，其名必極⑬。夫畏塗⑭者，十殺一人，則父子兄弟相戒也，必盛卒徒而後敢出焉，不亦知乎！人之所取畏者，衽席⑮之上，飲食之間；而不知為之戒者，過也！」

【註譯】

①田開之：姓田，名開之，學道之人（成疏）。

②周威公：東周的一位君主。

③祝腎：姓祝，名腎，懷道者（成疏）。

④學生：學習養生。

⑤拔篲（huì 惠）：掃帚（成疏）。

⑥單豹：隱人姓名（釋文引李頤說）。疑是寓設之名。

⑦張毅：姓張名毅，亦魯人（成疏）。呂氏春秋必己篇和淮南子人間訓說：「張毅好恭。」

⑧高門縣薄：指大家小户。「縣」，同「懸」。「薄」，簾（司馬註），借為「幕」（馬叙倫義證）。林雲銘說：「『高門』，大家也。『縣薄』，謂懸帷薄於門首，閭閻之小户也。」

⑨無不趨也：沒有不往來的。「趨」，今本作「走」，依俞樾之說，據呂覽與淮南子改。俞樾說：「『無不走也』，語意未明。『走』乃『趨』之壞字。呂覽必己篇：『張毅好恭，門閭帷薄聚居衆無不「趨」。』高註曰：『過之必「趨」。』淮南子人間訓：『張毅好恭，遇宮室廊廟必「趨」。』莊子文不備，故學者莫得其解。」按：「走」本有「趨」義，作「走」亦可通。今依俞說改為「趨」，義較明。

李勉說：「言張毅為人好禮，無論貴家貧户皆無不往，以示一視同仁。下文『毅養其外』，即言張毅能養道乎外也。成玄英言張毅追奔世利，成說殊失之。若張毅果是如此之徒，則本節不得舉之為養生之例，下文亦不得云『毅養其外』。呂覽必己篇及淮南子人間訓皆言張毅好恭，是其證矣。」

⑩不鞭其後者也：意指不能彌補自己的不足。

郭象說：「『鞭其後者』，去其不及。」

林雲銘說：「『不鞭其後』，不能勉其所不足。」

⑪無入而藏，無出而陽：不要太深入而潛藏，不要太表露而顯揚。「陽」，借為「揚」（馬叙倫說）。

成玄英說：「入既入矣，而又藏之。偏滯於處，此單豹也。『陽』，顯也。出既出矣，而又顯之。偏滯於出，此張毅也。」

⑫柴立其中央：形容像柴木般無心而立於中央。

郭象說：「若槁木之無心而中適。」

林希逸說：「『柴立』，無心而立之貌。」

宣穎說：「如槁木之無心而立乎動靜之中。」

⑬其名必極：可名為至人。「必極」，極至（林希逸說）。

⑭畏塗：「塗」，道路。路有劫賊，險難可畏（成疏）。

⑮衽蓆：指色慾之事。

【今譯】

田開之見到周威公。威公說：「我聽說祝腎學習養生，你和祝腎學習，也曾聽到過什麼嗎？」

田開之說：「我拿掃帚在門庭打掃，哪裏聽得到先生的教導！」

威公說：「田先生不必謙虛，我想聽聽。」

開之說：「聽先生說：『善於養生的，就像牧羊一樣，看見落後的就鞭策它。』」

威公說：「這是什麼意思？」

田開之說：「魯國有個名叫單豹的人，山居而飲水，不和人爭利，行年七十還有嬰兒的容色；但不幸遇到餓虎，餓虎撲食了他。有個叫張毅的人，大户小家，沒有不往來的，行年四十卻得內熱病死了。單豹調養內心卻被老虎吃了形體，張毅供養形體卻遭病侵襲內部，這兩個人，都是不能彌補自己的不足。」

孔子說：「不要太深入而潛藏，不要太表露而顯揚，像柴木一般無心而立於動靜之中。三種都能做到，可稱至人。要是路有劫賊行人怯畏，十人中有一人被殺害，於是父子兄弟就互相警戒，必定要多結夥伴才敢外出，不是也很聰明麼？人所最該畏懼的，是在枕蓆之上、飲食之間；可是不知道要警戒，這是過錯呀！」

六

祝宗人[1]玄端[2]以臨牢筴[3]，說彘[4]曰：「汝奚惡死？吾將三月豢[5]汝，十日戒，三日齋，藉白茅[6]，加汝肩尻乎彫俎之上，則汝為之乎？」為彘謀，曰不如食以糠糟而錯[7]之牢筴之中，自為謀，則苟生有軒冕之尊，死得於腞楯[8]之上、聚僂[9]之中則為之。為彘謀則去之，自為謀則取之，所[10]異彘者何也？

【註譯】

①祝宗人：祭祀官。

②玄端：衣冠（成疏）；祭祀穿的齋服。

福永光司說：「『玄端』，朝服。『玄』，黑色。『端』，用布正幅（見穀梁傳僖公三年疏）。」（見福永著莊子外篇四九一頁）

③牢筴：豬欄。「筴」，借為柵（朱駿聲說）；讀為柙（高亨說）。

李頤說：「『牢』，豕室也。『筴』，木欄也。」

④彘（zhì 智）：豬的別名。

⑤㹕（huàn 渙）：同「豢」，餵養。闕誤引張君房本「㹕」作「豢」。

⑥藉白茅：「藉」，借為「蓆」（馬叙倫義證）。在宥篇作「蓆白茅」。

⑦錯：借為「措」。說文曰：「措，置也。」（馬叙倫說）成疏作「措」。

⑧腞（zhuàn 轉）楯（xún 旬）：畫飾的柩車。

陳壽昌說：「『腞』，通篆，畫飾。『楯』，通輴，喪車，載柩之車，畫龍為飾，故曰『腞楯』。」

王念孫說：「『楯』，讀為『輴』，謂載柩車。」（讀書雜志餘編）

⑨聚僂：棺槨上的采飾。

王念孫說：「『聚僂』，謂柩車飾也。衆飾所聚，故曰『聚僂』。」

陳壽昌說：「『聚』，叢積也。『僂』，通蔞，音柳，棺之牆飾，以木叢棺而致飾於外，故曰『聚僂』。」

⑩所：闕誤引張潛夫本「所」上有「其」字。

【今譯】

祭祀官穿着朝服到豬欄，對豬說：「你為什麼怕死？我要餵養你三個月，十天戒，三天齋，鋪上白茅，把你的肩臀放在雕板上，你願意嗎？」替豬打算，認為不如用糟糠來餵食，放在豬欄裏，為自己打算，就希望生時有榮華高位的尊貴，死後能放在雕刻的柩車上面和采飾的棺槨之中。替豬打算就拋棄白茅雕俎，為自己打算就貪取軒冕柩車，所不同於豬的原因是什麼呢？

七

桓公田①於澤，管仲御，見鬼焉。公撫管仲之手曰：「仲父②何見？」對曰：「臣無所見。」

公反，誒詒③為病，數日不出。齊士有皇子告敖④者曰：「公則自傷，鬼惡能傷公！去忿滀⑤之氣，散而不反，則為不足；上而不下，則使人善怒；下而不上，則使人善忘；不上不下，中身當心⑥，則為病。」

桓公曰：「然則有鬼乎？」

曰：「有。沈[7]有履[8]，竈有髻[9]。户內之煩壤[10]，雷霆[11]處之；東北方之下者，倍阿鮭蠪[12]躍之；西北方之下者，則泆陽[13]處之。水有罔象[14]，丘有峷[15]，山有夔[16]，野有彷徨[17]，澤有委蛇。」

公曰：「請問，委蛇之狀何如？」

皇子曰：「委蛇，其大如轂，其長如轅，紫衣而朱冠。其為物也，惡聞雷車之聲，則捧其首而立。見之者殆乎霸。」

桓公辴然[18]而笑曰：「此寡人之所見者也。」於是正衣冠與之坐，不終日而不知病之去也。

【註譯】

①田：畋獵。

②仲父：齊桓公對管仲的尊稱，見戰國策齊策。

③誒（éi）詒（dài 代）：各家解說不一。司馬彪說：「懈倦貌。」李頤說：「失魂魄。」林雲銘說：「應作譫語、囈語解。」胡文英說：「神魂不寧而誑語。」馬叙倫說：「誒詒借為譺佁。說文曰：『譺，騃也。』『佁』，癡貌，讀若騃。」按：「誒詒」從「言」旁，似有驚嚇失神而囈語之意。

④皇子告敖：姓皇子，字告敖，齊之賢人（成疏）。

俞樾說：「廣韻六止子字註：『複姓十一氏，莊子有皇子告敖。』則以皇子為複姓。列子湯問篇末載錕鋙劍火浣布事，云皇子以為此物，殆即其人也。」

⑤忿滀：「忿」，滿。「滀」，結聚（李頤註）。「忿滀」，即鬱結（林希逸說）。

⑥中身當心：指淤積在心中。

林希逸說：「病在身之中，而當其心，今人所謂中管之病也。」

⑦沈：水污泥（司馬彪說）；溝泥之中（林希逸說）。

俞樾說：「『沈』當為『煁』。『煁』從『甚』聲，『沈』從『冘』聲，兩音相近。……毛傳曰：『堪，竈也。』是『煁』『竈』同類，故以『煁有履』『竈有髻』並言之耳。」俞說可存。按：「煁」為行竈，即可移動的竈。

⑧履：神名。司馬彪本作「漏」。

⑨髻：竈神，着赤衣，狀如美女（司馬彪說）。

⑩煩壤：煩攘的意思。

章炳麟說：「『煩壤』，即『煩孃』。說文曰：『孃，煩擾也。』」（莊子解故）

李勉說：「『壤』當是『攘』字之誤，『攘』、『壤』形似互混也。成玄英等解『煩壤』為『糞壤』，似欠允當。門户之內焉有糞壤？」

⑪雷霆：鬼名。

⑫倍阿鮭蠪：鬼名。

司馬彪說：「『倍阿』，神名也。『鮭蠪』，狀如小兒，長一尺四寸，黑衣赤幘大冠，帶劍持戟。」

按：馬叙倫則說「倍阿」是蜥蜴類，「鮭蠪」是蝦蟆類。馬說可存。

⑬洪陽：鬼名。與國語周語「夷羊」同（馬叙倫說）。

司馬彪說：「『洪陽』，豹頭馬尾。」

⑭罔象：水神名。

司馬彪說：「狀如小兒，赤黑，赤爪，大耳，長臂。」

⑮峷（xīn辛）：山鬼。

司馬彪說：「狀如狗，有角，文身五采。」

⑯夔（kuí奎）：山神名。

成玄英說：「大如牛，狀如鼓，一足行。」

⑰彷徨：野中神名。

司馬彪說：「狀如蛇，兩頭，五采文。」

⑱䩕（zhèn振）然：歡笑的樣子。

【今譯】

齊桓公在野澤裏打獵，管仲駕車，桓公見到了鬼。桓公捉住管仲的手說：「仲父見到了什麼？」管仲回答說：「我沒有看見什麼！」

桓公回去，受驚嚇而生病，幾天不出門。齊國士人皇子告敖說：「您是自己憂傷，鬼哪能傷害您呢？要是鬱結的氣，散而不還，就精力不足；上升而不下通，就使人容易發怒；下淤而不上達，就使人容易遺忘；不上達也不下通，閉塞在心中，就要生病。」

桓公說：「那麼有鬼嗎？」

皇子說：「有。溝泥中有履神，竈有髻神。户內擾攘處，有雷霆神居住；東北方牆下，有倍阿鮭蠪神佔住；西北方牆下，有泆陽神居住。水中有罔象神，丘陵有𡴯神，山中有夔神，野外有彷徨神，大澤中有委蛇神。」

桓公說：「請問委蛇的形狀怎麽樣？」

皇子說：「委蛇神，大如車轂，長如車轅，紫衣紅冠。這種鬼神，怕聽雷車的聲音，聽到便捧着頭站住。看到的人要成霸主。」

桓公開懷地笑着說：「這就是我所看到的。」於是整衣冠和皇子坐談，不到一天而不覺病已經好了。

八

紀渻子[1]為王[2]養鬥雞。

十日而問：「雞可鬥已乎[3]？」曰：「未也，方虛憍而恃氣。」

十日又問，曰：「未也。猶應嚮景[4]。」

十日又問，曰：「未也。猶疾視而盛氣。」

十日又問，曰：「幾矣。雞雖有鳴者，已無變[5]矣，望之似木雞矣，其德全矣[6]，異雞無敢應，見者反走矣[7]。」

【註譯】

①紀渻子：姓紀，名渻子，亦作「消」字（成疏）。

②王：列子黃帝篇作周宣王。

③雞可鬥已乎：原作「雞已乎」。列子黃帝篇作「雞可鬥已乎」，當從之。此文脫「可鬥」二字，意遂不明（王叔岷說）。

④應嚮景：「嚮」，本亦作「響」（釋文）。「嚮」同「響」，聞聲覩影猶動心（宣穎說）。林希逸說：「聞響而應，見影而動，則是此心猶為外物所動也。」

⑤無變：不為變動（宣穎說）。

⑥其德全矣：精神凝寂（宣穎說）。天地篇有「執道者『德全』」句，刻意篇有「『德全』而神不虧」句。

⑦異雞無敢應，見者反走矣：今本作「異雞無敢應者，反走矣」。陳碧虛闕誤引文如海、劉得一本「者」上有「見」字。因據補。

【今譯】

紀渻子替周宣王養鬥雞。

十天就問：「雞可以鬥了嗎？」回說：「不行，還驕昂而恃氣。」

十天又問，回說：「不行，聽到聲音見到影像就起回應。」

十天又問，回說：「不行，還怒視而盛氣。」

十天又問，回說：「差不多了。別的雞雖然鳴叫，它已經不為所動了，看起來像隻木雞，它精神凝寂，其他的雞不敢應戰，見到它回頭就走了。」

九

孔子觀於呂梁①，縣水三十仞②，流沫四十里，黿鼉③魚鱉之所不能游也。見一丈夫游之，以為有苦而欲死也，使弟子並流而拯之。數百步而出，被髮行歌而游於塘下④。孔子從而問焉，曰：「吾以子為鬼，察子則人也。請問，蹈水有道乎？」曰：「亡，吾無道。吾始乎故⑤，長乎性，成乎命⑥。與齊⑦俱入，與汩⑧偕出，從水之道而不為私焉⑨。此吾所以蹈之也。」孔子曰：「何謂始乎故，長乎性，成乎命？」曰：「吾生於陵而安於陵，故也；長於水而安於水，性也；不知吾所以然而然，命也。」

【註譯】

①呂梁：有兩說：一說在西河（山西省離石縣），一說在彭城（江蘇省銅山縣）。成玄英說：「解者不同，或言是西河離石，有黃河懸絕之處，名呂梁也；或言蒲州二百里有龍

門，河水所經，瀑布而下，亦名呂梁；或言宋國彭城縣之呂梁。」

馬叙倫說：「說文曰：『呂，脊骨也。』『呂梁』猶今人言脊梁，以居河之高處，故名。」

②縣水三十仞：「縣」，同「懸」。「仞」，八尺，見人間世篇。

③黿（yuán原）鼉（tuó駝）：「黿」，像鱉，而形體更大。「鼉」，像鱷魚，長一二丈，有四足，性貪睡，俗稱「豬婆龍」，皮可以製鼓。

④塘下：岸下（成疏）。

⑤故：故舊（成說）；本然（林希逸說）。

⑥命：自然之理（林希逸說）。

⑦齊：漩渦。

王敔說：「『齊』，『臍』通，水之旋渦如臍也。」（見王夫之莊子解內）

段玉裁說：「司馬云：『回水如磨齊也。』皆『臍』字引伸假借之變。」（見馬其昶著莊子故所引）

⑧汩（gǔ骨）：湧流。

⑨從水之道而不為私焉：順着水勢而不由自己。

郭象註：「任水而不任己。」

【今譯】

孔子在呂梁觀賞山水，高懸瀑布二十多丈，激流濺沫四十里，黿鼉魚鱉都無法上游。孔子看見一個男子在游水，以為是遭遇困苦而尋死的，叫弟子順流趕去拯救他。（那人沒水）好幾百步才浮出來，披髮吟歌而游到岸下。孔子跟過去問道：「我以為你是鬼，仔細看看乃是人。請問，游水有特別的方法嗎？」回說：「我沒有特別的方法。我起初是故常，長大是習性，有所成是順於自然。和漩渦一起沒入，和湧流一起浮出，順着水勢而不由自己。這是我的游水。」孔子說：「什麼叫做起初本於故常，長大由於習性，有所成是順乎自然？」回說：「我生於高地而安於高地，是故常；成長於水邊而安於水，是習性；我不知道所以然而然，是順於自然。」

一〇

梓慶[1]削木為鐻[2]，鐻成，見者驚猶鬼神。魯侯見而問焉，曰：「子何術以為焉？」對曰：「臣工人，何術之有！雖然，有一焉。臣將為鐻，未嘗敢以耗氣也，必齊[3]以靜心。齊三日，而不敢懷慶賞爵祿；齊五日，不敢懷非譽巧拙；齊七日，輒然[4]忘吾有四枝[5]形體也。當是時也，無公朝[6]，其巧專而外滑[7]消；然後入山林，觀天性[8]；形軀至矣[9]，然後成見鐻[10]，然後加手[11]焉；不然則已。則以天合天[12]，器之所以疑神者，其由是與[13]！」

【註譯】

①梓慶：「梓」，木工。「慶」，人名。
李頤說：「魯大匠也。『梓』，官名；『慶』，其名也。」
俞樾說：「春秋襄四年左傳：『匠慶謂季文子。』杜註：『匠慶，魯大匠。』即此梓慶。」
嚴靈峯先生說：「按孟子滕文公篇：『梓、匠、輪、輿。』趙註：『梓，木工也。』」
②鐻：樂器，似夾鐘（司馬彪說）。即裝置在架台上的鐘鼓。
③齊：「齋」字。下同。
④輒然：一說忽然（宣穎說）。一說不動的樣子（司馬彪說）。
⑤四枝：同四肢。
⑥無公朝：視公朝若無（郭註）；不知有朝廷（林希逸說）。
⑦滑：亂。齊物論「滑疑之耀」、「置其滑涽」，德充符「故不足以滑和」，天地篇「五日趣舍滑心」，繕性篇「滑慾於俗」，「滑」皆作「亂」。
⑧觀天性：指觀察樹木的質性。
⑨形軀至矣：指形態極合於做鐻。
宣穎說：「木質宛然恰可為鐻。」
⑩然後成見鐻：「見」，即現。
宣穎說：「恍乎一成鐻在目。」
⑪加手：施工。

⑫以天合天：用（我的）自然來合（樹木的）自然。林希逸說：「以我之自然，合其物之自然，故曰『以天合天』。」王先謙說：「以吾之天，遇木之天。」曹礎基說：「上一『天』字，指自己心性的自然；下一『天』字，指外界鳥獸的天然神態。兩者相合，則成鐻上的雕刻。」

⑬其由是與：「由」字原缺。陳景元闕誤引江南古藏本「其」下有「由」字，據補。

【今譯】

有位名叫慶的木工削木做鐻，鐻做成了，看見的人驚為鬼斧神工。魯侯見了問他：「你用什麼技術做成的呢？」

回答說：「我是個工人，哪裏有什麼技術？不過，卻有一點。我要做鐻的時候，不敢耗費精神，必定齋戒來安靜心靈。齋戒三天，不敢懷着慶賞爵祿的心念；齋戒五天，不敢懷着毀譽巧拙的心意；齋戒七天，不再想念我有四肢形體。在這個時候，忘記了朝廷，技巧專一而外擾消失；然後進入山林，觀察樹木的質性；看到形態極合的，一個形成的鐻鐘宛然呈現在眼前，然後加以施工；不是這樣就不做。這樣以我的自然來合樹木的自然，樂器之所以被疑為神工，就是這樣吧！」

一一

東野稷①以御見莊公②，進退中繩，左右旋中規。莊公以為文弗過也③，使人鉤百而反④。顏闔⑤遇之，入見曰：「稷之馬將敗。」公密⑥而不應。少焉，果敗而反。公曰：「子何以知之？」曰：「其馬力竭矣。而猶求焉，故曰敗。」

【註譯】

①東野稷：姓東野，名稷，善於駕車。荀子哀公篇作「東野畢」。

②莊公：魯莊公。荀子哀公篇作定公。

③以為文弗過也：以為畫圖都比不上。

司馬彪說：「謂過織組之文也。」

羅勉道說：「所畫規矩之文。」（南華真經循本）

④鉤百而反：「鉤」，轉。「鉤百」即百轉。「反」，同返。

成玄英說：「任馬旋回，如鉤之曲，百度反之，皆復其跡。」

林希逸說：「『鉤』，御馬而打圍也，『鉤百而反』，言百轉也。」

⑤顏闔：姓顏名闔，魯國賢人。見人間世篇。
⑥密：默。

【今譯】

東野稷以善於駕車得見於魯莊公，進退往來如繩一般的直，左右旋轉如規一般的圓。莊公以為畫圖也不過如此，要他打一百個轉再回來。顏闔遇見，進來見莊公說：「東野稷的馬疲困了。」莊公默不出聲。一會兒，馬果然疲困而返，莊公問：「你怎麽知道？」顏闔回答說：「馬力竭盡，還要奔跑，所以知道會失足。」

一二

工倕①旋②而蓋③規矩，指與物化④而不以心稽⑤，故其靈臺⑥一而不桎⑦。忘足，屨之適也；忘要⑧，帶之適也；忘是非⑨，心之適也；不內變，不外從，事會⑩之適也。始乎適⑪而未嘗不適者，忘適之適也。

【註譯】

①工倕：堯時代的人，以巧藝著名。已見於胠篋篇。

②旋：轉，指旋轉畫圓。

③蓋：有兩種解釋：(一)超過；如林雲銘說：「『蓋』，猶過也。」(二)合；如呂惠卿說：「『蓋』，則其畫與之合而不露也。」(莊子義)如陶鴻慶說：「『蓋』當為『盇』之借字，爾雅釋詁：『盇，合也。』淮南子主術訓：『譬猶方圓之不相蓋。』『蓋』亦訓為『合』。」(讀莊子札記)今譯從前者。

④指與物化：手指與物象化而為一。

林希逸說：「『指』，手指也。『指與物化』，猶山谷論書法曰『手不知筆，筆不知手』是也。手與物兩忘。」

徐復觀先生說：「指與物化，是說明表現的能力、技巧(指)已經與被表現的對象，沒有距離了。這表示出最高的技巧的精熟。」(中國藝術精神第二章一二七頁)

⑤稽：計量。

⑥靈臺：心。德充符作「靈府」。

⑦桎：借為「窒」(馬叙倫說)。

⑧要：即腰。

⑨忘是非：今本「忘」上有「知」字，疑是衍文。上文「忘足」「忘要」，和本句「忘是非」對應，闕誤引文如海、張君房本正缺「知」字，當據以删去。

⑩事會：指和外界事象的接應。

林雲銘說：「會，處境也。」

⑪始乎適：「始」，本。本性常適（成疏）。

【今譯】

工倕用手旋轉，而技藝超過用規矩畫出來的，手指和所用物象凝合為一，而不必用心思來計量，所以他的心靈專一而不窒礙。忘了手腳，是鞋子的舒適；忘了腰，是腰帶的舒適；忘了是非，是心靈的安適；內心不移，外不從物，是處境的安適。本性常適而無往不安適，便是忘了安適的安適。

一三

〔有孫休者，踵門而詫子扁慶子曰：「休居鄉不見謂不脩，臨難不見謂不勇；然而田原不遇歲，事君不遇世，賓於鄉里，逐於州部，則胡罪乎天哉？休惡遇此命也？」

扁子曰：「子獨不聞夫至人之自行邪？忘其肝膽，遺其耳目，芒然彷徨乎塵垢之外，逍遙乎無事之業，是謂為而不恃，長而不宰。今汝飾知以驚愚，脩身以明汙，昭昭乎若揭日月而行也。汝得全而形軀，具而九竅，無中道夭於聾盲跛蹇而比於人數，亦幸矣，又何暇乎天之怨哉！子往矣！」

孫子出。扁子入，坐有間，仰天而歎。弟子問曰：「先生何為歎乎？」

扁子曰：「向者休來，吾告之以至人之德，吾恐其驚而遂至於惑也。」

弟子曰：「不然。孫子之所言是邪？先生之所言非邪？非固不能惑是。孫子所言非邪？先生所言是邪？彼固惑而來矣，又奚罪焉！」

扁子曰：「不然。昔者有鳥止於魯郊，魯君說之，為具太牢以饗之，奏九韶以樂之，鳥乃始憂悲眩視，不敢飲食。此之謂以己養養鳥也。若夫以鳥養養鳥者，宜棲之深林，浮之江湖，食之以鰌鰷，委蛇而處，則安平陸而已矣①。今休，款啓寡聞之民也，吾告以至人之德，譬之若載鼷以車馬，樂鴳以鐘鼓也。彼又惡能無驚乎哉！」」②

【註譯】

①食之以鰌鰷，委蛇而處，則安平陸而已矣：此三句通行本作「食之以逶蛇，則平陸而已矣」，文義不全，疑有闕文，據王先謙說補。「則安平陸而已矣」句，原無「安」字，據闕誤引劉得一本補。王先謙說：「至樂篇：『夫以鳥養養鳥者，宜棲之深林，游之壇陸，浮之江湖，食之鰌鰷，隨行列而止，委蛇而處。』然則此文亦當云：『食之以鰌鰷，委蛇而處。』傳寫有闕文耳。且云『委蛇而處』方與下文『則平陸而已矣』文義相屬。若無『而處』二字，下句便不貫矣。」（莊子集解）

②〔有孫休者，……彼又惡能無驚乎哉〕：這一段不類達生篇文，宜刪去。理由有二：（一）本篇首段為通篇之綱，標示達生之情者，要在「形全精復」，與自然為一。接着創設十一個寓言故

事，以闡述全精、養神、守氣的妙用。每個寓言的涵義，均為發揮「達生」的主題思想，惟篇末一段不類。（二）孫休和扁子的對話，後半段「昔者有鳥止於魯郊」一節，已見於至樂篇，而前半段文也語多襲自他篇，如：「忘其肝膽，遺其耳目，芒然彷徨乎塵垢之外，逍遙乎無事之業。」四句襲自大宗師篇。「為而不恃，長而不宰」，則為老子第十章、五十一章語。「飾知以驚愚，脩身以明汙，昭昭乎若揭日月而行」，三句見於山木篇。達生篇文，至「工倕旋」一段「忘適之適也」句止，意境高超，文義完足，這段是畫蛇添足，當刪去，今僅存舊文而不加註譯。

山木

山木篇，寫人世多患，並提出免患之道。「山木」，山木之中。篇首二句有「山中……大木」，取為篇名。

本篇由九個寓言故事組成。第一章，莊子與弟子對話，由大木「無所可用」而見存，而雁以不材而見殺，道出遠害全身之難。所謂「乘道德而浮遊」「其唯道德之鄉」，也不過在無奈的境況中，唯有將心思從糾結的現實中提升一級，以衛護其精神的自主性而免於淪為工具價值而已。第二章，市南宜僚見魯侯焦憂，指出統治者的權位是啓爭之端，為一切禍殃的根源。勸魯侯「虛己以遊世」，「虛己」即消除一己貪圖名位之念。第三章，北宮奢賦斂製鐘，喻為政在於循任自然，無巧取於民。第四章，孔子圍於陳、蔡之間，大公任告誡他「去功與名而還與衆人」、「削跡捐勢，不為功名」。第五章，孔子問子桑雽，逢患難時何以親疏友散，子桑雽說：以利結合的人，則窮困禍患而相棄；真性相感的人，則窮困禍患而相收。第六章，莊子穿破補的粗布衣服見魏王，魏王說他憊，莊子回說處於「昏上亂相之間」，怎能不憊？第七章，孔子圍於陳、蔡之間，處逆境而怡然自得，談宇宙的變化，示人當安然而順化。第八章，莊周郊遊，見螳螂搏蟬，異鵲又從後取之，有名的「螳螂捕蟬，黃鵲在後」的典故就出在這裏。這故事說出了物物競逐，人類社會亦常在無休止的爭鬥之中。「觀於濁水而迷於清淵」，喻示奔求物慾而迷忘了真性。第九章，寫陽子旅舍所見，感悟修身涉世不可自炫。

出自本篇的成語，如：一龍一蛇、猖狂妄行、自崖而反、送往迎來、直木先伐、甘井先竭、削跡捐勢、交淡若水、得意忘形以及螳螂捕蟬，黃雀在後等。

一

莊子行於山中，見大木，枝葉盛茂，伐木者止其旁而不取也。問其故，曰：「無所可用。」莊子曰：「此木以不材得終其天年夫！」出於山①，舍②於故人之家。故人喜，命豎子③殺雁而烹之④。豎子請曰：「其一能鳴，其一不能鳴，請奚殺？」主人曰：「殺不能鳴者。」

明日，弟子問於莊子曰：「昨日山中之木，以不材得終其天年；今主人之雁，以不材死；先生將何處？」

莊子笑曰：「周將處乎材與不材之間。材與不材之間，似之而非也，故未免乎累。若夫乘道德⑤而浮遊則不然。無譽無訾⑥，一龍一蛇⑦，與時俱化，而無肯專為；一上一下⑧，以和為量⑨，浮遊乎萬物之祖；物物⑩而不物於物，則胡可得而累邪！此神農黃帝之法則也。若夫萬物之情，人倫之傳⑪，則不然。合則離，成則毀；廉則挫⑫，尊則議⑬，有為則虧，賢則謀，不肖則欺，胡可得而必乎哉⑭！悲夫！弟子志之，其唯道德之鄉乎！」

【註譯】

①終其天年夫！出於山：「夫」下原有「子」字。吳汝綸以「夫」字屬上句（莊子點勘）。釋文所

出本無「子」字，當從。于鬯說：「『夫』為句末助詞，語甚平易。上文既出『莊子行於山中』，則此『出於山』者其為莊子，不言可知。復著『夫子』，本贅辭也。」（見嚴靈峯莊子章句新編引）按：于說是。馬叙倫、王叔岷也以為當據釋文所出本無「子」字。惟以為「夫」乃「矣」之壞文，並引呂氏春秋必己篇為證，然「夫」為句末助詞可通，不必更字。

②舍：息。

③豎子：同孺子。

④殺雁而烹之：「雁」，鵝。「烹」，呂氏春秋必己篇引作「饗」。

王念孫說：「此『亨』讀為『享』。『享之』，謂享莊子。故人喜莊子之來，故殺雁而享之。『享』與『饗』通。呂氏春秋必己篇作『命豎子為殺雁饗之』，是其證也。古書『享』字作『亨』，『烹』字亦作『亨』，故釋文誤讀為『烹』，而今本遂改『亨』為『烹』矣。」（讀書雜志餘編）

⑤乘道德：順自然（林希逸口義）。

⑥訾（zǐ子）：毀。

⑦一龍一蛇：意指時而顯現、時而隱晦。

林希逸說：「猶東方朔曰：用之則為虎，不用則為鼠；用捨隨時。」

林雲銘說：「龍蛇，言其屈伸無定。」

王先謙說：「或龍見或蛇蟄。」

⑧一上一下：即一進一退。

⑨以和為量：「和」，順。「量」，則，度。以順自然為則（林希逸說）。

⑩物物：物使外物，主宰外物。

⑪人倫之傳：人類的習慣。

林希逸說：「『傳』，習也。『人倫之傳』，人類之傳習也。」

⑫廉則挫：利則挫。「廉」假借為「利」。國語晉語：「殺君以為廉。」即是說殺君以為利。呂覽孟秋：「其器廉以深。」即是說其器利以深。老子五十八章：「廉而不劌。」「廉」亦作「利」解。這裏「廉」不當「清廉」講。

⑬尊則議：尊貴者又遭議疑（成玄英疏）。

俞樾說：「『議』，當讀為『俄』。鄭箋云：『俄，傾貌。』『尊則議』，謂崇高必傾側也。古書或以『義』為之，或以『儀』為之，管子法禁篇：『法制不議，則民不相私。』『議』亦『俄』也，謂法制不傾衺也。」按：譯文從俞說。

⑭胡可得而必乎哉：不能免於累（宣穎南華經解）；怎麼可以偏執一方呢（黃錦鋐今譯）。按：「必」，猶今語「肯定」（王叔岷莊子校詮）。

【今譯】

莊子在山中行走，看見一棵很大的樹，枝葉長得很茂盛，伐木的人停在樹旁而不去砍伐它。莊子問伐木人是什麼緣故，他回說：「沒有一點用處。」莊子說：「這棵樹因為不中用所以能享盡自然的壽命吧！」

莊子從山上出來，住宿在朋友家。朋友很高興，叫童僕殺隻鵝款待客人。童僕問道：「一隻鵝會叫，另一隻鵝不會叫，請問要殺哪一隻？」主人說：「殺那隻不會叫的。」

第二天，學生問莊子說：「昨天山上的樹木，因為『不材』所以能享盡自然的壽命；現在主人的鵝，因為『不材』而被殺。請問先生要怎樣處世呢？」

莊子笑着說：「我將處於『材』和『不材』之間。不過『材』和『不材』之間，雖然似乎是妥當的位置，但其實不然，這樣還是不能免於累患。若是順其自然而處世，就不是這樣了。既沒有美譽也沒有毀辱，時現時隱如龍見蛇蟄，順着時序而變化，不偏滯於任何一個固定點；時進時退，以順任自然為原則，遊心於萬物的根源；主宰外物而不被外物所役使，這樣怎會受到累患呢？這是神農和黃帝的處世態度。若是萬物的私情，人類的習慣，就不是這樣了：有聚合就有分離，有成功就有毀損；銳利就會遭到挫折，崇高就會受到傾覆；有為就會受虧損，賢能就會被謀算，不肖就會受欺辱，怎麼可以偏執一方呢？可歎啊！弟子記住，凡事只有順其自然啊！」

二

市南宜僚①見魯侯，魯侯有憂色。市南子曰：「君有憂色，何也？」

魯侯曰：「吾學先王②之道，脩先君③之業；吾敬鬼尊賢，親而行之，無須臾居④；然不免於患，吾是以憂。」

市南子曰：「君之除患之術淺矣！夫豐狐文豹，棲於山林，伏於巖穴，靜也；夜行晝居，戒也；雖飢渴隱約⑤，猶且胥疏於江湖之上⑥而求食焉，定也；然且不免於罔羅機辟之患⑦。是何罪之有哉？其皮為之災也。今魯國獨非君之皮邪？吾願君刳形去皮，洒心去慾，而遊於無人之野。南越⑧有邑焉，名為建德之國。其民愚而樸⑨，少私而寡慾⑩；知作而不知藏，與而不求其報；不知義之所適，不知禮之所將⑪；猖狂妄行⑫，乃蹈乎大方⑬；其生可樂，其死可葬。吾願君去國捐俗，與道相輔而行。」

君曰：「彼其道遠而險，又有江山，我無舟車，奈何？」

市南子曰：「君無形倨⑭，無留居，以為君車。」

君曰：「彼其道幽遠而無人，吾誰與為鄰？吾無糧，〔我無食〕，安得而至焉⑮？」

市南子曰：「少君之費，寡君之慾，雖無糧而乃足。君其涉於江而浮於海，望之而不見其崖，愈往而不知其所窮。送君者皆自崖而反，君自此遠矣！故有人者⑯累，見有於人者⑰憂。故堯非有人，非見有於人也。吾願去君之累，除君之憂，而獨與道遊於大莫⑱之國。方舟⑲而濟於河，有虛船來觸舟，雖有惼⑳心之人不怒；有一人在其上，則呼張歙㉑之；一呼而不聞，再呼而不聞，於是三呼邪，則必以惡聲隨之。向也不怒而今也怒，向也虛而今也實㉒。人能虛己以遊世，其孰能害之！」

【註譯】

①市南宜僚：熊宜僚，居市南，因為號（釋文引司馬彪說）。按：左傳云：市南有熊宜僚，楚人（釋文）。

②先王：指王季文王。

③先君：指周公伯禽。

④無須臾居：與禮記中庸篇「道也者不可須臾離也」同。即沒有片刻的休息。「居」有止義。「居」上今本有「離」字，釋文引崔譔本無「離」字，俞樾以為「離」字衍。

俞樾說：「崔譔本無『離』字，當從之。呂覽慎人篇『胼胝不居』，高誘訓『居』為『止』。『無須臾居』者，無須臾止也，正與上句行字相對成義。學者不達『居』字之旨，而習於中庸『不可須臾離』之文，遂妄加『離』字，而『居』字屬下讀，失之矣。」（莊子平議）俞說可從。因據以刪去「離」字。

⑤隱約：有數解：（一）猶斟酌（成疏）。（二）僻處（林希逸口義）；潛藏（王先謙集解）。（三）猶窮約（楊樹達莊子拾遺）。按：以後解為是，「隱約」含有逼困之意。成疏非。

楊樹達說：「『隱約』猶窮約也。荀子宥坐篇『奚居之隱也』，楊註：『隱謂窮約。』論語里仁篇云『不可以久處約』，皇疏云：『約，猶貧困也。』」

⑥猶且胥疏於江湖之上：「且」，成玄英疏本作「旦」，非。「胥疏」，疏遠的意思。「胥」通「疏」，司馬以「順」解，李頤以「相」解，皆非。

郭嵩燾說：「『胥疏』，疏也，言足跡之所未經也。舊註似皆失之。」（郭慶藩莊子集釋引）。

郭慶藩說：「案『胥』『疏』二字，古通用，『胥』即『疏』也。宣十四年左傳『車及於蒲胥之市』，呂氏春秋作『蒲疏』；史記蘇秦列傳『東有淮、穎、煮棗、無胥』，魏策作『無疏』。是其證。」奚侗說：「『胥疏』當作疏疎，謂遠跡也。」（莊子補註）

⑦罔羅機辟之患：「罔」同「網」。「辟」為「檗」省。「罔羅」「機辟」皆捕鳥獸之具。逍遙遊篇：「中於機辟，死於罔罟。」句義相同。

⑧南越：形容遙遠的地方。林希逸說：「戰國之時，南越未通中國，故借其地以為名。」

⑨其民愚而樸：老子五十七章有「我無慾而民自樸」句。

⑩少私而寡慾：老子十九章：「少私寡慾。」

⑪將：行。

⑫猖狂妄行：從心所慾（林希逸說）。「猖狂」一詞，見於在宥篇和庚桑楚篇。

⑬大方：大道。

⑭形倨：形態倨傲。

⑮吾無糧，〔我無食〕，安得而至焉：「我無食」三字疑衍。蓋有本作「吾我糧」，或本作「我無食」，傳抄之間，將二語疊用，故贅疣。上句問「我無舟車，奈何」，答「無留居，以為君車」，此句問「吾無糧，安得而至」，答「寡君之慾，雖無糧而乃足」。「我無食」一語間於其中，顯為羨文。

⑯有人者：掌有人民的。郭象說：「『有人者』，有之以為己私也。」

⑰見有於人者：為人所役用的。

⑱大莫：猶廣漠（宣穎說）。「莫」，當讀為「漠」（楊樹達說）。

⑲方舟：兩舟相併曰方舟（成疏）。「方」，今通作舫（胡懷琛莊子集解補正）

⑳偏：同褊，狹急。

㉑張歙（xi 隙）：「張」，撐開。「歙」，退。

㉒向也虛而今也實：「虛」，指空船無人。「實」，指有人。

【今譯】

市南宜僚去看魯侯，魯侯面帶憂色。市南宜僚問道：「你面色憂慮，為什麼呢？」

魯侯說：「我學習先王的道理，經營先君的事業；我敬奉鬼神，尊重賢能，身體力行，沒有片刻的休息；然而還是免不了禍患，所以我感到憂慮。」

市南宜僚說：「你避免禍患的方法太淺了！例如豐美的狐狸和文彩的豹子，棲居在山林，潛藏在山洞，這够沉靜的了；夜裏出來行走，白天留在洞穴裏，這够警戒的了；雖然飢渴逼困，但還是遠離於江湖之上去求食，這够穩定的了；然而還是免不了遭到羅網和機關的禍患。它們有什麼過錯呢？是它們自己的皮招來的災禍啊！現在魯國不正是你的皮嗎？我希望你破開形體，捨去皮毛，洗淨內心，棄除物慾，而遨遊於沒有人的曠野。南越有個地方，名叫建德之國。那裏的人民，單純而質樸，少私而寡慾；知道耕作卻不知道儲藏，幫助別人但不求報答；不知道怎樣才合於義，不知道怎樣才算是禮；從心所慾，任意而行，都合於道；活着時能够歡樂，死了時可以安葬。我希望你捨去國位，拋開俗務，和道相輔而行。」

魯侯說：「那裏路途遙遠而險峻，又有山河的阻隔，我沒有車輛船隻，怎麼辦？」

市南宜僚說：「你不要倨傲，不要執着，就以這態度作為你的車輛。」

魯侯說：「那裏路途幽遠，沒有人民，我和誰作伴？我沒有米糧，怎麼能够到達呢？」

市南宜僚說：「減少你的費用，節制你的慾念，雖然沒有糧食，也够了。你渡過了河而飄向海，看不見岸，愈往前進卻不知道窮盡。送你的人都從岸邊回去，你從此遠離了！所以役用別人的就有累患，被人役用的就有憂患。所以堯不役用別人，不被人役用。我希望捨去你的累患，除去你的憂患，只和大道悠遊於大漠之國。併起船來渡河，有隻空船撞上來，雖然有性急的人也不會生氣；假如上面有一個人，就會喊着：『撐開，後退！』喊一聲聽不見回應，再喊一聲仍然聽不見回應，於是第三聲就一定惡聲惡氣的隨口罵起來。起先不生氣而現在生氣，這是因為起先空船沒有人而現在卻有人。人如果能以『虛己』的態度悠遊於人世，誰能够傷害他呢？」

三

北宮奢①為衛靈公賦斂②以為鐘③，為壇乎郭門之外，三月而成上下之縣④。王子慶忌見而問焉，曰：「子何術之設？」

奢曰：「一之間⑤，無敢設也。奢聞之，『既彫既琢，復歸於樸。』侗乎⑥其無識，儻乎⑦其怠疑⑧；萃乎芒乎⑨，其送往而迎來；來者勿禁，往者勿止；從其強梁⑩，隨其曲傳⑪，因其自窮⑫，故朝夕賦斂而毫毛不挫，而況有大塗⑬者乎！」

【註譯】

①北宮奢：衞大夫，居北宮，因以為號。奢，其名（李頤說）。

②賦斂：似今募緣之事（宣穎說）；斂鑄鐘之費，非租賦（劉鳳苞南華雪心編）。

③鐘：樂器名（成疏）。

④上下之縣：上下兩層的鐘架。

林希逸說：「鐘有架，所以懸鐘也。架有兩層，故曰上下縣，此言編鐘也。」

⑤一之間，無敢設也：「一」，純一；循自然（林希逸說）。純任自然，言此外別無方術（陳壽昌正義）；一聽於民，不敢勉強（劉鳳苞說）。按：「一之間」，對百姓而言，是純任自然，不勉強索取，聽人民自動出錢出力；對自己而言，是使心靈達到純一無雜的狀態，專注於造鐘。

⑥侗乎：形容淳樸的樣子。

⑦儻乎：無心的樣子。

⑧怠疑：形容不急於求取。

林雲銘說：「不急趨赴也。」

⑨萃乎芒乎：「萃」，聚（成疏）。「芒」，不辨（王先謙說）。形容聚在一塊，分辨不清。

⑩從其強梁：指不願意捐獻的任聽自便。「強梁」是指不順從的。

王先謙說：「『從』讀曰『縱』，不願者聽之。」

⑪隨其曲傅：和「從其強梁」義正相反，言曲意順從的也隨其自便。

司馬云：「謂曲附已者隨之也。」

⑫因其自窮：指依着各人自己的能力。

林雲銘說：「因其力之所自盡，而不強人之所不堪。」

⑬大塗：大道。

【今譯】

北宮奢替衛靈公募捐鑄鐘，在城門外先設了祭壇，三個月就完成了上下兩層的鐘架。王子慶忌見到，問他說：「你用的是什麼方法？」北宮奢說：「專心一致地鑄鐘，沒有其他的方法。我聽說：『既已雕切琢磨，現在要回復真樸。』〔我〕無知無識的樣子，又好像淳真無心的樣子；任大家聚在一堆，送往迎來分辨不清；來的人不拒絕，去的人不留住；願意捐獻的任他自去；不贊助我的隨他自便，依着各人自己的能力，所以雖然朝夕募款，但是人民絲毫不受損傷，何況有大道的人呢？」

四

孔子圍於陳蔡之間，七日不火食。

大公任①往弔之曰：「子幾死乎？」曰：「然。」

「子惡死乎？」曰：「然。」

任曰：「予嘗言不死之道。東海有鳥焉，其名曰意怠②。其為鳥也，翂翂翐翐③，而似無能；引援而飛④，迫脅而棲⑤；進不敢為前，退不敢為後；食不敢先嘗，必取其緒⑥。是故其行列不斥⑦，而外人卒不得害，是以免於患。直木先伐，甘井先竭。子其意者飾知以驚愚，修身以明汙，昭昭乎如揭日月而行，故不免也。昔吾聞之大成之人⑧曰：『自伐者無功⑨，功成者墮，名成者虧⑩。』孰能去功與名而還與衆人！道流而不明居，德行而不名處⑪；純純常常⑫，乃比於狂⑬；削跡捐勢⑭，不為功名。是故無責⑮於人，人亦無責焉。至人不聞，子何喜哉？」

孔子曰：「善哉！」辭其交遊，去其弟子，逃於大澤；衣裘褐⑯，食杼栗；入獸不亂羣，入鳥不亂行。鳥獸不惡，而況人乎！

【註譯】

①大公任：「大公」，老者稱。「任」，名（成疏）。疑是杜撰之名。
俞樾說：「廣韻一東公字註：世本有大公類叔。然則大公迺複姓，非大夫之稱。」（俞樓雜纂內莊子人名考）

②意怠：今之燕（林希逸說）。即後文「鷾鴯」。

③翂翂翐翐：形容飛行遲緩的樣子。

④引援而飛：「引援」，羣飛（林希逸說）。

⑤迫脅而棲：羣棲乃棲。「迫脅」者，脅相接（陳壽昌說）；形容擠在一堆而棲息。
呂惠卿說：「迫脅而棲，則躊躇不得已於動止之間也。」（莊子義）

⑥緒：棄餘（林希逸說）。
王念孫說：「緒者，餘也。讓王篇：『其緒餘以為國家。』司馬彪曰：『緒者，殘也，謂殘餘也。』」

⑦行列不斥：同列（飛行）不受排斥。
蘇輿說：「言為衆鳥所容。」（見王先謙莊子集解引）

⑧大成之人：指老子。

⑨自伐者無功：語見老子二十四章。

⑩功成者墮，名成者虧：今本老子沒有這兩句話，只有「功成而不居」（二章）、「功遂身退」（九章）句。

⑪道流而不明居，德行而不名處：「不明居」，不顯耀自居。「德」，俗本作「得」，「得」當是「德」（褚伯秀）。今據褚說及宣穎本改。郭象以「道流而不明」斷句，「居」字屬下讀，非。褚伯秀說：「『道流而不明居，得行而不名處』，二句停勻分讀，義自顯然。郭氏乃於『明』字下著註，故後來解者不越此論，唯呂氏疑獨二家從『居』從『處』為句。蓋『得』當是『德』，『名』應是『明』，庶與上文義協。言道德流行無往不在，但不欲自顯其道德，以取伐竭耳。」（南華真經義海纂微）

⑫純純常常：純樸平常。林雲銘說：「『純』，純一也。『常』，平常也。純一其心，平常其行。」

⑬乃比於狂：同於愚狂。

⑭削跡捐勢：削除形位、捐棄權勢。

⑮無責：無求。

⑯裘褐：「裘」，皮衣。「褐」，毛布。指粗布衣服。

【今譯】

孔子被圍困在陳、蔡兩國交界的地方，七天沒有起火煮食。

大公任去慰問他：「你快要餓死了吧？」

孔子回說：「是的。」

大公任說：「你嫌死嗎？」

孔子回說：「是的。」

大公任說：「讓我說說不死的方法。東海有種鳥，名叫意怠。這種鳥，飛行緩慢，好像沒有氣力的樣子；隨羣而飛，棲息時夾在衆鳥之中；行進時不敢飛在前面，退回時不敢落在後頭；飲食時不敢爭先嘗，一定吃剩餘的。所以它在同列中不受排斥，外人也終究不能傷害它，因此它能免於禍患。直樹先被砍伐，甘井先被涸竭。你有心以文飾才智來驚駭愚俗，修飭品行來顯露別人的污濁，光芒耀射好像舉着太陽月亮而行走，所以你不免要招來禍患了。我曾經聽過集道之大成的人說：『自己誇耀的反而沒有功績，功成不退的就要墮敗，名聲彰顯的就要受到損傷。』誰能夠拋棄功名而把它還給衆人！大道流行而不顯耀自居；德行廣被而不自求聲名；純樸平常，同於愚狂；削除形位捐棄權勢，不求功名。所以無求於人，人也無求於我。至人不求聲名，你為什麼喜好呢？」

孔子說：「好極了！」於是就辭別朋友，離開學生，逃到曠野；穿着粗布衣服，食着杼栗野果；走進獸羣，獸不驚亂；走進鳥羣，鳥不驚飛。鳥獸都不厭惡他，何況人呢？

五

孔子問子桑雽[①]曰：「吾再逐於魯[②]，伐樹於宋[③]，削跡於衛[④]，窮於商周[⑤]，圍於陳蔡之間[⑥]。吾犯[⑦]此數患，親交益疏，徒友益散，何與？」

子桑雽曰：「子獨不聞假人之亡⑧與？林回棄千金之璧，負赤子而趨。或曰：『為其布⑨與？赤子之布寡矣；為其累與？赤子之累多矣；棄千金之璧，負赤子而趨，何也？』林回曰：『彼⑩以利合，此以天屬也。』夫以利合者，迫窮禍患害相棄也；以天屬者，迫窮禍患害相收也。夫相收之與相棄亦遠矣。且君子之交淡若水，小人之交甘若醴；君子淡以親，小人甘以絕⑪。彼無故以合者，則無故以離。」

孔子曰：「敬聞命矣！」徐行翔佯⑫而歸，絕學捐書，弟子無挹於前⑬，其愛益加進。異日，桑雽又曰：「舜之將死，乃命⑭禹曰：『汝戒之哉！形莫若緣⑮，情莫若率⑯。緣則不離，率則不勞；不離不勞，則不求文⑰以待形；不求文以待形，固不待物。』」

【註譯】

①子桑雽：姓桑，名雽，隱居者。

俞樾說：「疑即大宗師之子桑戶。雽音戶，則固與子桑戶同矣。」

②再逐於魯：魯定公時，孔子擔任司寇的官職。齊國的執政者們想製造孔子和魯君的不和，於是帶了八十名美女和一百二十匹好馬送給魯國的國君。由於齊國的離間，孔子遂遭魯定公的冷淡，於是孔子不得不出走魯國。

③伐樹於宋：指孔子到宋國境內，在一棵樹下休息，宋國司馬桓魋趕來，砍倒大樹，威脅孔子。「伐樹於宋」，已見天運篇。

④削跡於衞：孔子在衞國匡城被人誤為陽虎而遭圍困。「削跡於衞」，已見於天運篇。

⑤窮於商周：不得志於商周（「商」，殷後裔土地。「周」，指宋與衞），已見於天運篇。

⑥圍於陳蔡之間：指孔子路經陳蔡兩國交境的負函（河南信陽），被楚軍圍困。「圍於陳蔡之間」，已見於天運篇。

⑦犯：借為「逢」。與大宗師篇「犯人之形」同例（章炳麟莊子解故）。

⑧假人之亡：「假」，國名。或說假乃殷之誤。「亡」，逃亡。孫詒讓說：「司馬彪曰：『林回，殷之逃民之姓名。』則『假人』當為『殷人』之誤。然文選王仲寶褚淵碑文李註引司馬彪云：『假，國名。』」馬叙倫說：「按史記酷吏傳：『楚有殷仲。』徐廣曰：『殷，一作假。』……此字當為殷，殷即宋也。疑謂宋偃王暴虐，其民有逃亡者。」

⑨布：指財貨。

⑩彼：指璧。

⑪君子之交淡若水，小人之交甘若醴；君子淡以親，小人甘以絕：禮記表記篇作：「君子之接如水，小人之接如醴；君子淡以成，小人甘以壞。」

⑫翔佯：今通作徜徉（胡懷琛說）；形容閒放自得。

⑬無挹於前：無揖讓之禮（成疏）。「挹」，音揖，揖禮。林雲銘說：「挹，拱挹也。虛文去而真意流。」

⑭乃命：今本作「真泠」。各家曲說作解。依據王引之之說改。

陸德明說：「司馬本作『直』。司馬云：『泠，或為命，又作令。』」王引之說：「『直』，當為『卤』。『卤』，籀文『乃』字，隸書作『迺』。『卤』形似『直』，故譌作『直』，又譌作『真』。『命』與『令』，古字通，作『命』作『令』者是也。令禹者，乃命禹也。」（見王念孫讀書雜志餘編）林雲銘說：「『真泠』二字，乃『其命』之誤。」按：宣穎本據以改作「其命」，並說：「舊本訛作『真泠』二字。」

⑮緣：因其自然之意（林希逸說）。

⑯率：真率。林希逸說：「『率』，循其自然之意。」

⑰文：虛文。

【今譯】

孔子問子桑雽說：「我兩次被魯國驅逐出境，在宋國遭受到伐樹的屈辱，在衛國被禁止居留，在商、周沒有出路，在陳、蔡兩國交界的地方被圍困。我遇到這些患難，親戚舊交更疏遠了，學生朋友更離散了，為什麼會這樣？」

子桑雽說：「你沒有聽說假國人逃亡的故事嗎？林回捨棄了價值千金的玉璧，揹着嬰兒逃走。有人說：『為了錢財嗎？嬰兒的價值少得很；為了累贅嗎？嬰兒的累贅多得很；捨棄了千金的玉璧，揹着嬰兒逃走，為什麼呢？』林回說：『我和玉璧是利的結合，我和嬰兒是天性的關聯。』以利而結合的，受到窘迫禍患的時候，就互相遺棄了；以天性相關的，遇着窘迫禍患的時候，就互相收留了。互相收留的和互相遺棄的，相差得太遠了。再説，君子的交情淡薄得像水一樣，小人的交情甘美得像甜酒一樣；君子淡薄卻親切，小人甜蜜卻易斷絕。所以凡是沒有緣故結合的，也就沒有緣故而離散了。」

孔子説：「我誠心地接受你的指導！」於是踱着步子安閒地回去，終止學業，拋開聖書，學生無須行揖拜的禮節，但是他們對他的敬愛卻更為增進。

有一天，桑雩又説：「舜快要死的時候，告訴禹説：『你要當心啊！形體不如因順，情感不如率真。因順就不會離失，率真就不會勞累；不離失，不勞累，就不求虛文來粉飾形體，就無需求待於外物了。』」

六

莊子衣大布①而補之，正緳係履②而過魏王。魏王曰：「何先生之憊邪？」莊子曰：「貧也，非憊也。士有道德不能行，憊也；衣弊履穿，貧也，非憊也；此所謂非遭時也。王獨不見夫騰猿乎？其得柟梓豫章③也，攬蔓④其枝而王長⑤其間，雖羿、蓬蒙⑥不能眄睨⑦也。及其得柘棘枳枸⑧之間也，危行⑨側視，振動悼慄；此筋骨非有加急⑩而不柔⑪也，處勢不便，未足以逞其能也。今處昏上亂相之間，而欲無憊，奚可得邪？此比干之見剖心徵⑫也夫！」

【註譯】

①大布：粗布。

②正緳係履：「正」，郭嵩燾解作「整」，疑是「以」字之譌。「緳」，帶（司馬彪說）；當是麻繩做的帶子。「係」，同繫。這句話是說用麻帶穿（破）鞋。

郭嵩燾說：「說文：『絜，麻一耑也。』與『緳』通，言整齊麻之一端，以納束其履而繫之。履無絇，繫之以麻，故曰『憊』。」

③枏（nán南）梓（zǐ子）豫章：都是端直好木。

④攬蔓：猶把捉（成疏）。

劉鳳苞說：「『攬』，把。『蔓』，纏繞；攬其枝而盤結之，如蔓生然。」

⑤王長：猶自得（成疏）；同旺漲，形容意氣軒昂（福永光司說）。

⑥羿、蓬蒙：羿是古時候精於射箭的人，蓬蒙是羿的弟子。

⑦眄（mián棉）睨（nì膩）：斜視。

⑧柘（zhè這）棘枳枸：都是有刺的小木。

⑨危行：行動謹慎。

⑩加急：限制，收緊。

⑪不柔：不靈活。

⑫徵：明證。

【今譯】

莊子穿着一件補過破洞的粗布衣服，用麻繩綁着破鞋子，去見魏王。魏王說：「先生，你怎麼這樣疲困呢？」

莊子說：「是貧窮啊，並不是疲困！讀書人有理想卻不能施行，這是疲困啊；衣服破舊鞋子破爛，這是貧窮，而不是疲困；這就叫做不逢時啊！你沒有看見跳躍的猿猴嗎？當它爬在柟、梓、豫、章等大樹上的時候，攀緣着樹枝，在那裏自得其樂，即使善射的羿和蓬蒙也無可奈何它。等到它跳落在柘、棘、枳、枸等多刺的樹叢中時，小心謹慎，內心還戰慄不已；這並不是筋骨受了束縛而不靈活，乃是處在不利的情勢下，不能够施展它的才能呀！現在處於昏君亂相的時代，要想不疲困，怎麼可能呢？像比干的被剖心，不是個顯明的例證嗎？」

七

孔子窮於陳蔡之間，七日不火食，左據槁木，右擊槁枝，而歌猋氏①之風，有其具而無其數②，有其聲而無宮角③，木聲與人聲，犁然④有當於人之心。

顏回端拱還目⑤而窺之。仲尼恐其廣己而造大⑥也，愛己而造哀也，曰：「回，無受天損易[7]，無受人益難[8]。無始而非卒[9]也，人與天一[10]也。夫今之歌者其誰乎？」

回曰：「敢問無受天損易。」

仲尼曰：「飢渴寒暑，窮桎不行[11]，天地之行也，運物之泄也[12]，言與之偕逝[13]之謂也。為人臣者，不敢去之。執臣之道猶若是，而況乎所以待天乎！」

「何謂無受人益難？」

仲尼曰：「始用四達[14]，爵祿並至而不窮，物之所利，乃非己也[15]，吾命其在外者也。君子不為盜，賢人不為竊。吾若取之，何哉！故曰，鳥莫知[16]於鷾鴯[17]，目之所不宜處，不給視，雖落其實，棄之而走。其畏人也，而襲諸人間[18]，社稷存焉爾[19]。」

「何謂無始而非卒？」

仲尼曰：「化其萬物而不知其禪[20]之者，焉知其所終？焉知其所始？正而待之[21]而已耳。」

「何謂人與天一邪？」

仲尼曰：「有人，天[22]也；有天，亦天也。人之不能有天，性也；聖人晏然[23]體逝而終矣！」

【註譯】

①猋（biāo標）氏：神農（成疏）。「猋氏」，即焱氏（王先謙集解）。已見天運篇。

②有其具而無其數：有枝擊木而無節奏（宣穎說）。「有其具」，有擊木之具（陳壽昌說）。「數」指節奏之數。

③無宮角：不合五音（林希逸說）；不主音律（宣穎說）。

④犁然：釋然，悠然。
焦竑說：「犁然，如犁田者，其土釋然也。」

⑤端拱還目：「端拱」，拱手直立。「還目」，回目。「還」音旋。
林雲銘說：「『端拱』，則頭容直矣，不能瞠視，故轉其睛，而還視之也。」

⑥廣己而造大：張顯自己而至於誇大。
林雲銘說：「『造』，至也。尊己則至於大。」

⑦無受天損易：不受自然的損傷還容易。

⑧無受人益難：不受人的利祿卻難。
林雲銘說：「人益之來，欲辭不能，故難。」
福永光司說：「人益，即人為的附加物。」

⑨無始而非卒：沒有起始而不是終結的。
郭象說：「『卒』，終也。於今為始者，於昨為卒，則所謂始者，即是卒矣。言變化之無窮。」

⑩人與天一：天人一體（馬恆君說）。「人」，人事。「天」，自然的情勢。「一」，共同一致。

⑪窮桎不行：窮困不通。郭嵩燾說：「『窮桎不行』，言飢渴寒暑，足以桎梏人，而使不自適。」

⑫運物之泄也：品物的發動。闕誤引江南古藏本「運物」作「運化」。司馬彪說：「『運』，動也。『泄』，發也。」章炳麟說：「『天地之行』，『運物之泄』，耦語也。『運』借為『員』。越語『廣運』，西山經作『廣員』，是其例。說文：『員，物數也。』『員物』，猶言品物。『泄』與『動』義近；韓非揚搉篇『根榦不革則動泄不失矣』，『泄』，亦動也。」按：前人都依司馬註，當從章解為確。後文「目大運寸」，「運」亦作「員」，成疏「運，員也」可證。「運物」與上句「天地」對舉，皆屬名詞。馬叙倫說：「按：『泄』，借為『迻』。說文曰：『迻，遷徙也。』」

⑬偕逝：共同參與變化。成玄英說：「『偕』，俱也。『逝』，往也。既體運物之無常，故與變化而俱往，而無欣惡於其間也。」

⑭始用四達：言初進便順利（林雲銘說）。

⑮物之所利，乃非己也：外物的利益，非己本有。

⑯知：音智，聰明。

⑰鷾鴯：燕（釋文）。

⑱襲諸人間：「襲」，入。指入人屋舍築巢。

⑲社稷存焉爾：「社稷」，謂鳥巢（馬叙倫說）。這是比喻鳥有所寄存，猶如人依存於社稷。

郭嵩燾說：「有土因而有社，有田因而有稷。社者，所以居也；稷者，所以養也。鳥也有其居，鳥亦有其養，鷾鴯之襲諸人間，不假人以居而自為居，不假人以養而自為養也。」

⑳禪：同代。

㉑正而待之：謂順任自然的變化。「正」是指上文所說的「萬物的變化」（「化其萬物」）。

林雲銘說：「正而待之，以順其自化而已。」

福永光司說：「『正而待之』，若人間世篇（孔子與顏回問答）『虛而待物』。」（見福永著莊子外篇五六四頁）

㉒天：指自然。

郭象說：「凡所謂天，皆明不為而自然。」

㉓晏然：即安然。

成玄英說：「晏然，安也。」

馬叙倫說：「『晏』，借為『宴』。說文曰：『宴，安也。』」

【今譯】

孔子被困在陳蔡兩國交界的地方，七天沒有生火煮食，他左手靠着枯樹，右手敲着枯枝，唱着神農時代的歌謠，有擊敲的器具而沒有音律，擊木聲和歌唱聲舒徐動聽，使人心裏感到舒適。顏回恭敬地站着，轉過頭來看。孔子怕他寬解自己而至於誇大，愛惜自己而陷於哀傷，便說：「回，不受自然的損傷還容易，不受人的利祿卻難。沒有一個開始而不是終結的，人為和自然是一樣的。現在唱歌的是誰呢？」

顏回問道：「請問什麼是不受自然的損傷還容易？」

孔子說：「飢餓、乾渴、寒冷、暑熱、窮困不通，都是天地的運行，萬物的遷移，這就是說共同參與變化呀！做人臣的，不敢逃避國君的使命。執守人臣之道的都能這樣，何況對待自然呢？」

顏回問道：「什麼是不受人的利祿困難呢？」

孔子說：「初次被任用就很順利，爵位利祿齊來而不窮盡，但是這些外物的利益，並不是屬於自己的，只是我的機遇得到這些外物罷了！君子不做盜劫的事，賢人不做偷竊的事，我要去求取，為什麼呢？所以說：鳥兒沒有比燕子更聰明的，看到有不適宜的地方，就不再看第二眼，雖然失落了口中的食物，也捨置而飛去。它畏懼人，卻又入人屋舍，只是寄居築巢罷了。」

顏回問道：「什麼是沒有一個開始而不是終結的？」

孔子說：「萬物變化而不知道誰是替代者，怎能知道它的終結？怎能知道它的開始呢？順其自然的變化就是了。」

顏回問道：「什麼是人為和自然都一樣呢？」

孔子說：「人為，是出於自然的；自然的事，也出於自然的。人為之所以不能保全自然，是由於性分的限制，只有聖人能安然地順着自然而變化呢！」

八

莊周遊於雕陵之樊①，覩一異鵲自南方來者，翼廣七尺，目大運寸②，感③周之顙而集於栗林。莊周曰：「此何鳥哉，翼殷④不逝⑤，目大不覩？」蹇裳⑥躩步⑦，執彈而留⑧之。覩一蟬，方得美蔭而忘其身；螳蜋執翳⑨而搏之，見得而忘其形；異鵲從而利之，見利而忘其真⑩。莊周怵然曰：「噫！物固相累，二類相召⑪也！」捐⑫彈而反走，虞人⑬逐而誶⑭之。

莊周反入，三日不庭⑮。藺且從而問之：「夫子何為頃間甚不庭乎？」莊周曰：「吾守形而忘身，觀於濁水而迷於清淵。且吾聞諸夫子曰：『入其俗，從其令⑯。』今吾遊於雕陵而忘吾身，異鵲感吾顙，遊於栗林而忘真，栗林虞人以吾為戮⑰，吾所以不庭也。」

【註譯】

①雕陵之樊：雕陵是丘陵的名稱。「樊」，即藩。

司馬彪說：「『雕陵』，陵名；『樊』，藩。謂遊於栗園藩籬之內。」

②目大運寸：眼睛的直徑有一寸長。

成玄英疏：「『運』，員也。眼圓一寸。」

王念孫說：「『運寸』與『廣七尺』相對為文，『廣』為橫則『運』為縱也。『目大運寸』，猶言目大徑寸耳。越語：『句踐之地廣運百里。』韋註曰：『東西為廣，南北為縱也。』西山經曰：『是山也廣員百里。』『員』與『運』同。」

③感：觸。

④殷：大。與秋水篇「大之殷」同。

⑤逝：往，飛去。

⑥蹇（jiǎn 儉）裳：作褰裳，即提起衣裳。

王叔岷先生說：「陳碧虛闕誤引張君房本『蹇』作『褰』。道藏王元澤新傳本、褚伯秀義海纂微本、羅勉道循本並同。『蹇』與『褰』通。」

⑦躩（jué 厥）步：疾行，快步。

⑧留：伺候。

⑨翳（yì 意）：隱蔽。

⑩忘其真：「真」，性命（成疏）。

郭象說：「目能覩，翼能逝，此鳥之真性也。今見利，故忘之。」

⑪二類相召：指蟬召螳螂，螳螂召鵲，物類自相召害。

⑫捐：棄。

⑬虞人：守園者（林希逸說）；守苑囿之吏（見孟子滕文公下「招虞人以旌」朱熹註）。

⑭誶（suì 歲）：罵。

⑮三日不庭：「三日」，通行本作「三月」，釋文：「『三月不庭』，一本作『三日』。」依王念孫之說改。「不庭」，讀「不逞」，即不愉快。

王念孫說：「『庭』，當讀為『逞』，不快也。……『三月不庭，一本作三日』是也。下文言夫子頃間甚不庭，若三月之久，不得言頃間矣。」

馬其昶說：「案：舊作『三月』，據下言『頃間』，則從釋文『一本作三日』是也。」按：馬氏莊子故本已改正「三月」為「三日」。

⑯夫子曰：「入其俗，從其令」：成疏：「莊周師老聃，故稱老子為夫子也。」按：「夫子」是尊稱，這裏未必指老子，因為下面的話不是老子講的，今本老子沒有這兩句話。所謂「莊周師老聃」，乃是傳統的眼光，莊周何曾師老聃？在各家中，莊周雖然較推崇老聃，但也批評老聃。以師徒來稱呼他們，是流俗的看法。「令」，通行本作「俗」，依闕誤引成玄英本改，郭註亦作「令」。「令」，即禁令（郭註）。

⑰戮：辱（王先謙註）。

馬叙倫說：「今通用『辱』字。」

【今譯】

莊周到雕陵的栗園裏遊玩，看見一隻怪異的鵲從南面飛來，翅膀有七尺寬，眼睛直徑有一寸長，碰到莊周的額角而飛停在栗樹林中。莊周說：「這是什麼鳥呀？翅膀大卻不能遠飛，眼睛大卻目光遲鈍？」於是提起衣裳快步走過去，把着彈弓窺伺它的動靜。這時他看見一隻蟬，正得着美葉蔭蔽而忘了自身；有隻螳螂以樹葉作掩護而搏住它，螳螂見有所得而忘記自己的形體；異鵲乘機攫取螳螂，只顧貪利而忘記了性命。莊周看了警惕着說：「唉！物類互相累害，這是由於兩者互相召引貪圖所致！」於是扔下彈弓回頭就走，管園的人（以為他偷栗子）追趕着責罵他。

莊周回去，三天都感到不愉快。學生藺且問他說：「先生為什麼最近覺得不愉快呢？」莊周說：「我為了守護形體而忘了自己；觀照濁水反而對清淵迷惑了。我聽先生說：『到一個地方，就要順從那裏的風俗習慣。』現在我到雕陵遊玩而忘了自身，異鵲碰到我的額角，飛到栗樹林裏而忘了真性，管園的人辱責我，所以我感到不愉快。」

九

陽子[①]之宋，宿於逆旅[②]。逆旅人有妾二人，其一人美，其一人惡，惡者貴而美者賤。陽子問其故，逆旅小子[③]對曰：「其美者自美，吾不知其美也；其惡者自惡，吾不知其惡也。」

陽子曰：「弟子記之！行賢而去自賢之心[④]，安往而不愛哉！」

【註譯】

①陽子：韓非子說林上引這同一故事作「楊子」。

②逆旅：旅舍。

③逆旅小子：韓非子說林上作「逆旅之父」。

④行賢而去自賢之心：「心」，原作「行」，根據韓非子說林上改。作「心」於義為優。

【今譯】

陽子到宋國，住在旅舍。旅舍主人有兩個妻妾，一個美麗，一個醜陋，醜陋的受尊寵，美麗的被冷落。陽子問他是什麽緣故，旅舍的童子回答說：「那美麗的自以為美麗，但是我並不覺得她的美麗；那醜陋的自認為醜陋，但是我不覺得她醜陋。」

陽子說：「弟子們記住！行為良善而能去除自我炫耀的心念，到哪裏會不受喜愛呢？」

田子方

田子方篇，由十一章文字彙集而成。各章意義不相關聯，屬於雜記體裁。「田子方」，人名，魏國賢者。取篇首三字為篇名。

本篇第一章，田子方與魏文侯對話，要在寫「真」。稱讚為人的質真淳厚，並評仁義聖智對真實生命的束縛。第二章，借温伯雪子評儒家「明乎禮義而陋乎知人心」。孔子見温伯雪子而體悟「目擊而道存，亦不可以容聲矣」。這就是「得意忘言」的情境。第三章，顏淵與孔子對話，寫宇宙長流不息，萬物變動神速，自我亦變故日新。這裏提出「日徂」之說：「日徂」即一天天地參與變化。不能參與變化的，即是「心死」。「哀莫大於心死，而人死亦次之。」第四章，孔子見老聃「遊心於物之初」。「物之初」即一切存在的根源。認識一切存在的根源，認識自然運行的規律（「紀」），認識「天地之大全」，是為「至人」。自然界充滿着美與光輝，至人「得至美而遊乎至樂」，於此可見莊子至人的藝術心態。第五章，莊子見魯哀公的寓言，指出魯國滿街穿着儒服的人，盡是假儒。第六章，百里奚一小段，寫「爵祿不入於心」，「死生不入於心」。第七章，「解衣槃礴」，寫真畫家的創作突破規格的約束。第八章，文王見姜太公釣魚，「其釣莫釣」，援引為政，則守自然無為。第九章，寫伯昏無人射箭的凝定神態。第十章，寫孫叔敖的爵祿無變於己。第十一章，寫凡君外在得失無變於己。

許多富有哲理性的成語出自本篇，如：目擊道存、亦步亦趨、奔逸絕塵、瞠乎其後、不言而信、失之交臂、唐肆求馬、形若槁木、日改月化、天高地厚、千轉萬變、解衣槃礴以及明禮義而陋知人心、處卑細而不憊、哀莫大於心死等。

一

田子方①侍坐於魏文侯，數稱谿工②。

文侯曰：「谿工，子之師邪？」

子方曰：「非也，無擇之里人也；稱道數當③，故無擇稱之。」

文侯曰：「然則子無師邪？」

子方曰：「有。」

曰：「子之師誰邪？」

子方曰：「東郭順子④。」

文侯曰：「然則夫子何故未嘗稱之？」

子方曰：「其為人也真，人貌而天虛⑤，緣而葆真⑥，清而容物。物無道，正容以悟之，使人之意也消。無擇何足以稱之！」

子方出，文侯儻然⑦終日不言，召前立臣而語之曰：「遠矣，全德之君子⑧！始吾以聖知之言仁義之行為至矣，吾聞子方之師，吾形解⑨而不欲動，口鉗而不欲言。吾所學者直土梗⑩耳，夫魏真為我累耳！」

【註譯】

①田子方：姓田，名無擇，字子方。魏賢人。釋文引李頤註，說他是魏文侯師。馬叙倫則從呂氏春秋舉難與察賢等篇，引證說明田子方乃魏文侯友，而非魏文侯師（詳見馬著莊子義證）。當從馬說。

②谿工：姓谿，名工。魏國的賢人。

③稱道數當：言論常常很確當。成玄英說：「稱說言道，頻當於理。」（成疏）

④東郭順子：住在郭東，因以為氏，名順子，子方之師（成疏）。

⑤人貌而天虛：人的容貌而心契合自然。「虛」，意指「心」。俞樾說：「郭註以『人貌而天』四字為句，殆失其讀也。此當以『人貌而天虛』為句。『人貌天虛』，相對成義。『緣而保真』為句，與『清而容物』相對成義。『虛』者，孔竅也。淮南子氾論訓：『若循虛而出入。』高註曰：『虛，孔竅也。』訓『孔竅』，故亦訓『心』。俶真訓：『虛室生白。』註曰：『虛，心也。』……此云『人貌而天虛』，即人貌而天心，言其貌則人，其心則天也。學者不達『虛』字之義，誤屬下讀，則『人貌而天』句文義不完。下兩句本相儷者亦參差不齊也。」俞說可從。

⑥葆真：即保真。「葆」，同保。

⑦儻然：自失的樣子。馬叙倫說：「按『儻』，借為『悵』。」

⑧全德之君子：指東郭順子。

⑨形解：形體解脫。

林希逸說：「形解，言自失也。」

馬叙倫說：「『解』，為『懈』省。說文曰：『懈，怠也。』」

⑩土梗：土人（司馬彪註）。

馬叙倫說：「『梗』，借為『偶』。戰國策趙策：『土梗與木梗鬥，曰：『汝不如我，我乃土也。逢風雨壞沮，仍復歸土；汝逢風雨，氾濫無所止。』史記孟嘗君列傳：『見木偶人與土偶人語。』其辭相同。是土梗木梗即是土偶木偶也。」

林希逸說：「土梗者，得其粗，不得其精也。」

【今譯】

田子方陪坐在魏文侯那裏，幾次稱頌谿工。

文侯說：「谿工是你的老師嗎？」

子方說：「不是的，是我的同鄉；他的言論見解常常很正確，所以我稱讚他。」

文侯說：「那麼你沒有老師嗎？」

子方說：「有。」

文侯說：「你的老師是誰呢？」

子方說：「東郭順子。」

文侯說：「那麼先生為什麼沒有稱讚他？」

子方說：「他為人真純，常人的容貌而內心契合自然，順應於人而保守天真，清介不阿而能容人。如遇無道的人，便正容開悟他，使人的邪念自然消除。我哪裏配稱讚他？」

子方走了，文侯惆悵地整天不說話，傳召面前立侍的臣子告訴他們說：「太深遠了，全德的君子！起初我以為聖智的言論、仁義的行為最好了，我聽到了子方老師的言論，我身體解脫而不想動，嘴巴閉着而不想說。我所學的不過是粗跡而已，魏國真是我的包袱啊！」

二

溫伯雪子①適齊，舍於魯。魯人有請見之者，溫伯雪子曰：「不可。吾聞中國②之君子，明乎禮義而陋於知人心，吾不欲見也。」

至於齊，反舍於魯，是人也又請見。溫伯雪子曰：「往也蘄見我，今也又蘄見我，是必有以振③我也。」

出而見客，入而歎。明日見客，又入而歎。其僕曰：「每見之客④也，必入而歎，何耶？」

曰：「吾固告子矣：『中國之民，明乎禮義而陋乎知人心。』昔之見我者，進退一成規一成矩，從容⑤一若龍一若虎，其諫我也似子，其道⑥我也似父，是以歎也。」

仲尼見之而不言。子路曰：「吾子欲見溫伯雪子久矣，見之而不言，何邪？」

仲尼曰：「若夫人者，目擊而道存矣，亦不可以容聲矣。」

【註譯】

①溫伯雪子：姓溫，名伯，字雪子，楚之懷道人（成疏）。

②中國：指中原之國，即魯國。

成玄英疏：「中國，魯國也。」

③振：起，發。這裏有啓發之意。另一說「振」訓「告」（高亨新箋）。

④之客：此客。

⑤從容：猶動容（王念孫說，見章炳麟莊子解故所引）。

⑥道：同「導」。陳碧虛闕誤引江南古藏本作「導」。

【今譯】

溫伯雪子往齊國，歇足在魯國。魯國有人要見他，溫伯雪子說：「不行。我聽說中國的君子，明於禮義卻拙於了解人心，我不想接見他。」

到了齊國，回程歇足在魯國，那個人又要見他。溫伯雪子說：「上次求見我，現在又來求見，一定有什麼啓發我的。」

他出去見了客人，回來就歎息。第二天見了客人，回來又歎息。他的僕人問說：「您每次見到這個客人，回來就要歎息，為什麼呢？」

回說：「我原先告訴你了：『中國的人民，明瞭禮義卻拙於了解人心。』剛才來看我的那位，進退完全合於規矩，動容猶如龍虎，他諫告我，好像兒子對待父親；他開導我，好像父親對待兒子，我因此歎息。」

孔子見了面不說話。子路說：「先生想見溫伯雪子很久了，見了面不說話，為什麼呢？」

孔子說：「像這樣的人，視綫所觸而道自存，也不容再用語言了。」

三

顏淵問於仲尼曰：「夫子步亦步，夫子趨亦趨，夫子馳亦馳；夫子奔逸絕塵①，而回瞠若②乎後矣！」

仲尼曰③：「回，何謂邪？」

曰：「夫子步，亦步也；人子言，亦言也；夫子趨，亦趨也；夫子辯，亦辯也；夫子馳，亦馳也；夫子言道，回亦言道也：及奔逸絕塵而回瞠若乎後者，夫子不言而信，不比而周④，無器⑤而民滔⑥乎前，而不知所以然而已矣。」

仲尼曰：「惡！可不察與！夫哀莫大於心死，而人死亦次之。日出東方而入於西極，萬物莫不比方⑦，有首有趾者⑧，待是⑨而後成功，是出則存，是入則亡⑩。萬物亦然，有待也而死，有待也而生⑪。吾一受其成形，而不化以待盡⑫，效⑬物而動，日夜無隙，而不知其所終；薰然⑭其成形，知命不能規⑮乎其前，丘以是日徂⑯。

「吾終身與汝交一臂而失之⑰，可不哀與！女殆著乎吾所以著也⑱。彼已盡矣⑲，而女求之以為有，是求馬於唐肆⑳也。吾服㉑女也甚忘，女服吾也亦甚忘。雖然，女奚患焉！雖忘乎故吾，吾有不忘者存。」

【註譯】

①奔逸絕塵：形容快速。

林希逸說：「『奔逸』，飛馳也。『絕塵』，去速而不見其塵也。」

②瞠若：直視的樣子。

③仲尼曰：原作「夫子曰」。這節對話前後答語者一律作「仲尼曰」，這裏作「夫子曰」為誤寫，依馬叙倫之說改正。

馬叙倫說：「按下文作『仲尼曰』，此亦當然，疑傳寫之誤。」

④不比而周：「比」，阿私。「不比而周」，指不偏私而周遍。論語為政篇有「君子周而不比」句。

朱熹說：「『周』，普遍也。『比』，偏黨也。」（見論語為政篇朱註）

⑤器：爵位（成疏）。

⑥滔：同聚。

⑦比方：指順着太陽的方向（宣穎說）。

宣穎說：「從日為方向。」

馬其昶說：「『比』，順也。『方』，道也。謂萬物之化生皆順太陽之軌道也。」

福永光司說：「比方，平行的意思。」（莊子外雜篇解說五九二頁）

⑧有首有趾者：指人。語見天地篇。「首」，今本作「目」，形近而誤，根據天地篇改正。

馬叙倫說：「『目』當依天地篇作『首』。」

⑨待是：待日。「是」，指日。

⑩是出則存，是入則亡：即日出而作，日入而息（林希逸口義）。

王先謙說：「日出則有世事，日入則無世事。」

⑪有待也而死，有待也而生：有的將趨於死，有的將待以生。

郭象說：「待隱謂之死，待顯謂之生。」

⑫一受其成形，而不化以待盡：語見齊物論。

⑬效：猶感。

⑭薰然：形容成形的樣子。

成玄英疏：「薰然，自動之貌。」

羅勉道說：「薰然者，如氣之薰蒸而成也。」（南華真經循本）

王敔說：「薰然，芳草叢生貌。」

⑮規：「窺」的省字（見馬叙倫義證）。

⑯日徂：一天天地參與變化。「徂」，往。

郭象說：「與變俱往。」

⑰交一臂而失之：意思是說我和你這麼接近而你卻不能了解宇宙的道理。

林希逸說：「『交一臂』者，併立也。終身與汝周旋，而汝未得此道，故曰：『交一臂而失之。』」

⑱女殆著乎吾所以著也：你大概只看到我所能看到的現象。「著」，可見的東西。

福永光司說：「『以』字誤加。『所著』，意指現象面；『所以著』，指現象賴以成立的本質。」按：福永之說可從。

⑲彼已盡矣：它已經消失了。

宣穎說：「『彼』，所著。所著者忽已過去，可見不足據也。」

⑳唐肆：「唐」，空（朱駿聲說，見馬其昶莊子故所引）。「肆」，市（成疏）。「唐肆」，空市場。

林希逸說：「『唐』，無壁之屋也。詩云：『中唐有甓。』『唐肆』，今之過路亭也。」

㉑服：思存（郭註）。

林疑獨說：「『服』，猶『思』也。」（見褚伯秀南華真經義海纂微引）按：舊註有依羅勉道作「佩服」解，誤。

【今譯】

顏回問孔子說：「先生緩步我也緩步，先生快走我也快走，先生奔馳我也奔馳；先生奔逸絕塵，而我卻直瞪着眼落在後面了！」

孔子說：「回，怎麼說呢？」

顏回說：「先生緩步，我也緩步；先生論說，我也論說；先生快走，我也快走；先生辯論，我也辯論；先生奔馳，我也奔馳；先生談道，我也談道；等到先生奔逸絕塵而我卻直瞪着眼落在後面，乃是先生不言說而取信，不偏私而周遍，沒有爵位而人民來相聚，卻不知道為什麼能够這樣？」

孔子說：「啊！這可不明察麼！最悲哀的莫過於心死，而身死都還是次要的。太陽從東方出而入於西極，萬物沒有不順着這個方向的，有頭有腳的人，見日起而後事可為，日出而作，日入而息。萬物也是一樣，有的將趨於死亡，有的將待以降生。我一旦秉受了形體，不變滅而等待氣盡，感應外物而活動，日夜沒有間斷，而不知道自己的歸宿；薰然自動成形，知道命運是不可預知的，我因而一天天參與變化。

「我一直和你這麼接近而你卻不能了解這個道理，可不悲哀嗎？你大概只看到我所能看到的現象。它們已經消逝，而你追尋着還以為存在，這就像在空市場上尋求馬一樣。我心中的你很快就忘記，你心中的我也很快就忘記。雖然這樣，你有什麼憂慮？即使忘了過去的我，我還有不會被遺忘的東西存在。」

四

孔子見老聃，老聃新沐，方將被髮而乾，慹然[1]似非人[2]。孔子便而待之[3]，少焉見，曰：「丘也眩與，其信然與？向者先生形體掘若槁木[4]，似遺物離人而立於獨也。」

老聃曰：「吾遊心於物之初。」

孔子曰：「何謂邪？」

曰：「心困焉而不能知，口辟[5]焉而不能言，嘗為汝議乎其將[6]。至陰肅肅[7]，至陽赫赫[8]；肅肅出乎天，赫赫發乎地；兩者交通成和[9]而物生焉，或為之紀[10]而莫見其形。消息滿虛[11]，一晦一明，日改月化，日有所為，而莫見其功。生有所乎萌，死有所乎歸，始終相反乎無端而莫知乎其所窮。非是也，且孰為之宗！」

孔子曰：「請問遊是。」

老聃曰：「夫得是，至美至樂也，得至美而遊乎至樂，謂之至人。」

孔子曰：「願聞其方。」

曰：「草食之獸不疾易藪[12]，水生之蟲不疾易水，行小變而不失其大常也，喜怒哀樂不入於胸次。夫天下也者，萬物之所一[13]也。得其所一而同焉，則四支百體將為塵垢，而死生終始將為晝夜而莫之能滑，而況得喪禍福之所介[14]乎！棄隸[15]者若棄泥塗[16]，知身貴於隸也，貴在於我而不失於變。且萬化而未始有極[17]也，夫孰足以患心！已為道者解乎此。」

孔子曰：「夫子德配天地，而猶假至言以修心，古之君子，孰能脫焉？」

老聃曰：「不然。夫水之於汋[18]也，無為而才自然矣。至人之於德也，不修而物不能離焉，若天之自高，地之自厚，日月之自明，夫何脩焉！」

孔子出，以告顏回曰：「丘之於道也，其猶醯雞[19]與！微夫子之發吾覆也，吾不知天地之大全也。」

【註譯】

①慹然：形容不動的樣子。

林希逸說：「慹然，凝定而立之貌。」

朱駿聲說：「『慹』，假為『蟄』。」

②非人：猶木偶人（林希逸口義）。

③便而待之：「便」，借為「屏」，即屏蔽。

章炳麟說：「『便』，借為『屏』。漢書張敞傳：『自以便面拊馬。』師古曰：『便面所以障面，蓋扇之類也。亦曰屏面。』『便』『屏』一聲之轉，故『屏』或作『便』。說文：『屏，屏蔽也。』老聃方被髮不可直入相見，故屏隱於門下而待之。」（莊子解故）

④掘若槁木：「掘」是「兀」的借字，形容直立不動的樣子。

林希逸說：「掘，兀兀然也。」

⑤辟：閉，合。

司馬彪說：「辟，捲不開。」

⑥議乎其將：說個概略。

章炳麟說：「『嘗為女議乎其將』者，嘗為女說其大劑也。猶知北遊篇云：『將為女言其崖略耳。』『將』聲與『犅』亦通，藝文志曰：『庶得粗犅。』師古曰：『犅，粗略也。』」

⑦肅肅：嚴冷之意（林希逸說）。

⑧赫赫：形容炎熱。

⑨兩者交通成和：可參看老子四十二章：「萬物負陰而抱陽，沖氣以為和。」

⑩紀：綱紀，規律。

⑪消息滿虛：消逝、生長、盈滿、空虛，即事物死生盛衰的規律。同秋水篇：「消息盈虛。」

⑫不疾易藪（sǒu 叟）：不怕變換草澤。

⑬萬物之所一：與德充符「物視其所一」同義。

⑭介：際（宣穎說），即分際。

⑮隸：僕隸；指身分的得失禍福（黃錦鋐語譯）。

⑯若棄泥塗：同德充符：「〔視喪其足，〕猶遺土也。」「塗」，同「土」。

⑰萬化而未始有極：語見於大宗師。

⑱汋：水湧流。

郭嵩燾說：「汋者，水自然湧出。非若泉之有源，而溪澗之交匯以流行也。」

馬其昶說：「釋文：『汋，澤也。』有潤澤也。」

⑲醯（xī希）雞：酒甕裏的小飛蟲「蠛蠓」。

【今譯】

孔子去見老聃，老聃剛洗完頭，正披着頭髮等乾，凝神定立好像木偶人。孔子就退出去等待他。過了一會兒見面說：「我是眼花了呢？還是真的？剛才先生形體直立不動有如枯木，好像超然物外而獨立自存。」

老聃說：「我遊心於萬物的本始。」

孔子說：「怎麼說呢？」

老聃說：「心困而不能知曉，口合而不能言說，試為你說個概略。至陰寒冷，至陽炎熱；寒冷出於天，炎熱出於地；兩者互相交通融合而各物化生，或為萬物的規律，卻不見形象。死生盛衰，時隱時現，日遷月移，無時不在作用，卻不見它的功績。生有所由始，死有所歸趨，始終循環無端而不知道它的窮盡。如果不是這樣，又有誰是它的宗本呢？」

孔子說：「請問遊心於此的情境。」

老聃說：「達到這種境界，是至美至樂，體味至美而遊於至樂，稱為至人。」

孔子說：「希望聽聽用什麼方法。」

老聃說：「吃草的獸類不怕變換草澤，水生的蟲類不怕變換池沼，只作小的變換而沒有失去根本的需要；喜怒哀樂的情緒不會侵入心中。天下的萬物都有共通性。了解它們的共通性而同等看待，那麼四肢百骸便視如塵垢，而死生終始猶如晝夜的變化，並不致受擾亂，何況是得失禍福的分際呢？捨棄得失禍福如同捨棄泥土一樣，知道自身比得失禍福更可貴，可貴在於我自身卻不因變換而喪失。千變萬化而未曾有窮盡，這有什麼值得困擾內心的？修道的人了解這點。」

孔子說：「先生德合天地，還用至言來〔教我〕修心，古時的君子，誰能超過呢？」

老聃說：「不是的。像水的湧流，無為而自然。至人的德，不需要修飾而萬物自然受影響，就像天自然的高，地自然的厚，日月自然的光明，哪裏需要修飾呢？」

孔子出去，告訴顏回說：「我對於大道的了解，豈不像甕中小飛蟲麼？要不是先生啓發我的蒙蔽，我真不知道天地的全貌。」

五

莊子見魯哀公①。哀公曰：「魯多儒士，少為先生方②者。」

莊子曰：「魯少儒。」

哀公曰：「舉魯國而儒服，何謂少乎？」

莊子曰：「周聞之，儒者冠圜③冠者，知天時；履句④屨者，知地形；緩佩玦⑤者，事至而斷。君子有其道者，未必為其服也；為其服者，未必知其道也。公固以為不然，何不號於國中曰：『無此道而為此服者，其罪死！』」於是哀公號之五日，而魯國無敢儒服者，獨有一丈夫儒服而立乎公門。公即召而問以國事，千轉萬變而不窮。

莊子曰：「以魯國而儒者一人⑥耳，可謂多乎？」

【註譯】

①莊子見魯哀公：莊子是六國時人，與魏惠王、齊威王同時，距魯哀公一百二十年，如此言見魯哀公者，蓋寓言（成疏）。

②方：道，術。

③圜：音「圓」（釋文）。

④句：方（李頤註）。

⑤緩佩玦：用五色的絲帶穿繫玉玦。「緩」，司馬本作「綬」。「綬」即絲的條帶。成玄英疏：「緩者，五色條繩，穿玉玦以飾佩也。」

⑥一人：或說指孔子，但原意未必指特定的人。嚴靈峯說：「成疏：『謂孔子。』按：此係『寓言』，言其事未必指其人，不必謂孔子也。」（道家四子新編七八九頁）

【今譯】

莊子去見魯哀公。哀公說：「魯國多儒士，很少有學先生道術的。」

莊子說：「魯國的儒士很少。」

哀公說：「全魯國都穿儒者的服裝，怎麼說少呢？」

莊子說：「我聽說，儒者戴圓帽的，知道天時；穿方鞋的，知道地形；用五色絲帶繫玉玦的，事到而決斷。君子有這種道術的，未必穿這種服裝；穿這種服裝的，未必懂得這種道術。你既不以為然，為什麼不號令於國中說：『不懂得這種道術而穿這種服裝的，要處死罪。』」

於是哀公下號令五天，而魯國沒有人敢穿儒服的，除了一個男子穿着儒服而站在朝門。哀公召他來詢問國事，他千轉萬變而對答不窮。

莊子說：「整個魯國只有一個儒者，可以說多嗎？」

六

百里奚①爵祿不入於心，故飯②牛而牛肥，使秦穆公忘其賤，與之政也。有虞氏死生不入於心，故足以動人。

【註譯】

①百里奚：紀元前五世紀的一位著名人物。複姓百里，名奚，秦人稱為五羖（gǔ 股）大夫。百里奚原居虞國（今山西省平陸縣東北地區），後入秦國，為秦穆公所重用。孟子對他頗有好評（見孟子萬章篇上、告子篇下）。

②飯：同飼。

【今譯】

百里奚不把爵祿放在心裏，所以養牛而牛肥，使秦穆公忘了他的卑賤，將政事授與他。有虞氏不把死生觀念放在心裏，所以能感發他人。

七

宋元君①將畫圖，衆史②皆至，受揖而立③；舐筆和墨，在外者半④。有一史後至者，儃儃然⑤不趨，受揖不立，因之舍。公使人視之，則解衣槃礴⑥臝⑦。君曰：「可矣，是真畫者也。」

【註譯】

①宋元君：宋元公，名佐（見史記宋微子世家）。

②史：指畫工。

③受揖而立：古代臣見國君，臣先拜，國君行揖答謝。受揖是接受國君的揖謝。「揖」，拱手。「立」古「位」字，作動詞，就位（曹礎基莊子淺註）。

④在外者半：言其趨競者多（成疏）。

⑤儃儃然：安閒的樣子。

⑥槃礴：交叉着坐着。司馬彪說：「謂箕坐。」

⑦羸：同裸，光着身子。

【今譯】

宋元君要畫圖，各個畫師都來到，接受國君揖禮而就位；濡筆調墨，（來的畫師很多，）還有一半在外面沒位置坐。有一個畫師後來，安然徐行，他受揖卻不就位，隨即返回住所。國君派人去看，見他解衣露身交叉着腳坐着。國君說：「行呀，他才是真正的畫師。」

八

文王觀於臧①，見一丈人②釣，而其釣莫釣；非持其釣有釣者也，常釣也③。

文王欲舉而授之政，而恐大臣父兄之弗安也；欲終而釋之，而不忍百姓之無天④也。於是旦而屬之大夫曰：「昔者⑤寡人夢見良人，黑色而頓⑥，乘駁馬⑦而偏朱蹄⑧，號曰：『寓而⑨政於臧丈人，庶幾乎民有瘳乎！』」

諸大夫蹵然曰：「先君王也。」

文王曰：「然則卜之。」

諸大夫曰：「先君之命，王其無它⑩，又何卜焉！」

遂迎臧丈人而授之政。典法無更，偏令無出。三年，文王觀於國，則列士壞植散羣⑪，長官者不成德，斔斛⑫不敢入於四竟。列士壞植散羣，則尚同也；長官者不成德，則同務也；斔斛不敢入於四竟，則諸侯無二心也。

文王於是焉以為大師，北面而問曰：「政可以及天下乎？」臧丈人昧然而不應，泛然而辭⑬，朝令而夜遁，終身無聞。

顏淵問於仲尼曰：「文王其猶未邪？又何以夢為乎？」

仲尼曰：「默，汝無言！夫文王盡之也，而又何論刺⑭焉！彼直以循斯須⑮也。」

【註譯】

①臧：地名，近渭水，即西安附近。

②丈人：對老人的尊稱，這裏指姜子牙。「丈人」今本作「丈夫」，疑是筆誤。釋文：「『丈夫』本或作『丈人』。」下文「丈人」出現三次，為求一例，當據改。

③非持其釣有釣者也，常釣也：不是執持釣竿而有意在釣（喻無心之釣），為上乘之釣。按：奚侗說「常」借為「尚」，尚釣，謂釣之上乘。

林希逸說：「『常釣』者，釣常在手也。釣竿雖在手，而無意於釣，故曰：『非持其釣有釣者也。』」

王念孫說：「古人謂『鉤』為『釣』也。」

④無天：失於覆蔭（成疏）。

⑤昔者：「昔」通「夕」。參看齊物論註釋。

郭慶藩說：「案『昔』者，『夜』者也。古謂『夜』為『昔』。」

⑥頓（rán）：同髯，鬍鬚。

⑦駁馬：雜色的馬。

⑧偏朱蹄：馬蹄的半邊是紅色的。

⑨而：汝。

⑩其無它：不必猶疑。

⑪壞植散羣：不立朋黨（林希逸說）。

俞樾說：「宣二年左傳：『華元為植。』杜註曰：『植，將主也。』列士必先有主，而後得有徒衆，故欲散其羣，必先壞其植也。」

⑫斞（yú 俞）斛（hú 胡）：穀物的量器。一斛容五斗，六斛四斗為「斞」。

⑬昧然而不應，泛然而辭：與德充符「悶然而後應，氾若辭」句相近。

⑭論刺：譏刺（成疏）。

⑮循斯須：「斯須」，猶須臾。「循」，順（成疏）。意謂順衆情於一時。

郭象註：「『斯須』者，百姓之情，當悟未悟之頃，故文王循而發之，以合其大情也。」

【今譯】

文王在渭水遊歷，看見一位老者在釣魚，而他的釣魚卻不是有心釣魚；他不是執持釣竿有意在釣，只是釣竿常在手而已。

文王想推舉他並把政事委託給他，但怕引起大臣父兄們的不安；最後想作罷，卻又不忍心百姓得不到庇蔭。文王於是清晨就告訴大夫說：「昨夜我夢見一位賢良的人，面黑色而有鬍鬚，騎着雜色的馬，而馬蹄的半邊是紅色的，號令我說：『將你的政事寄託給臧地老者，這樣人民的災難或許可挽救。』」

諸位大夫皺着眉頭說：「夢中顯靈的是君主的父親。」

文王說：「那麼占卜看看。」

諸位大夫說：「君主父親的命令，不必猶疑，又何必占卜呢？」

於是迎接臧地老者而把政事委託給他。典章法規不更改，偏頗政令不發佈。三年以後，文王考察國境，見到列士不立朋黨，長官不顯功德，別的度量衡不再進入四境。列士不立朋黨，便是同心協力；長官不顯功德，便是羣策羣力；別的度量衡不再進入四境，便是諸侯沒有異心。於是文王拜他為大師，北面站立而請問說：「政事可以推及天下嗎？」臧地老者默默地不回應，漫然不作答，早上還行使政令而夜晚就遁匿了，終身沒有訊息。

顏回問孔子說：「文王還不能取信於人嗎？又何必假託是夢呢？」

孔子說：「別作聲，你不要說話！文王已經做得很完善了，你又何必譏刺他呢？他只是順着衆情於一時就是了。」

九

列禦寇為伯昏無人①射，引之盈貫②，措杯水其肘上，發之，適矢復沓③，方矢復寓④。當是時，猶象人⑤也。伯昏無人曰：「是射之射，非不射之射也⑥。嘗與汝登高山，履危石，臨百仞之淵，若能射乎？」於是無人遂登高山，履危石，臨百仞之淵，背逡巡⑦，足二分垂在外⑧，揖禦寇而進之。禦寇伏地，汗流至踵。

伯昏無人曰：「夫至人者，上窺青天，下潛黃泉，揮斥八極⑨，神氣⑩不變。今汝怵然有恂目⑪之志，爾於中⑫也殆矣夫！」

【註譯】

①伯昏無人：人名寓託，見於德充符。列子黃帝篇作伯昏瞀人。

②引之盈貫：謂拉滿了弓弦。「引」即引弦。「貫」，謂滿張弓（史記伍子胥列傳司馬貞索隱）。

③適矢復沓（ta踏）：形容剛射出一箭又緊接着一箭。

林希逸說：「『適』，去也。『沓』，重也，又也。矢方去而矢又在弦上。」

羅勉道說：「適矢復沓者，矢去而復沓前矢也。」

④方矢復寓：第二箭剛射出去，第三箭又扣入了弦。

林希逸說：「沓於弦上者才去，而方來之矢又寓於弦上矣。此言一箭接一箭，如此其神速也。」

羅勉道說：「方矢復寓者，矢方發而後矢復寓於弦上也。」

宣穎說：「第二矢方去，第三矢又已寄在弦上。」

⑤象人：偶人，即木偶。

⑥是射之射，非不射之射也：是有心的射，不是無心的射。

成玄英疏：「仍是有心之射，非忘懷無心，不射之射也。」

林雲銘說：「言能以巧用，而不能以神用也。」

⑦背逡巡：背淵卻行（成疏）。「逡巡」一詞見秋水篇。

⑧足二分垂在外：有兩種說法：（一）「二分」，作十分中的二分；如李鍾豫說：「腳下有十分之二懸空。」（見語體莊子李譯）（二）「二分」，作三分中的二分；如林希逸說：「三分其足，一分在岸，二分垂於虛處。」今譯採取後說。

⑨揮斥八極：「揮斥」，猶縱放（郭註）；形容精神自由奔放。「八極」，八方。

⑩神氣：神色，表情。

⑪恂目：「恂」，謂眩（釋文）。

⑫中：命中，射中。

【今譯】

列禦寇給伯昏無人表演射箭，他拉滿了弓弦，在臂肘上放杯水，射出去，剛發出一箭又緊跟着一箭，第二箭剛射出，第三箭又扣上弦。這時候，他就像木偶一般（屹立不動）。

伯昏無人說：「這是有心的射，不是無心的射。我想和你登上高山，踩着險石，身臨百丈深淵，你能射嗎？」

於是無人就登上高山，踩着險石，身臨百丈深淵，背對深淵向後退步，腳的三分之二懸在外空，邀請禦寇上前，禦寇伏在地上，汗流到腳跟。

伯昏無人說：「至人，上窺青天，下隱黃泉，飛翔八方，神色不變。現在你驚慌目眩，你想射中就很難了！」

一〇

肩吾①問於孫叔敖②曰：「子三為令尹③而不榮華，三去之而無憂色。吾始也疑子，今視子之鼻間栩栩然④，子之用心獨奈何？」

孫叔敖曰：「吾何以過人哉！吾以其來不可卻也，其去不可止也，吾以為得失之非我也，而無憂色而已矣。我何以過人哉！且不知其在彼乎，其在我乎⑤？其在彼邪？亡乎我；在我邪？亡乎彼⑥。方將躊躇，方將四顧⑦，何暇至乎人貴人賤哉！」

仲尼聞之曰：「古之真人，知者不得說⑧，美人不得濫⑨，盜人不得劫，伏戲黃帝不得友。死生亦大矣，而無變乎己⑩，況爵祿乎！若然者，其神經乎大山而無介⑪，入乎淵泉而不濡，處卑細而不憊，充滿天地，既以與人，己愈有⑫。」

【註譯】

①肩吾：隱士。見於逍遙遊。

②孫叔敖：楚國賢人。曾任宰相的官職。

③令尹：宰相。

④栩栩然：齊物論有「栩栩然蝴蝶也」句，形容蝴蝶的翩翩飛舞。這裏引申為歡暢自適的樣子。

⑤且不知其在彼乎，其在我乎：「其」，指尊貴。「彼」，指令尹的官職。

宣穎說：「不知可貴者在令尹乎，在我乎！」

⑥其在彼邪？亡乎我；在我邪？亡乎彼：要是（可貴）在於令尹嗎？就和我無關；在於我嗎？就和令尹無關。

林希逸說：「令尹之貴若在於令尹，則與我無預；我之可貴若在於我，則與令尹無預。」

⑦方將躊躇，方將四顧：養生主庖丁解牛有「為之四顧，為之躊躇滿志」句。

成玄英疏：「『躊躇』是逸豫自得，『四顧』是高視八方。」

⑧說：遊說，辯說，說服。

王敔註：「『說』，音稅。巧不可惑也。」

⑨濫：淫亂。

⑩死生亦大矣，而無變乎己：同於德充符：「死生亦大矣，而不得與之變。」

⑪介：礙（成疏），借為「界」（馬叙倫說）。

⑫既以與人，己愈有：老子八十一章：「既以為人，己愈有。」

【今譯】

肩吾問孫叔敖說：「你三次做令尹而不感到榮耀，三次離職而沒有憂色。我起初不相信你，現在看你鼻間欣然自適，你的心裏是怎麼想的？」

孫叔敖說：「我有什麼過人的呢？我認為爵位的來不能推卻，它的去不能阻止，我認為得失不在於我，只是沒有憂色而已。我有什麼過人的呢？況且不知道可貴的是在令尹呢，還是在我呢？如果是在於令尹，就和我無關；如果是在於我，就和令尹無關。我心滿意足，張望四方，哪裏顧得上人間的貴賤呢？」

孔子聽到說：「古時的真人，智者不能遊說他，美人不能淫亂他，強盜不能劫持他，伏戲黃帝不能和他交遊。死生是件極大的事，卻不能影響他自己，何況是爵祿呢？像這樣的人，他的精神穿越大山而沒有阻礙，進入深淵而不受淹沒，處在卑微而不覺厭倦，充滿天地，他愈是幫助人，自己反而更加充足。」

一一

楚王①與凡君②坐，少焉，楚王左右曰凡亡者三③。凡君曰：「凡之亡也，不足以喪吾存。夫『凡之亡不足以喪吾存』，則楚之存不足以存存。由是觀之，則凡未始亡而楚未始存也。」

【註譯】

①楚王：楚文王。

②凡君：凡僖侯（成疏）。

陸德明說：「司馬云：『凡，國名，在汲郡共縣。』案左傳，凡，周公之後也。」

③凡亡者三：指楚王左右說了三次凡國將滅亡。俞樾說：「楚王左右言凡亡者三人也。郭註曰：『言有三亡徵也。』非是。」按：俞說「三」作「三人」，從下文文義看，不通。「三」當作三次，即屢稱凡將亡。丁展成說：「案『楚王左右曰凡亡者三』，猶曰再三言也。」（莊子音義繹）

【今譯】

楚王和凡君同坐，一會兒，楚王左右的人來說了三次凡國滅亡了。凡君說：「凡國的滅亡，不足以喪失我的存在。要是『凡國的滅亡不足以喪失我的存在』，那麼楚國的存在也不足以保存它的存在。這樣看來，可說凡國不曾滅亡而楚國不曾存在。」

知北遊

知北遊篇，主旨在談道。「知北遊」，知向北方遊歷。知，音智，這裏是寓言，託為人名。取篇首三字作為篇名。

本篇由十一個寓言組合而成。第一章，首段寫「知者不言，言者不知」。次寫「通天下一氣耳」，認為氣是自然界的基本物質粒子，人的生死，就是氣的聚散。第二章，說：「天地有大美而不言，四時有明法而不議，萬物有成理而不說。」從這些名句中可看出莊子的自然觀。第三章，齧缺問道於被衣，被衣告以使思慮專一，精神凝聚。第四章，舜問丞，寫天地萬物的變化及氣的聚散運動。第五章，孔子問老聃，說「天不得不高，地不得不廣，日月不得不行，萬物不得不昌」，寫天地萬物獨特存在的本然性。第六章，東郭子問道，莊子說「無所不在」。第七章，由老龍吉寫道之不可言傳性——「所以論道，而非道」。第八章，泰清問道，無始說：「道不可聞，聞而非也；道不可見，見而非也；道不可言，言而非也。」「道不當名」，這是說道不是具象的東西，所以無法用名言來規限它。第九章，光曜問道於無有。老子以「無」「有」為道的別名，這裏則在「無」之上更提出「無無」，即含有無窮性、開放性的意義。第十章，寫垂鉤者的專精凝注。第十一章，冉求與孔子的對話，討論天地之始的問題。進而由天地的生生不息，說到聖人的「愛人無已」。第十二章，顏淵和孔子的對話，談化與安化。

許多富有哲理的典故、成語出自本篇，如：三問而不答、化臭腐為神奇、天地有大美而不言、大聖不作、不形而神、初生之犢、食不知味、白駒過隙、辯不若默、道不可聞、無所不在、每下愈況、道在屎溺、異名同實等。

一

知[1]北遊於玄水[2]之上，登隱弅之丘[3]而適遭無為謂[4]焉。知謂無為謂曰：「予欲有問乎若[5]：何思何慮則知道？何處何服[6]則安道？何從何道則得道？」三問而無為謂不答也，非不答，不知答也。

知不得問，反於白水之南[7]，登狐闋[8]之上，而睹狂屈[9]焉。知以之言也問乎狂屈。狂屈曰：「唉！予知之，將語若，中欲言而忘其所欲言。」

知不得問，反於帝宮，見黃帝而問焉。黃帝曰：「無思無慮始知道，無處無服始安道，無從無道始得道。」

知問黃帝曰：「我與若知之，彼與彼不知也，其孰是邪？」

黃帝曰：「彼無為謂真是也，狂屈似之；我與汝終不近也。夫知者不言，言者不知[10]，故聖人行不言之教[11]。道不可致，德不可至。仁可為也，義可虧也，禮相僞也。故曰：『失道而後德，失德而後仁，失仁而後義，失義而後禮。禮者，道之華而亂之首也[12]。』故曰：『為道者日損，損之又損之以至於無為，無為而無不為也[13]。』今已為物也，欲復歸根[14]，不亦難乎！其易也，其唯大人乎！

「生也死之徒[15]，死也生之始，孰知其紀[16]！人之生，氣之聚也；聚則為生，散則為死。若死生為徒，吾又何患！故萬物一也⑰，是其所美者為神奇，其所惡者為臭腐；臭腐復化為神奇，神奇復化為臭腐。故曰：『通天下一氣耳⑱。』聖人故貴一。」

知謂黃帝曰：「吾問無為謂，無為謂不應我，非不我應，不知應我也。吾問狂屈，狂屈中欲告我而不我告，非不我告，中欲告而忘之也。今予問乎若，若知之，奚故不近？」

黃帝曰：「彼其真是也，以其不知也；此其似之也，以其忘之也；予與若終不近也，以其知之也。」

狂屈聞之，以黃帝為知言。

【註譯】

①知：寓名。音智，意指分別智。

林希逸說：「前後人名，皆是寓言。有分別名，有思惟心者也。」（南華真經口義）

宣穎說：「知，識也。託為人名。」（南華經解）

②玄水：水名，寓言。「玄」，黑色，深奧的意思，和老子一章「玄之又玄」同義。

褚伯秀說：「知北遊於玄水，喻多識之士欲求歸本源。」（南華真經義海纂微）

③隱弅之丘：丘名寓託。「弅」，通「湓」，謂滿起（方以智說，見馬其昶莊子故引）。

陸德明說：「『弅』，音紛。李云：『隱出弅起，丘貌。』」（釋文）

成玄英說：「『隱』則深遠難知，『弅』則鬱然可見。欲明至道玄絕，顯晦無常，故寄此言以彰其

義也。」（莊子疏）
褚伯秀說：「『隱弅之丘』，謂未能全隱，其知猶有以示人也。」
④無為謂：假託的名字。
林希逸說：「『無為謂』，自然者也。」
宣穎說：「『無為謂』者，道妙本無為無謂也。又託一個人名。」
⑤若：汝。
⑥服：行。
⑦白水之南：水名寓託。「白」和「南」都是顯明的意思。
成玄英疏：「『白』是潔素之色，『南』是顯明之方。」
宣穎說：「白水、南方，皆昭著之處，求玄不得，反於知之故處也。」
⑧狐闋：丘名寓託。意即「疑心已空」（褚伯秀說）。
成玄英疏：「『狐』者疑似夷猶，『闋』者空靜無物。」
⑨狂屈：寓託的人名。
林希逸說：「『狂』，猖狂也。『屈』者，掘然如槁木之枝也。此書『猖狂』字，便與逍遙遊『浮遊』字同。猖狂而屈然，無知之貌也。」
宣穎說：「猖狂放屈，不拘跡相也。又託一個人名。」
⑩知者不言，言者不知：語見老子五十六章。
⑪不言之教：語見老子四十三章。

⑫失道而後德，失德而後仁，失仁而後義，失義而後禮。禮者，道之華而亂之首也：出自老子三十八章。「禮者，道之華而亂之首也」句，老子作：「夫禮者，忠信之薄而亂之首。前識者，道之華而愚之始。」

⑬為道者日損，損之又損之以至於無為，無為而無不為也：語見老子四十八章。

⑭復歸根：老子十六章作「復歸其根」。

⑮死之徒：語見老子五十章與七十六章。

⑯紀：規律。和達生篇「無端之紀」的「紀」同義。

⑰萬物一也：指萬物有共通性、一體性。和逍遙遊「旁礡萬物以為一」、齊物論「萬物一馬也」、德充符「自其同者視之，萬物皆一也」以及田子方「萬物之所一也」相同意義。

⑱通天下一氣耳：陳碧虛莊子闕誤引劉得一本作：「通天地之一氣耳。」嚴北溟說：「『通天下一氣耳』命題，明確肯定世界是物質性的，排除了宋尹那樣給『氣』以倫理化的企圖。」（哲學研究一九八〇年第一期）

【今譯】

知向北遊歷到玄水旁邊，登上隱弅的丘陵，恰巧遇到無為謂。知對無為謂說：「我想問你一些問題：怎樣思索，怎樣考慮，才懂得道？怎樣處身，怎樣行為，才安於道？由什麼途徑，用什麼方法，才獲得道？」問了三次而無為謂都不回答，並不是不回答，而是不知道回答。

知得不到解答，回到白水的南邊，登臨狐闋的丘上，看見了狂屈。知用同樣的問題問狂屈。狂屈說：「唉！我知道，正要告訴你，但心中要說卻忘記了所要說的。」

知得不到解答，回到帝宮，看見黃帝便請問。黃帝說：「沒有思索、沒有考慮才懂得道，沒有居處、沒有行為才安於道，沒有途徑、沒有方法才獲得道。」

知問黃帝說：「我和你知道，他們不知道，究竟誰對呢？」

黃帝說：「那無為謂是真正對的，狂屈差不多；我和你終究不接近。知道的人不說話，說話的人不知道，所以聖人施行不說話的教導。道是不可以招致的，德是不可以達到的。仁是可以作為的，義是可以虧損的，禮是相互虛僞的。所以說：『失去了道而後才有德，失去了德而後才有仁，失去了仁而後才有義，失去了義而後才出現禮。禮是道的虛華和禍亂的開端。』所以說：『求道一天比一天減少（貪慾），減少又減少，一直到無為的境地，無為就沒有什麼事情做不成的了。』現在已經把道形成物了，要想返回到本根，不是很難麼？要是容易的，只有得道的大人吧！

「生是死的連續，死是生的開始，誰知道其中的規律？人的出生，乃是氣的聚積，聚積便成生命，消散便是死亡。如果死生是相屬的，我又有什麼憂患呢？所以萬物是一體的，這是把所稱美的視為神奇，把所厭惡的視為臭腐；臭腐又化為神奇，神奇又化為臭腐。所以說：『整個天下就是通於一氣罷了。』所以聖人珍貴（無分別的）同一。」

知對黃帝說：「我問無為謂，無為謂不回答我，並不是不回答我，乃是不知道回答我。我問狂屈，狂屈心裏要告訴我卻不告訴我，並不是不告訴我，心中要說卻忘記了。現在我問你，你知道，但為什麼說和道不接近呢？」

黃帝說：「無為謂是真正對的，因為他不知道；狂屈差不多也是對的，因為他忘記了；我和你終究和道不相近，因為是知道了。」
狂屈聽了，認為黃帝是知言。

二

天地有大美而不言，四時有明法[①]而不議，萬物有成理而不說。聖人者，原天地之美而達萬物之理，是故至人無為，大聖不作，觀於天地之謂也。

合[②]彼[③]神明[④]至精，與彼[⑤]百化[⑥]，物已死生方圓，莫知其根也，扁然[⑦]而萬物自古以固存[⑧]。六合為巨，未離其內；秋毫為小，待之成體[⑨]。天下莫不沉浮[⑩]，終身不故[⑪]；陰陽四時運行，各得其序。惛然[⑫]若亡而存，油然[⑬]不形而神，萬物畜而不知。此之謂本根，可以觀於天矣。

【註譯】

①明法：明顯的規律。

②合：今本作「今」。陳碧虛莊子闕誤引劉得一本作「今」作「合」，據改。褚伯秀說：「『今彼』，陳碧虛照散人劉得一本『合彼』，參之上文，於義為優。」

③彼：天地（宣穎註）。

④神明：喻天地大自然的靈妙（福永光司說）。

⑤彼：物（宣穎註）。

林希逸說：「上『彼』字，在天底；下『彼』字，在物底。」

王先謙說：「上『彼』，彼天地；下『彼』，彼物。」（莊子集解）

⑥百化：百物之化（林希逸說）。

成玄英疏：「今言百，千萬者，並舉其大綱數爾。」

⑦扁然：翩然（成疏）。

褚伯秀說：「扁然而萬物，即萬物芸芸之義。」

⑧自古以固存：語見大宗師。

⑨六合為巨，未離其內；秋毫為小，待之成體：與天道篇「夫道，於大不終，於小不遺」同義。

「六合」「秋毫」語見齊物論。

成玄英疏：「『六合』，天地四方也。獸逢秋景，毛端生毫，毫極微細，謂『秋毫』也。六合雖大，猶居至道之中，毫毛雖小，資道以成體質也。」

⑩沉浮：升降（成疏）；往來（林希逸口義）；形容事物的變化。

⑪終身不故：終生沒有不變的。「故」，同固，固定的意思。和秋水篇「終始無故」的「故」相同。

成玄英疏：「新新相續，未嘗守故也。」

曹礎基說：「天地萬物在升降變化，新陳代謝，因而日新月異。『故』，陳舊。」（莊子淺註）

⑫惛然：暗昧的樣子。林希逸說：「惛然，不可見也。」

⑬油然：形容內含生意。

【今譯】

天地有大美卻不言語，四時有分明的規律卻不議論，萬物有生成的條理卻不說話。聖人推原天地的大美而通達萬物的道理，所以至人順任自然，大聖不妄自造作，這是說取法於天地的緣故。

天地靈妙精純，參與事物的千變萬化，萬物的或生或死或圓或方，沒有誰知道它的本根，萬物蓬勃生長，自古以來就存在着。六合是巨大的，卻超不出它的範圍；秋毫是渺小的，卻依恃它才成形體。天下萬物沒有不浮沉變化的，它們不會一直是固定的，陰陽四時的運行，各有自己的順序。（大道）茫昧的樣子彷彿不存在而卻是存在的，自然產生不見形跡而有神妙的作用，萬物受養育而不自知。這就稱為本根，（知道這個道理）可以觀察天道了。

三

齧缺問道乎被衣，被衣曰：「若正汝形，一汝視，天和①將至；攝汝知，一汝度②，神將來舍。德將為汝美，道將為汝居，汝瞳焉③如新生之犢而無求其故④！」

言未卒，齧缺睡寐。被衣大說，行歌而去之，曰：「形若槁骸，心若死灰[5]，真其實知，不以故自持[6]。媒媒[7]晦晦，無心而不可與謀。彼何人哉！」

【註譯】

①天和：天然和氣。

林希逸說：「天和者，元氣也。」

②度：意度（林希逸說）。

③瞳焉：無知直視之貌（成疏）。

④無求其故：不追究事故。

林希逸說：「無求其故，謂人不知其所以視者如何也。此即形容無心之貌。」

⑤形若槁骸，心若死灰：二語出自齊物論：「形固可使如槁木，心固可使如死灰乎。」

曹礎基說：「『槁骸』，形容靜寂非常。『心若』句，說明心神無限收斂。」

⑥不以故自持：不自矜持於事故（成疏）。

⑦媒媒：晦晦的樣子。

李頤說：「媒媒，晦貌。」（釋文引）

林雲銘說：「媒媒，即昧昧。」（莊子因）

【今譯】

齧缺向被衣問道，被衣說：「你要端正你的形體，專一你的視覺，自然的和氣就會來到；收斂你的聰明，專一你的思慮，精神就會凝聚。德要為你顯示完美，道要作為你的居所，你純真無邪如同初生的小牛而不追究事故！」話還沒有說完，齧缺就睡着了。被衣十分高興，唱着歌走了，唱着說：「形體靜定像枯槁的枝木，心神內斂像息滅的灰燼，他確實瞭悟道的真實，不矜持自己的成見，晦暗的樣子，沒有心機而不可謀議。那是什麼人呀？」

四

舜問乎丞[①]曰：「道可得而有乎？」

曰：「汝身非汝有也，汝何得有夫道？」

舜曰：「吾身非吾有也，孰有之哉？」

曰：「是天地之委[②]形也；生非汝有，是天地之委和也；性命非汝有，是天地之委順也；子孫[③]非汝有，是天地之委蛻也。故行不知所往，處不知所持，食不知所味。天地之強陽[④]氣也，又胡可得而有邪！」

【註譯】

①丞：舜師，一說官名（見釋文引李頤註）。

②委：委託，付屬。

俞樾說：「司馬云：『委，積也。』於義未合。戰國策齊策：『願委之於子。』高註曰：『委，付也。』成二年左傳：『王使委於三吏。』杜註曰：『委，屬也。』『天地之委形』，謂天地所付屬之形也。下三『委』字並同。」（莊子平議）

③子孫：通行本作「孫子」。闕誤引張君房本作「子孫」，據改。

曹礎基說：「生長子孫是由於天地賦予你蛻變、遺傳的生機的結果。」

④強陽：猶運動（郭註）。

【今譯】

舜問丞說：「道可以獲得而保有嗎？」

〔丞〕說：「你的身體都不是你所保有的，你怎麼能保有道呢？」

舜說：「我的身體不是我所保有，是誰所保有呢？」

〔丞〕說：「這是天地所委付的形體；生命不是你所保有的，乃是天地所委付的和氣；性命不是你所保有的，乃是天地所委付的自然；子孫不是你所保有的，乃是天地所委付的蛻變。所以行動時不知道去處，居留時不知道把持，吃飯時不知道口味。只是天地間氣的運動，又怎能夠獲得而保有呢？」

五

孔子問於老聃曰：「今日晏閒①，敢問至道。」

老聃曰：「汝齋戒，疏瀹②而心③，澡雪④而精神，掊擊而知！夫道，窅然⑤難言哉！將為汝言其崖略⑥。

「夫昭昭生於冥冥，有倫⑦生於無形，精神生於道，形本生於精，而萬物以形相生，故九竅⑧者胎生，八竅⑨者卵生。其來無跡，其往無崖，無門無房，四達之皇皇也⑩。邀於此者⑪，四肢強⑫，思慮恂達⑬，耳目聰明，其用心不勞，其應物無方。天不得不高，地不得不廣，日月不得不行，萬物不得不昌，此其道與！

「且夫博之不必知⑭，辯之不必慧⑮，聖人以斷之矣。若夫益之而不加益，損之而不加損者，聖人之所保也。淵淵乎其若海，巍巍乎其若山⑯，終則復始也，運量萬物而不匱⑰。則君子之道，彼其外與！萬物皆往資焉而不匱，此其道與！

「中國有人焉，非陰非陽，處於天地之間，直且為人，將反於宗。自本觀之，生者，喑醷⑱物也。雖有壽夭，相去幾何？須臾之說也。奚足以為堯桀之是非！果蓏有理，人倫雖難，所以相齒。聖人遭之而不違，過之而不守。調而應之，德也；偶而應之，道也；帝之所興，王之所起也。

「人生天地之間，若白駒之過郤⑲，忽然而已。注然勃然，莫不出焉；油然漻然⑳，莫不入焉。已化而生，又化而死，生物哀之，人類悲之。解其天弢㉑，墮其天袠㉒，紛乎宛乎，魂魄將往，乃身從之，乃大歸乎！不形之形，形之不形㉓，是人之所同知也，非將至之所務也，此衆人之所同論也。彼㉔至則不論，論則不至。明見無值㉕，辯不若默。道不可聞，聞不若塞。此之謂大得。」

【註譯】

①晏閒：即安閒。

②疏瀹（yuè月）：通導（林希逸說）。「瀹」，原作「瀹」，當從崇德書院本作「瀹」（馬叙倫義證）。

③而心：「而」，即汝。下文「而精神」「而知」的「而」，亦同。

④澡雪：洗滌（林希逸說）。

馬叙倫說：「『雪』，借為『洒』。說文曰：『洒，滌也。』」

⑤窅（yǎo咬）然：深奧之貌（莊子解故）。

⑥崖略：概略。

林希逸說：「『崖』，邊際也。『崖略』者，謂邊際粗略。」

⑦有倫：「倫」，借為形（馬叙倫莊子義證）。

林希逸說：「見而可得分別者，謂之『有倫』。『有倫』，萬物也。」

曹礎基說：「『倫』，紋理。『有倫』，有紋理結構，即有形。」

⑧九竅：人獸之類。

⑨八竅：禽魚之類。

⑩無門無房，四達之皇皇：形容道的通達廣大。

林希逸說：「四達皇皇，言太虛之間。人之室居則有門有旁，太虛之間，但見其皇皇之大，豈知其所從入從出者乎？」

章炳麟說：「『皇皇』者，堂皇也。漢書胡建傳：『列坐堂皇上。』師古曰：『室無四壁曰皇。』故此言四達，又言無門無房。」（莊子解故）

⑪邀於此者：「邀」，通「順」。

俞樾說：「說文無『邀』字，彳部：『徼，循也。』即今『邀』字也。又曰：『循，行順也。』然則『邀』亦『順』也。『邀於此者』，猶言順於此者。郭註曰『人生而遇此道』，是以『遇』訓『邀』，義既迂曲，且於古訓無徵，殆失之矣。」

⑫四肢強：「強」下疑有脫字。

武延緒說：「據文子原道篇，『者』下疑有『五藏寧』三字。」（莊子札記）姑備一說。

奚侗說：「墨子公孟篇：『身體強良，思慮徇通。』此文『強』下疑奪『良』字。」（莊子補註）奚說可存。

⑬恂達：通達（成疏）。

⑭博之不必知：老子八十一章作「知者不博」。

⑮辯之不必慧：老子八十一章作「辯者不善」。

⑯若山：原缺「若山」兩字。依馬叙倫之說補。

馬叙倫說：「『其』字下疑奪『若山』二字。」馬說可從。按：「巍巍乎其若山」，與上句「淵淵乎其若海」正相對文。

⑰運量萬物而不匱：運轉萬物而不匱乏。陳碧虛莊子闕誤引文如海、劉得一本「匱」作「遺」。

林希逸說：「『運量萬物而不匱』，應物而不窮也。運用而量度之，故曰『運量』。」

于省吾說：「此言周度萬物而無所遺逸也。義謂萬物皆在其範圍權衡之中。易繫辭傳：『曲成萬物而不遺。』語例同。」

楊柳橋說：「『運量萬物而不匱』句，與下文『萬物皆資焉而不匱』句，文意重複，必有衍文；且本段擬象『道體』，中間夾以『則君子之道』一語，不相連屬，亦與下句『此其道與』不協。疑『運量萬物而不匱，則君子之道，彼其外與』三句，原係古註，抄寫者誤入正文。」（莊子譯詁）

⑱喑（yīn音）醷（yì億）：聚氣貌（李頤註）。

⑲白駒之過郤：陽光掠過空隙。

陸德明說：「『白駒』，或云『日』也。『郤』，本亦作『隙』。」

⑳油然漻然：形容萬物的變化消逝。「漻」，音「流」（釋文）。呂覽古樂篇「降通漻水以導河」，「漻」亦作「流」。

林希逸說：「油然漻然，此即往者伸也，來者屈也。易之所謂窮神知化者也。」

㉑弢（tāo滔）：弓袋。

㉒袠（zhì擲）：劍袋。按：「弢」和「袠」皆取束縛之義。

㉓不形之形，形之不形：無形到有形，有形到無形。

褚伯秀說：「『不形之形』，出而生也。『形之不形』，入而死也。」

㉔彼：指得道的人。

㉕值：會遇（成疏）。

【今譯】

孔子問老聃說：「今天較安閒，請問什麼是最高的道？」

老聃說：「你要齋戒，通導你的心靈，洗滌你的精神，去除你的智識！道是深奧難說的呀！我為你說個概略。

「那顯明的東西是從冥暗中生出來的，有形的東西是從無形中生出來的，精神是從大道中生出來的，形質是從精氣中生出來的，而萬物都是依各別的類形互相產生的，所以九竅的動物是胎生的，八竅的動物是卵生的。它的來臨沒有痕跡，它的離去沒有界限，沒有門徑沒有歸宿，四面宏達皇皇大通。順着這個道，四肢強健，思想通達，耳目聰敏，他的用心不勞苦，他的應物不拘執。天不得不高，地不得不廣，日月不得不運行，萬物不得不昌盛，這就是道呀！

「學問廣博的不一定具有真知，善於辯論的不一定具有慧見，聖人早已棄絕這些了。像那增加了卻看不出增加，減少了卻看不出減少，乃是聖人所要保持的。道淵深似海，高大如山，周而復始地循環運行，運轉萬物而不匱乏，然而君子的道，只是呈現在外麼？萬物都憑藉着它而不匱乏，這就是道呀！

「中國有人，不偏於陰也不偏於陽，住在天地之間，姑且稱他為人，人將來總要返歸本宗。從本源上來看，所謂生命，就是氣聚而成的東西。雖然其中有的長壽有的短命，但相差多少呢？人的一生只是俄頃之間而已。哪還值得分別堯和桀的是非呢？瓜果有它生長的道理，人倫關係雖然複雜，卻還是可以依序相處。聖人遇人事而不違拒，過往而不拘守。調和順應，便是德；隨機適應，便是道；帝就是因它而興，王就是藉它而起的。

「人生在天地之間，就像陽光掠過空隙，忽然而已。萬物蓬蓬勃勃，沒有不生長的，變化衰萎，沒有不死去的。已經變化而生，又變化而死，生物為之哀傷，人類感到悲痛。解開自然的束縛，毀壞自然的囊裹，變移轉化，精神消散，身體隨着消逝，這是返歸大本呢！由無形變成有形，由有形返於無形，這是大家都知道的，並不是得道的人所追求的，這是衆人所同議論的。得道的人是不議論的，議論的人是不能得道的。從明處尋就不會遇見，辯說不如緘默。道是不能聽聞到的，聽聞便不如塞耳不聽，這才是真正的得道。」

六

東郭子[1]問於莊子曰：「所謂道，惡乎在？」

莊子曰：「無所不在。」

東郭子曰：「期而後可。」

莊子曰：「在螻蟻。」

曰：「何其下邪？」

曰：「在稊稗[2]。」

曰：「何其愈下邪？」

曰：「在瓦甓。」

曰：「何其愈甚邪？」

曰：「在屎溺。」

東郭子不應。莊子曰：「夫子之問也，固不及質[3]。正獲[4]之問於監市[5]履豨[6]也，每下愈況。汝唯莫必[7]，無乎逃物。至道若是，大言亦然。周遍咸三者，異名同實，其指一也。

「嘗相與遊乎無何有之宮[8]，同合而論，無所終窮乎！嘗相與無為乎！澹而靜乎！漠而清乎！調而閒乎！寥已吾志[9]，無往焉而不知其所至，去而來而不知其所止，吾已往來焉而不知其所終；彷徨乎馮閎[10]，大知入焉而不知其所窮。物物者與物無際[11]，而物有際者，所謂物際者也；不際之際[12]，際之不際[13]者也。謂盈虛衰殺[14]，彼[15]為盈虛非盈虛，彼為衰殺非衰殺，彼為本末非本末，彼為積散非積散也。」

【註譯】

①東郭子：住在東郭的一位先生。

成玄英說：「居在東郭，故號東郭子，則無擇之師東郭順子也。」

②稊稗（bài 敗）：含米的小草。

③質：實（成疏）。

④正獲：市場監督官，名獲。

成玄英說：「正，官號也，則今之市令也。獲，名也。」

⑤監市：監督市場的人；今屠卒（成疏）。

⑥履狶：指用腳踩豬的下腿〔探豬的肥瘦〕。

李頤說：「『狶』，大豕也。『履』，踐也。」

⑦必：限定，指明。猶今語「肯定」（王叔岷校詮）。

⑧無何有之宮：逍遙遊作「無何有之鄉」。

⑨寥已吾志：即「吾志已寥」的倒裝句，謂我的心志寥闊。

⑩馮閎：寥闊的空間。

郭象說：「馮閎者，虛廓之謂也。」

⑪物物者與物無際：支配物的和物沒有界際。

林希逸說：「『物物者』，道也。『與物無際』，通生萬物之謂也。」

⑫不際之際：沒有界限的界限。

林希逸說：「不際之際，道散而為物也。」

⑬際之不際：界限中的沒有界限。

林希逸說：「際之不際，物全而歸道也。」

⑭衰殺：「衰」，疑作「隆」字之譌（馬叙倫說）。

曹礎基說：「衰殺，疑是『隆殺』之誤。因為前後文說的盈與虛、本與末、積與散，都是反義詞相配搭的，而『衰』與『殺』是同義詞。隆，升。殺，降。」

⑮彼：指道。

【今譯】

東郭子問莊子說：「所謂道，在哪裏？」

莊子說：「無所不在。」

東郭子說：「指出一個地方來。」

莊子說：「在螻蟻裏面。」

問說：「怎麼這樣卑下呢？」

答說：「在稊稗裏面。」

問說：「怎麼更加卑下呢？」

答說：「在瓦甓裏面。」

問說：「怎麼愈來愈卑下呢？」

答說：「在屎溺裏面。」

東郭子不回應。莊子說：「先生所問的，本來就沒有接觸到實質。有個名獲的市場監督官問屠卒關於檢查大豬肥瘦的方法，那就是愈往下腿踩便愈容易明白。除非你不肯定指明，道是不離物的。最高的道是這樣，最偉大的言論也是這樣。『周』『遍』『咸』三者，異名而同質，所指的意義是一樣的。

「試着一同來遨遊於無何有的處所，混同一體而論，道是沒有窮盡的吧，試着一同來順任自然無為吧！恬淡而安靜吧！漠然而清虛吧！調和而悠閒吧！我的心志寥闊，無所往而不知道要到哪裏去，去了又來卻不知道要停在哪裏，我已經來來往往卻不知道哪裏是終結；飛翔於寥闊的空間，大智的人與道相契而不知道它的究極。支配物的和物沒有界限，而物有界限，乃是所謂物的界限；沒有界限的界限，乃是界限中的沒有界限。說到盈虛衰殺，道使物有盈虛而自身卻沒有盈虛，道使物有衰殺而自身卻沒有衰殺，道使物有始終而自身卻沒有始終，道使物有聚散而自身卻沒有聚散。」

七

妸荷甘①與神農同學於老龍吉②。神農隱几闔户晝瞑，妸荷甘〔日中〕奓③户而入曰：「老龍死矣！」神農擁杖而起④，曝然⑤放杖而笑，曰：「天⑥知予僻陋慢訑⑦，故棄予而死。已矣！夫子無所發予之狂言⑧而死矣夫！」

弇堈弔⑨聞之曰：「夫體道者，天下之君子所繫焉。今於道，秋毫之端萬分未得處一焉，而猶知藏其狂言而死，又況夫體道者乎！視之無形，聽之無聲，於人之論者，謂之冥冥，所以論道，而非道也。」

【註譯】

①婀荷甘：姓婀，字荷甘（成疏）。杜撰的人名。

②老龍吉：懷道人（李頤註）。

③〔日中〕奓（zhā乍）：「奓」，開（司馬說）。「日中」，上文「晝瞑」與此「日中」義複，故疑「日中」二字為羨文。

④神農擁杖而起：「擁杖」上原有「隱几」二字，疑是衍文，根據俞樾之說刪去。俞樾說：「既言『擁杖』而起，不當言『隱几』。疑『隱几』字涉上文『神農隱几闔户晝瞑』而衍。」

⑤嚗然：放杖聲（李頤說）。

⑥天：尊稱老龍吉。成玄英疏：「言其有自然之德，故呼之曰『天』也。」

⑦慢訑（yí夷）：作漫誕。

⑧狂言：猶至言（成疏）。

郭象說：「自肩吾已下，皆以至言為狂而不信也。故非老龍連叔之徒，莫足與言也。」

⑨弇（yǎn 演）堈弔：「弇堈」，體道人；「弔」，其名（釋文引李頤註）。按：人名當是寓設的。

【今譯】

婀荷甘和神農一同求學於老龍吉。神農闔起門來靠在几案上睡午覺，婀荷甘推開門進來說：「老龍死了！」神農扶着枴杖起來，剝地一聲放下枴杖笑了，他說：「先生知道我僻陋漫誕，所以捨棄我而死。完了！先生沒有留下啓發我的至言就死了啊！」

弇堈弔聽到說：「體現道的人，是天下君子所依歸的。現在〔老龍〕對於道，連一根毫毛末端的萬分之一都沒有得到，還知道懷藏着至言而死，何況能够體現道的人？道是要看它卻沒有形象，要聽它卻沒有聲音，有人議論的，稱它為冥冥，所以議論的道，就不是道。」

八

於是泰清問乎無窮曰：「子知道乎？」

無窮曰：「吾不知。」

又問乎無為。無為曰：「吾知道。」

曰：「子之知道，亦有數乎①？」

曰：「有。」

曰：「其數若何？」

無為曰：「吾知道之可以貴，可以賤，可以約，可以散，此吾所以知道之數也。」

泰清以之言也問乎無始曰：「若是，則無窮之弗知與無為之知，孰是而孰非乎？」

無始曰：「不知深矣，知之淺矣；弗知內矣，知之外矣。」

於是泰清中②而歎曰：「弗知乃知乎！知乃不知乎！孰知不知之知？」

無始曰：「道不可聞，聞而非也；道不可見，見而非也；道不可言，言而非也。知形形之不形乎！道不當名。」

無始曰：「有問道而應之者，不知道也。雖問道者，亦未聞道。道無問，問無應。無問問之，是問窮③也；無應應之，是無內也。以無內待問窮，若是者，外不觀乎宇宙，內不知乎大初，是以不過乎崑崙，不遊乎太虛。」

【註譯】

①數：歷歷可言（林希逸說）。

②中：釋文引崔譔本作「卬」。「卬」同「仰」。

③窮：空（成疏）。

【今譯】

這時泰清問無窮說：「你知道道嗎？」

無窮說：「我不知道。」

又問無為。無為說：「我知道道。」

問說：「你所知道的道，也有名數嗎？」

答說：「有。」

問說：「它的名數是什麼？」

無為說：「我知道道可以尊貴，可以卑賤，可以聚合，可以離散，這是我所知道道的名數。」

泰清用這些話來問無始說：「像這樣，那麼無窮的不知道和無為的知道，究竟誰是誰非呢？」

無始說：「不知道的是深奧，知道的是淺薄；不知道的是內行，知道的是外行。」

於是泰清仰起頭來感歎着說：「不知道的便是知道麼？知道的便是不知道麼？誰知道不知就是知呢？」

無始說：「道不可聽聞，聽到的就不是道；道不可眼見，見到的就不是道；道不可言說，言說的就不是道。知道造化有形的東西是無形的麼！道不當有名稱。」

無始說：「有人問道就回答的，是不知道道。問道的人，也沒有聽聞過道。道無可問，問了無可回答。本來無可問的卻要強去問，這是空洞的問；本來無可回答的卻要強來回答，這是沒有內容的。以沒有內容去回答空洞的問，像這樣，對外便不能觀察宇宙，對內便不能知道自身的本源，因此他不能越過崑崙高處，不能遊於太虛境界。」

九

光曜問乎無有①曰：「夫子有乎？其無有乎？」無有弗應也②。光曜不得問，而孰③視其狀貌，窅然空然，終日視之而不見，聽之而不聞，搏之而不得④也。

光曜曰：「至矣！其孰能至此乎！予能有無矣，而未能無無也；及為無有矣⑤，何從至此哉！」

【註譯】

①光曜問乎無有：「光曜」、「無有」，都是託名。

成玄英疏：「『光曜』者，是能視之智者。『無有』者，所觀之境也，智能照察，故假名光曜；境體空寂，故假名無有也。」

②無有弗應也：這五字脫落，根據淮南子道應訓補上。

俞樾說：「淮南子道應訓『光曜不得問』上，有『無有弗應也』五字，當從之。惟無有弗應，故光曜不得問也。此脫五字，則義不備。」

③孰：同「熟」。

④視之而不見，聽之而不聞，搏之而不得：語出老子十四章。

⑤及為無有矣：及為「無」，而又未免於有矣（宣穎）。

【今譯】

光曜問無有說：「先生是有呢？還是沒有？」無有不回應。光曜得不到回答，就仔細地觀看它的狀貌，空虛的樣子，整天看它卻看不見，聽它卻聽不到，摸它卻摸不着。

光曜說：「這是最高的境界了！誰能够達到這種境界呢？我能達到『無』的境界，卻還不能達到『無無』的境界；等到要達到『無』的境界又不免為『有』境了，怎能達到這種境界呢？」

一〇

大馬①之捶鉤②者，年八十矣，而不失毫芒。大馬曰：「子巧與？有道與？」曰：「臣有守③也。臣之年二十而好捶鉤，於物無視也，非鉤無察也。是用之者，假不用者也④以長得其用，而況乎無不用者乎！物孰不資焉！」

【註譯】

①大馬：即大司馬，官號。

奚侗說：「大司馬稱大馬，猶漢書食貨志稱大司農為大農。」

②鉤：劍名（林雲銘莊子因）。漢書韓延壽傳「鑄作刀劍鉤鐔」，章懷註：「鉤，兵器，似劍而曲。」

③有守：有所守持（成疏）。

王念孫說：「『守』即『道』字。達生篇仲尼曰：『子巧乎！有道耶？』曰：『我有道也。』是其證。『道』字古讀若『守』故與『守』通。」

④假不用者也：憑藉着不用心於他物，即形容心無旁騖。

成玄英疏：「假賴於不用心視察他物故也。」

【今譯】

大司馬家中捶製鉤戟的工匠，年高八十了，卻還做得絲毫沒有差錯。大司馬說：「你有技巧呢？還是有道？」回說：「我有所守持。我二十歲時就喜好捶鉤戟，對於別的東西都不看，不是鉤戟就不去關心。我能得捶鉤之用，乃是因着不用心旁騖才能發揮所長，何況無為而不用的呢？誰不往助他呢？」

一一

冉求①問於仲尼曰：「未有天地可知邪？」

仲尼曰：「可。古猶今也。」

冉求失問而退，明日復見，曰：「昔者吾問『未有天地可知乎？』夫子曰：『可。古猶今也。』昔日吾昭然，今日吾昧然，敢問何謂也？」

仲尼曰：「昔之昭然也，神者先受之[2]；今之昧然也，且又為不神者求[3]邪！無古無今，無始無終。未有子孫而有子孫，可乎？」

冉求未對。仲尼曰：「已矣，未應矣！不以生生死，不以死死生。死生有待邪？皆有所一體[4]。有先天地生者[5]物邪？物物者非物[6]。物出不得先物也[7]，猶[8]其有物也。猶其有物也，無已[9]。聖人之愛人也終無已者，亦乃取於是者也。」

【註譯】

①冉求：孔子弟子，姓冉名求。

②神者先受之：心神已有默契。
林希逸說：「『神』者，在我之知覺者也。虛靈知覺者在也，故能受之。」
林雲銘說：「心本無物，一聞略覺領悟。」

③又為不神者求：又滯於跡象而求問。「不神者」，指外界物象。
王敔說：「思則倚於形而失神。」
宣穎說：「轉念又徇於跡象也。」

王先謙說：「『不神者』，跡象也。滯於跡象，故覆求解悟。」

④死生有待邪？皆有所一體：死生有對待嗎？都各自成一體。

成玄英疏：「死生聚散，各自成一體耳，故無所因待也。」

⑤者：猶「之」（王先謙註）。

⑥物物者非物：化生萬物的〔道〕不是物象。

⑦物出不得先物也：萬物所由出不得先於道。前一「物」字指萬物，後一「物」字指道，與老子二十五章「有物混成先天地生」的「物」相同用法。

龔樂羣說：「『物出不得先物』一語，上一『物』字是萬物之『物』，下一『物』字是先天地生之『物』。所謂『物出』，意謂『萬物之所由出』。所謂『不得先物』，意謂『萬物不得先其所出而存在』。」（引自龔著莊子的宇宙觀一文，見恆毅月刊第二十卷六期，二九頁）

⑧猶：作「由」。如孟子公孫丑：「然而文王猶方百里起。」「猶」，作「從」，通「由」。

褚伯秀說：「『猶』字疑當是『由』。」

宣穎說：「猶，同由。」

⑨猶其有物也，無已：有了物界，便生生不息。

林希逸說：「既曰有物，則物之相物無窮已矣，故曰：『猶其有物也無已。』」

林雲銘說：「有則從一生萬，生生不已，皆有天地以後之事。」

胡適說：「西方宗教家往往用因果律來證明上帝之說。以為有因必有果，有果必有因。從甲果推到乙因，從乙果又推到丙因，……如此類推，必有一個『最後之因』。那最後之因便是萬物主宰的上帝。不信上帝的人，也用這因果來駁他道：因果律的根本觀念是『因必有果，果必有因』一條。如今說上帝是因，請問上帝的因，又是什麼呢？若說上帝是『最後之因』，這便等於說上帝是『無因之果』。這便不合因果律了，如何還可用這律來證明有上帝呢？若說上帝也有因，請問『上帝之因』又以什麼為因呢？這便是知北遊篇說的『猶其有物也無已』。正如算學上的無窮級數，終無窮極之時，所以說是『無已』。可見萬物有個主宰的天之說是不能成立的了。」（引自胡著中國古代哲學史第九篇莊子一百十七頁，台灣商務版）胡適這段破除「主宰的天之說」雖與莊子思想相合，但「猶其有物也無已」一句，乃在於講物界生生不已的情形，並未涉及超現象的上帝的問題。

【今譯】

冉求問孔子說：「沒有天地以前可以知道嗎？」

孔子說：「可以，古時和現在一樣。」

冉求一時不知再問些什麼便退了回來，第二天又來見，問道：「昨天我問：『沒有天地以前可以知道嗎？』老師說：『可以，古時和現在一樣。』昨天我很明白，今天我卻茫然了，請問為什麼呢？」

孔子說：「昨天你的明白，是用心神先去領會；今天你的茫然，卻是滯於形象而求問啦！沒有古就沒有今，沒有始就沒有終。沒有子孫以前便已有子孫，可以嗎？」

冉求沒有回答。孔子說：「算了，不必回答了！本來是不為了生來生出死，不為了死來停止生。死生是對立的嗎？死和生是一體的。有比天地更早產生的物體嗎？化生萬物的道不是物象。萬物所由出不得先於道，由它（道）而有了天地萬物。有了天地萬物，（各類）便生生不息。聖人的愛人永不休止，也就是取法於天地的生生不息。」

一二

顏淵問乎仲尼曰：「回嘗聞諸夫子曰：『無有所將，無有所迎。』回敢問其遊①。」

仲尼曰：「古之人，外化而內不化②，今之人，內化③而外不化。與物化者，一不化④者也。安化安不化⑤，安與之相靡⑥，必與之莫多⑦。狶韋氏之囿，黃帝之圃，有虞氏之宮，湯武之室。君子之人，若儒墨者師，故以是非相韲⑧也，而況今之人乎！聖人處物不傷物。不傷物者，物亦不能傷也。唯無所傷者，為能與人相將迎。山林與！皋壤⑨與！使⑩我欣欣然而樂與！樂未畢也，哀又繼之。哀樂之來，吾不能禦，其去弗能止。悲夫，世人直為物逆旅耳！夫知遇而不知所不遇，能能⑪而不能所不能。無知無能者，固人之所不免也。夫務免乎人之所不免者，豈不亦悲哉！至言去言，至為去為。齊知之所知，則淺矣。」

【註譯】

①其遊：「遊」，遊心，精神活動。「其遊」，指精神進入不將不迎的境界（曹礎基註）。

②內不化：內心凝靜（成疏）。

馬其昶說：「案文子云：『有一定之操而外能屈伸與物推移。』」

③內化：內心游移。

陳碧虛說：「蕩性曰內化。」（引自褚伯秀南華真經義海纂微）

④一不化：內不化（王敔註）。

⑤安化安不化：意指化與不化都安然順任。

⑥靡：順（成疏）。

⑦莫多：不增益（王敔註），不妄自尊大。

⑧相盩：互相攻擊的意思。郭註：「盩，和也。」誤。詹姆士里格（James Leege）英譯為：to attack each other 為確解。

⑨臯壤：原野。

⑩使：陳碧虛莊子闕誤引江南古藏本「使」上有「與我無親」四字。

⑪能能：能夠做到所能做到的。今本「能能」上有「知」字，衍文，據敦煌本刪去。

馬其昶說：「案郭註以知與不知，能與不能併言，似『能能』上衍一『知』字。」

【今譯】

顏回問孔子說：「我曾聽老師說過：『無所送，無所迎。』請問怎樣達到這種境界？」

孔子說：「古時的人，行動能順物運轉而內心凝靜，現時的人，內心游移而外在則呆滯不變。隨物變化的，內心卻凝靜不變。化和不化都安然順任，安然和外境相順，參與變化而不妄自尊大。狶韋氏的苑囿，黃帝的園圃，虞舜的宮闕，湯武的屋宇（愈來愈狹隘了）。君子一類的人，像儒墨的師輩，還要用是非互相攻擊，何況現時的人呢？聖人與物相處卻不傷物。不傷物的，物也不會損傷他。只有無所損傷的，才能和人相往來。山林啊！原野啊！欣然歡樂啊！快樂還沒有消逝，悲哀又接着興起。哀樂情緒的來臨，我不能抗拒，它的離去不能制止。可悲啊！世人只是物的旅舍而已！知道所遇着的而不知道所遇不着的，能够做到所能做到的而不能够做到所不能做到的。有所不知有所不能，乃是人所不能避免的。要是追求人所不能避免的事，豈不是很可悲麼？至言無言，至為無為，要想使人所知的相同，那就淺陋了。」

雜篇

庚桑楚

庚桑楚篇，由十二章文字雜纂而成。「庚桑楚」，人名，這裏說是老聃的弟子。取首句人名為篇名。

本篇第一章，庚桑楚與弟子對話。「春氣變而百草生，秋正得而萬寶成」，這是自然規律運行的結果。為政之道也宜自然無為。抨擊堯舜以來，標舉賢名，使人民互相傾軋，任用心智使人民互相爭盜的混亂政情。第二章，南榮趎請教老子，談護養生命的道理。第三章，寫心境。「宇泰定者，發乎天光」，即是說心境安泰靜定的人，行於無名跡。第四章，談求知的境域。第五章，談保養「靈台」（心靈）。第六章，寫「宇」「宙」、自然的總門（「天門」）為萬物生滅變化的根源。第七章，由「古之人，其知有所至」說到現代人的是非不定。這一節雜抄齊物論，文字艱澀。第八章，以蹍人之足為例，申說至禮是沒有人我之分的，至仁是不表露愛跡的。第九章，列舉擾亂人心的二十四種因素。第十章，寫「全人」善於契合自然應合人為。第十一章，寫順人的所好，就容易被籠絡住，逆人的本性，就難以馴服。第十二章，寫「平氣」「順心」，應事則出於不得已。

出自本篇的成語有：呑舟之魚、數米而炊、冰解凍釋、日計不足、歲計有餘等。

一

老聃之役①，有庚桑楚②者，偏得③老聃之道，以北居畏壘④之山，其臣之畫然⑤知者去之，其妾之挈然仁者⑥遠之；擁腫⑦之與居，鞅掌⑧之為使。居三年，畏壘大穰⑨。畏壘之民相與言曰：「庚桑子之始來，吾洒然⑩異之。今吾日計之而不足，歲計之而有餘。庶幾其聖人乎！子胡不相與尸⑪而祝之，社而稷之乎？」

庚桑子聞之，南面而不釋然⑫。弟子異之。庚桑子曰：「弟子何異於予？夫春氣發而百草生，秋正得而萬寶成⑬。夫春與秋，豈無得而然哉？天道已行矣！吾聞至人，尸居環堵之室⑭，而百姓猖狂不知所如往。今以畏壘之細民而竊竊焉欲俎豆⑮予於賢人之間，我其杓⑯之人邪！吾是以不釋於老聃之言。」

弟子曰：「不然。夫尋常之溝⑰，巨魚無所還⑱其體，而鯢鰌為之制⑲；步仞之丘⑳，巨獸無所隱其軀，而蘖狐為之祥㉑。且夫尊賢授能，先善與利，自古堯舜以然，而況畏壘之民乎！夫子亦聽矣！」

庚桑子曰：「小子來！夫函㉒車之獸，介㉓而離山，則不免於罔罟之患；吞舟之魚，碭㉔而失水，則螻蟻能苦之㉕。故鳥獸不厭高，魚鼈不厭深。夫全其形生之人，藏其身也，不厭深眇㉖而已矣。

「且夫二子㉗者，又何足以稱揚哉！是其於辯㉘也，將妄鑿垣牆而殖蓬蒿也。簡髮而櫛，數米而炊，竊竊乎又何足以濟世哉！舉賢則民相軋，任知則民相盜。之數物者，不足以厚民。民之於利甚勤，子有殺父，臣有殺君，正晝為盜，日中穴阫㉙。吾語女，大亂之本，必生於堯舜之間，其末存乎千世之後。千世之後，其必有人與人相食者也！」

【註譯】

①役：學徒弟子（釋文引司馬彪說）。

②庚桑楚：姓庚桑，名楚。列子黃帝篇作亢倉子。

③偏得：獨得（林希逸口義）。成玄英說：「門人之中，庚桑楚最勝，故稱偏得也。」（莊子疏）

④畏壘：山名，在魯國（成疏）；疑為莊子假設之山（李勉說）。

⑤畫然：明察炫耀的樣子。

⑥挈然仁者：標舉仁愛的。褚伯秀說：「挈然，顯示貌。」（義海纂微）

⑦擁腫：形容鈍樸。

⑧鞅掌：習勞役者（王敔註）；勞苦奔走之人（王先謙集解）。

⑨大穰：大熟，豐收。

⑩洒然：驚貌（釋文引崔譔、李頤說）。朱駿聲說：「『洒』借為『迺』，說文：驚聲也。」（馬叙倫莊子義證引）

⑪尸：主。

⑫南面而不釋然：語見齊物論。「不釋然」，不愉快。

⑬秋正得而萬寶成：通行本「春氣發而百草生，正得秋而萬寶成」為偶句，「正得秋」當作「秋正得」。正與徵通，後漢書魯恭傳註：「三正，三徵也。」徵，候也。列子周穆王：「覺有八徵，夢

有六候。」徵、候換文同義。「秋候得」與「春氣發」相偶。秋候得，謂秋候適宜。

⑭環堵之室：方丈小室。

司馬彪說：「一丈曰『堵』。『環堵』者，面各一丈，言小也。」

宣穎說：「隱處不耀。」

⑮俎豆：奉祀（宣穎南華經解）。

成玄英說：「『俎』，切肉之几；『豆』，盛脯之具；皆禮器也。」

⑯杓：音「的」（釋文）。指衆人注目的存在（福永光司說）。

⑰尋常之溝：八尺為「尋」，一丈六尺為「常」。見天運篇。

馬叙倫說：「御覽七五引『溝』下有『洫』字。按『溝』下當依御覽引補『洫』字。『尋常之溝洫』，與下文『步仞之丘陵』，相對為文。」按：馬說可存。然當依王叔岷之說刪下文「陵」字，作「步仞之丘」，與此句「尋常之溝」相耦。

⑱還：同「旋」，反轉。

⑲鯢鰌為之制：泥鰌等小魚能轉折自如。「制」，通折，曲折迴旋。

陸德明說：「廣雅云：『制，折也。』謂小魚得曲折也。王云：『制，謂擅之也，鯢鰌專制於小溝也。』」

奚侗說：「案『制』當作『利』，形近而譌。說文：『祥，福也。』言尋常之溝，為鯢鰌之利；步仞之丘陵，為孽狐之福也。」按：奚說可存。

⑳步仞之丘：六尺為「步」，七尺曰「仞」（釋文）。「丘」下原有「陵」字，疑是衍文，依王叔岷

之說刪。

王叔岷先生說：「案釋文引崔云：『蟲狐以小丘為善也。』疑崔本『丘』下無『陵』字。『步仞之丘』與上文『尋常之溝』相耦。記纂淵海五五引正無『陵』字，亢倉子全道篇同。蓋由丘陵為習見連文，傳寫遂竄入耳。據此，則上文『尋常之溝』下，御覽引有『洫』字，疑亦後人臆加，不知此文原無『陵』字也。淮南俶真篇：『尋常之溝，無吞舟之魚。』即襲用上文，可證古本『溝』下無『洫』字。」

㉑祥：善（崔譔註），如意。

㉒函：借「含」。

馬叙倫說：「按：『函』同音借為『含』。」

㉓介：獨。

㉔碭（dàng 蕩）：同「蕩」，流出。

林希逸說：「碭，流蕩也。比喻名見於世，能害其身也。」

㉕螻蟻能苦之：「蟻」上原缺「螻」字。「螻蟻」與上文「罔罟」對文，兹據御覽九三五、九四七及文選賈誼弔屈原文註等書補（詳見馬叙倫義證、王叔岷校釋）。

㉖深眇：深遠。

㉗二子：指上文堯舜二人。

㉘辯：同「辨」。

宣穎說：「凡事分辨，如尊賢授能，先善與利之類。」

㉙阫（pēi）：牆（向秀註）。

【今譯】

老聃的弟子，有個名叫庚桑楚的，獨得老聃之道，去北邊住在畏壘山上，他的僕人中有炫耀聰明的被辭去，他的侍女中有矜持仁義的被疏遠；鈍樸的和他一起，勤勞的留下供使。住了三年，畏壘豐收。畏壘的人民相互說：「庚桑子剛來時，我對他感到詫異。現在我以〔短暫的〕時日來看他便覺得不足，以〔長遠的〕歲月來看他卻為有餘。他差不多是聖人了吧？你為什麼不一塊來舉他為主，而敬奉他呢？」

庚桑子聽說要南面為君，心裏不愉快。弟子們覺得奇怪。庚桑子說：「弟子們認為我有什麼奇怪的呢？春氣勃發而百草叢生，秋候適宜而萬實成熟。春季和秋季，難道無故就能這樣嗎？乃是自然之道在運行呢！我聽說至人，安居方丈小室，而百姓隨心所慾悠遊自適。現在畏壘的人民都有心要把我敬奉於賢人之間，我難道是引人注目的人嗎？面對老聃的教誨我因此感到不安。」

弟子說：「不是。小水溝裏，大魚無法轉動身體，而小魚卻能來去自如；小丘陵上，巨獸無法隱蔽身體，而妖狐卻適宜藏匿。況且尊賢授能，賞善施利，自古堯舜就這樣，何況畏壘的人民呢？老師就聽隨他們吧！」

庚桑子說：「年輕人來！口能吞車的巨獸，獨自離開山林，就不免於被網羅的禍患；吞舟的大魚，流出江河而失水，就會被螻蟻所困苦。所以鳥獸不厭高飛，魚鼈不厭深入。全形養生的人，斂藏自己，也是不厭深遠罷了。

「像堯舜這兩個人，又有什麽好稱讚的呢？像他們這樣的區別賢名善利，正如妄自穿鑿垣牆來種植蓬蒿艾草一般。簡擇頭髮來梳，數點米粒來煮，察察然又怎能够救世呢？標舉賢能則使人民互相傾軋，任用心智則使人民互相爭盜。這些方法，不足以使人民淳厚。人民貪利心切，弄得子殺父，臣殺君，白日搶劫，正午挖牆。我告訴你，大亂的根源，必定起於堯舜的時期，而流弊存在於千載之後，必定會變得人吃人了！」

二

南榮趎[①]蹴然正坐曰：「若趎之年者已長矣，將惡乎託業[②]以及此言邪？」

庚桑子曰：「全汝形，抱汝生[③]，無使汝思慮營營。若此三年，則可以及此言矣。」

南榮趎曰：「目之與形，吾不知其異也，而盲者不能自見；耳之與形，吾不知其異也，而聾者不能自聞；心之與形，吾不知其異也，而狂者不能自得。形之與形亦辟[④]矣，而物或間之[⑤]邪，欲相求而不能相得？今謂趎曰：『全汝形，抱汝生，勿使汝思慮營營。』趎勉聞道耳矣！」

庚桑子曰：「辭盡矣。奔蜂[⑥]不能化藿蠋[⑦]，越雞不能伏鵠卵，魯雞固能矣。雞之與雞，其德非不同也，有能與不能者，其才固有巨小也。今吾才小，不足以化子。子胡不南見老子！」

南榮趎贏⑧糧，七日七夜至老子之所。

老子曰：「子自楚之所來乎？」南榮趎曰：「唯。」

老子曰：「子何與人偕來之衆也？」南榮趎懼然顧其後。

老子曰：「子不知吾所謂乎？」

南榮趎俯而慙，仰而歎曰：「今者吾忘吾答，因失吾問。」

老子曰：「何謂也？」

南榮趎曰：「不知乎？人謂我朱愚⑨。知乎？反愁我軀。不仁則害人，仁則反愁我身；不義則傷彼，義則反愁我己。我安逃此而可？此三言者，趎之所患也，願因楚而問之。」

老子曰：「向吾見若眉睫之間，吾因以得汝矣，今汝又言而信之。若規規然⑩若喪父母，揭竿而求諸海也。女亡人⑪哉，惘惘乎！汝欲反汝情性而無由入，可憐哉！」

南榮趎請入就舍，召其所好，去其所惡，十日自愁⑫，復見老子。

老子曰：「汝自洒濯，孰哉鬱鬱乎⑬！然而其中津津乎⑭猶有惡也。夫外韄⑮者不可繁⑯而捉，將內揵⑰；內韄者不可繆而捉，將外揵。外內韄者，道德不能持，而況放道而行者乎！」

南榮趎曰：「里人有病，里人問之，病者能言其病，然其病病者，猶未病也[18]。若趎之聞大道，譬猶飲藥以加病也，趎願聞衞生之經[19]而已矣。」

老子曰：「衞生之經，能抱一乎？能勿失乎[20]？能無卜筮而知吉凶乎[21]？能止乎？能已乎？能舍諸人而求諸己乎？能翛然[22]乎？能侗然[23]乎？能兒子乎[24]？兒子終日嗥而嗌不嗄，和之至也[25]；終日握而手不掜[26]，共其德[27]也；終日視而目不瞚[28]，偏不在外[29]也。行不知所之，居不知所為，與物委蛇，而同其波。是衞生之經已。」

南榮趎曰：「然則是至人之德已乎？」

曰：「非也。是乃所謂冰解凍釋者，能乎？夫至人者，相與交食乎地而交樂乎天[30]，不以人物利害相攖，不相與為怪，不相與為謀，不相與為事，翛然而往，侗然而來。是謂衞生之經已。」

曰：「然則是至乎？」

曰：「未也。吾固告汝曰：『能兒子乎？』兒子動不知所為，行不知所之，身若槁木之枝而心若死灰[31]。若是者，禍亦不至，福亦不來。禍福無有，惡有人災也！」

【註譯】

①南榮趎（chú 除）：姓南榮，名趎，庚桑弟子（成疏）。

②託業：言受學（林希逸註）。

③抱汝生：「抱」，同「保」。俞樾說：「釋名釋姿容曰：『抱，保也，相親保也。』是『抱』與『保』義通。『抱汝生』，即『保汝生』。」

④辟：開（釋文）；假「辟」為「闢」（郭嵩燾說）。馬叙倫說：「『辟』為『檗』省。『檗』，親也。形之與形甚親，而物或間之。」按：馬說亦可通。

⑤物或間之：「物」，物慾（宣穎說），指物慾形成間隔。

⑥奔蜂：小蜂（司馬彪說）；細腰土蜂（成疏）。「奔蜂」上原有「曰」字。「曰」字疑羨文（馬叙倫義證引張伯禧說），疑涉上「曰」字而衍，陳碧虛闕誤引江南李氏本、張君房本並無下「曰」字，當從之（王叔岷校釋）。

⑦藿蠋（zhú 燭）：豆藿中大青蟲（司馬彪說）。

⑧贏：音盈，擔負。

⑨朱愚：猶專愚，無知的樣子。「朱」，通銖，鈍（胡遠濬說）。郭嵩燾說：「左傳襄公四年朱儒，杜預註：『短小曰朱儒。』『朱愚』者，智術短小之謂。」

⑩規規然：自失的樣子。已見於秋水篇。

⑪亡人：如流亡之人（宣穎註）。

⑫十日自愁：「自」，陳碧虛闕誤引江南李氏本、文如海本、劉得一本、張君房本並作「息」（馬叙倫義證）。奚侗以為「自」乃「息」之壞字（莊子補註）。依褚伯秀之說，仍當作「自愁」解。

褚伯秀說：「『自愁』，一本作『息愁』，又作『愁息』。說俱未通，審詳經意，猶書云『自怨自艾』之義，退處旬日，怨艾日前為學不力，見道不明。」

⑬孰哉鬱鬱乎：何鬱鬱乎哉。

嚴靈峯先生說：「諸解並未得。按『孰』，何也。『孰哉鬱鬱乎』乃倒裝句，猶云『何鬱鬱乎哉』也。為何而鬱鬱乎？是其中猶有惡邪？」（道家四子新編七五二頁）

⑭津津乎：形容外溢的樣子。

林疑獨說：「津津，猶有發見於外者。」（見褚伯秀南華真經義海纂微引）

⑮韄：音獲，同「縛」。

林希逸說：「韄，以皮束物。」

王先謙說：「外韄者，耳目為物所縛。」

⑯繁：疑當作「繫」。廣韻：「繫，音繆。」玉篇：「縛也。」「繫」與下「繆」對文（武延緒札記）。

⑰內揵：「揵」，同閉。

林希逸說：「揵，閉門之牡，皆檢束之喻。應物於外，欲自檢柅。」

王先謙說：「內閉其心，以息耳目之紛。」

⑱然其病病者，猶未病也：老子七十一章：「夫唯病病，是以不病。」

⑲衞生之經：即護養生命的道理。「衞生」，即上文庚桑楚所說的「全形抱生」。

⑳能抱一乎？能勿失乎：語見老子十章：「載營魄抱一，能無離乎？」

㉑能無卜筮而知吉凶乎：語見管子心術篇下。

㉒倏然：無拘無束的樣子。已見於大宗師篇。
㉓侗然：無所知的樣子。山木篇有「侗乎其無識」句。
㉔能兒子乎：老子十章作：「能嬰兒乎？」
㉕終日嗥（háo 豪）而嗌不嗄（shà 霎），和之至也：「嗥」，同「號」。「嗌」，即喉。「嗄」，啞。老子五十五章作：「終日號而不嗄，和之至也。」
㉖終日握而手不掜（nǐ 你）：「掜」，拳曲（曹礎基莊子淺註）。「不掜」，謂不攣曲（歐陽景賢莊子釋譯）。
㉗共其德：猶云同其性（林希逸註）。或說「共」「拱」同（王敔註）。
㉘瞚：字又作「瞬」（釋文）。一切經音義七二引正作「瞬」。「瞬」即「瞚」之俗（王叔岷說）。
㉙偏不在外：不偏滯於外務。
㉚相與交食乎地而交樂乎天：「交」，即邀（俞樾說）。徐无鬼篇作「吾與之邀樂於天，吾與之邀食於地」。
㉛身若槁木之枝而心若死灰：二語見齊物論篇及知北遊篇。

【今譯】

南榮趎端坐着驚異地說：「像我這樣的年紀已經大了，要怎樣學習才能達到所說的境界呢？」

庚桑子說：「保全你的形體，護養你的生命，不要使你的思慮焦憂。像這樣三年，就可以達到所說的境界了。」

南榮趎説：「眼睛的形狀，我不知道彼此有什麼不同，而盲人卻不能看見；耳朵的形狀，我不知道彼此有什麼不同，而聾子卻不能聽到；心的形態，我不知道彼此有什麼不同，而瘋狂的人卻不能自適。形體和形體之間坦然相通，或許由於物慾的間隔，使得彼此想互相會通而不可得嗎？現在對我説：『保全你的形體，護養你的生命，不要使你的思慮焦憂。』我努力求道只能達到耳朵裏！」

庚桑子説：「話説盡了。土蜂不能孵化大青蟲，越雞不能孵天鵝卵，魯雞就行。雞和雞之間，性分並沒有不同，之所以有能和不能的分別，乃是才能有大有小的緣故。現在我的才能小，不足以教導你。你為什麼不到南邊去見老子？」

南榮趎擔着糧食，七天七夜走到老子的地方。

老子説：「你從庚桑楚那裏來的嗎？」南榮趎説：「是的。」

老子説：「你為什麼和這麼多人一起來呢？」南榮趎驚異地回看後面。

老子説：「你不知道我所説的嗎？」

南榮趎低頭羞慚，仰面歎息説：「現在我忘了我的回答，因而忘了我的所問。」

老子説：「怎麼講呢？」

南榮趎説：「要是不知道呢，人説我愚昧。要是知道呢，反而危害自身。不行仁便傷害他人，行仁反而危害自身；不行義便傷害他人，行義反而危害自己。我怎樣才能避免這些？這三項，是我所憂慮的，希望藉着庚桑楚的介紹來請教。」

老子説：「剛才我看你眉目間的神色，我便知道你的心意，現在又從你的話得到證實。你茫然自失的樣子好像喪失了父母，如同舉着竿子去探尋大海。你像流亡的人呀，迷惘啊！你想回復你的性情而不知所從，可憐呀！」

南榮趎請求留在館舍受業，求取所好，摒棄所惡，十天自感愁困，再去見老子。

老子說：「你自行洗淨，為什麼還鬱鬱不安呢？可見心中溢溢然還有惡念存在。外物的束縛不可被繁擾執着，要內心檢束；內心的困擾不可被繆亂執着，要杜絕外在的誘惑。內外都受束縛的人，即使是有道德的人也不能自持，何況是學道的人呢？」

南榮趎說：「村里的人有病，鄰里的人去問候他，病人能說出自己的病狀，他能把病當作病，那就不足為病了。像我聽到大道，好比吃藥加重了病，我只希望聽聽護養生命的道理就够了。」

老子說：「護養生命的道理，能〔使精神和形體〕合一嗎？能不分離嗎？能不占卜便知吉凶嗎？能不求分外嗎？能適可而止嗎？能捨棄外求而返身自求嗎？能無拘無束嗎？能純真無知嗎？能像嬰兒嗎？嬰兒整天號哭而喉嚨卻不沙啞，這是和氣純厚的緣故；整天小手緊握而不拳曲，這是拱守本性的緣故；整天瞪眼而目不轉動，這是不馳心向外的緣故。行動時自由自在，安居時無掛無礙，順物自然，同波共流。這就是護養生命的道理了。」

南榮趎說：「那麼這就是至人的境界了嗎？」

答說：「不是的。這只是執滯之心的消釋，够得上嗎？要是至人，求食於地而與天同樂，不以人物利害而受攪擾，不立怪異，不圖謀慮，不務俗事，無拘無束而去，純真無知而來。這就是護養生命的道理了。」

問說：「要是這樣就達到最高點了嗎？」

答說：「還沒有。我原來告訴你說：『能像嬰兒嗎？』嬰兒的舉動無意無識，行動自由自在，身體像枯木而心靈像死灰。像這樣，禍既不到，福也不來。禍福都沒有，哪裏還有人為的災害呢？」

三

宇泰定者，發乎天光[1]。發乎天光者，人見其人，物見其物[2]。人有脩者，乃今有恆；有恆者，人舍之[3]，天助之。人之所舍，謂之天民；天之所助，謂之天子。

【註譯】

①宇泰定者，發乎天光：「宇」，指心。「天光」，自然之光。
陳碧虛說：「靈宇大寧者，慧光內發。」（褚伯秀義海纂微引）
林雲銘說：「『宇』，心宇也。心宇泰然而定，則定而生慧，可以迴光自照。」
薛瑄說：「言心定則明也。」（馬其昶莊子故引）

②物見其物：依陳碧虛莊子闕誤引張君房本及郭象註文補上。

③人舍之：人來依止（王先謙註）。「舍」，舍止（成疏），作依歸講。

【今譯】

心境安泰的人，便發出自然的光輝。發出自然光輝的，人便顯現其人的天然本質，物便顯現其物的天然本質。人能自修，才能培養常德；有常德的，人來依歸，自然也佑助他。人來依歸的，稱為天民；自然所佑助的，稱為天之子。

四

學者，學其所不能學也；行者，行其所不能行也；辯者，辯其所不能辯也。知止乎其所不能知，至矣①；若有不即是者，天鈞②敗之。

【註譯】

①知止乎其所不能知，至矣：語見齊物論：「知止其所不知，至矣。」

②天鈞：自然之性（成疏）。語見齊物論。

【今譯】

要學習的人，是學他所不能學的；實行的人，是行他所不能行的；辯論的人，是辯他所不能辯的。知的探求止於他所不能知的境域，便是極點了；如果不這樣，自然的本性就要遭受虧損。

五

備物以將形①，藏〔不〕虞以生心②，敬中以達彼③，若是而萬惡④至者，皆天也，而非人也，不足以滑成⑤，不可內⑥於靈臺⑦。靈臺者有持⑧，而不知其所持，而不可持者也。不見其誠己而發⑨，每發而不當，業入而不舍⑩，每更為失。為不善乎顯明之中者，人得而誅之；為不善乎幽闇⑪之中者，鬼得而誅之。明乎人，明乎鬼者，然後能獨行。

券內⑫者，行乎無名；券外者，志乎期費⑬。行乎無名者，唯庸有光⑭；志乎期費者，唯賈人也，人見其跂，猶之魁然。與物窮者，物入焉⑮；與物且⑯者，其身之不能容，焉能容人！不能容人者無親，無親者盡人⑰。兵莫憯於志，鏌鋣為下⑱；寇莫大於陰陽，無所逃於天地之間。非陰陽賊之，心則使之也。

【註譯】

①備物以將形：言人備物以奉身（林雲銘說）。達生篇：「養形必先之以物。」義同。「將」，訓養。奚侗說：「詩小雅：『不遑將父。』鄭箋：『將，養也。』」

②藏〔不〕虞以生心：「生」猶養。按：「不」字疑為衍文。「備物以將形，藏虞以生心，敬中以達彼」，此三句皆五字為句，且相儷偶。「藏虞」，即斂息思慮不使外騖以養其心。

③敬中以達彼：敬修內智以通達外物（黃錦鋐今譯）。

成玄英說：「『中』，內智也。『彼』，外境也。」

④惡：災患（宣穎說）。

⑤滑成：滑亂成德（林雲銘說）。「滑」，同亂。「不足以滑成」，德充符作：「不足以滑和。」

⑥內：入（成疏），同「納」（王敔註）。

⑦靈臺：心。德充符作「靈府」。

方師東美說：「莊子叫做『靈臺』，也就是一種自覺性的自我。這種自覺性的自我，固然是意識的中心，但是這一種意識中心能够反省自己本身的缺陷與限制，而去除掉它們。莊子認為這一種的自我——所謂『靈臺』——能够表現思想的統一、思想的持續，同時也是每個人的人格所共有。如此一來，他即可肯定自我的觀點，同時也容忍、承認別人也有同樣的權力表現自我的統一。」

⑧有持：有所主（林希逸說）。

郭象說：「『有持』者，謂不動於物耳。」

⑨不見其誠己而發：自身不真誠而妄發。

陸德明說：「謂不自照其內而外馳也。」（釋文）

⑩業入而不舍：「業」，事（成疏）。外事擾入於心而不去（宣穎說）。

⑪幽闇：原作「幽閒」，御覽六四五引「閒」作「闇」，並依褚伯秀、馬叙倫之說改。

褚伯秀說：「『幽闇』舊音『閑』，當是『幽闇』傳寫欠筆。」

馬叙倫說：「按『閒』，當依御覽引作『闇』。廣弘明集六引釋道恆釋駁論引易曰：『為不善於幽昧之中，鬼得而誅之。』『幽昧』與『幽闇』義同，亦可證也。音義出『閒』字，音『閑』，是陸本已誤。」

⑫券內：券，又作「卷」。「卷」，契。契合乎內（宣穎說）。

林希逸說：「卷內者，所求在我之分內也。」

林雲銘說：「卷內者，為己之學。」

⑬券外者，志乎期費：謂務外的人，志在於求財用。

俞樾說：「荀子書每用『綦』字為窮極之義。王霸篇：『目欲綦色，耳欲綦聲。』楊註曰：『綦，極也，亦或作期。』……『期』與『綦』通。『期費』者，極費也。費謂財用也。」

⑭庸有光：平常而有光輝（王先謙說）。

林希逸說：「『唯庸有光』，充實而有光輝也。『庸』，常也，光常在也。」

⑮與物窮者，物入焉：「窮」，謂終始（郭註）。「入」，歸依（成疏）。

褚伯秀說：「『與物窮者』，言盡物之性。『入』猶歸也。」

宣穎說：「窮者，相終始也。我與物相終始，則物亦來就。」

⑯與物且：與物齟齬（褚伯秀說）。「且」，同阻。

姚永概說：「儀禮註：古文『且』為『阻』。」（馬其昶莊子故引）

⑰無親者盡人：人而無親則人道絕（林希逸說）。「盡」，絕。「盡人」即棄絕人。

⑱兵莫憯於志，鏌鋣為下：兵器沒有比心意更銳利的，鏌鋣利劍還在其次。

朱駿聲說：「『憯』借為『㦰』。說文曰：『㦰，銳意也。』淮南註：『憯，利也。』」（馬敘倫莊子義證）

林雲銘說：「志之為兵，傷人之心。鏌鋣，則傷人之形而已。」

【今譯】

備物來奉養形體，斂息思慮來培養心神，敬修內智以通達外物，如果這樣做而各種災患仍然降臨，那是天然，而不是人事，這並不足以擾亂已經成就的德性，不能侵入內心。心靈有所操持，而不自覺自己所操持，但不可有意操持。

自己還把握不住便向外奔馳，每次外馳都失去御制，外物擾入心中而不去，更喪失了本真。明目張膽地作惡，便要受到大衆的制裁；暗地裏作惡，便要受到良心的責備。能够坦然地面對人，坦然地面對良心的，就能獨行而無愧。

務內的人，所行沒有名跡；務外的人，志在於求取財用。行為不拘名跡的人，充實而有光輝；志在求取財用的人，只是商人而已，看他跂行着，自以為安穩的樣子。和物順應相終始的，外物也來歸依；和外物齟齬的，他自身都不能相容，哪能容人呢？不能容人的就沒有親愛，沒有親愛的就棄絕於人。兵器沒有比心意更銳利的，鏌鋣利劍還在其次；傷人沒有甚於陰陽的，充滿於天地之間。並不是陰陽來傷害他，乃是受到心意的驅使。

六

道通。其分也成也[①]，其成也毀也。所惡乎分者，其分也以備；所以惡乎備者，其有以備。故出而不反，見其鬼[②]；出而得，是謂得死。滅而有實[③]，鬼之一也。以有形者象[④]無形者而定矣。

出無本，入無竅；有所出而無竅者有實[⑤]。有實而無乎處，有長而無乎本剽[⑥]。有實而無乎處者，宇[⑦]也。有長而無本剽者，宙[⑧]也。有乎生，有乎死，有乎出，有乎入，入出而無見其形，是謂天門[⑨]。天門者，無有也，萬物出乎無有。有不能以有為有，必出乎無有，而無有一無有。聖人藏乎是[⑩]。

【註譯】

①其分也成也：各本脫落「成也」二字。高山寺本古鈔卷子「其分也」下有「成也」二字，當從之。齊物論篇「其分也成也，其成也毀也」，文與此同，今本脫「分也」二字，則文意不完（王叔岷校釋）。又：上句「道通」，依齊物論作「道通為一」，疑脫落「為一」兩字。

②出而不反，見其鬼：心神外馳，死期近（宣穎說）。

③滅而有實：指迷滅本性而徒有形骸之實。

④象：同法（福永光司說）。

⑤有所出而無竅者有實：此句通行本在「有長而無乎本剽」句下，據奚侗、王叔岷之說移此。奚侗云：「『有所出而無竅者有實』句，是釋『出無本，入無竅』之義，當移置『有實而無乎處』句之上。本書誤到『有長而無乎本剽』句之下，則上下不連貫矣。」王叔岷先生說：「此九字當移在上文『有實而無乎處』之上，奚說是。宣（穎）解本删此九字。」

⑥本剽：本末，始終。王先謙說：「釋文：『剽，本亦作標。崔云：「末也。」』案：木枝之遠揚者謂之『標』，故以訓『末』。言道之源流甚長，而不見其本末。」

⑦宇：上下四方叫宇。

⑧宙：古往今來叫宙。

⑨天門：自然的總門。同於老子一章所說的「衆妙之門」。

⑩藏乎是：指藏心於「無有」之境。林希逸說：「『藏』者，退藏於密也。聖人之心藏於無有，故曰：『藏乎是。』」

【今譯】

道是大通的。任何事物有分就有成，有成就有毁。厭惡分離的，乃是由於分離了還求其全；之所以厭惡全的，乃是由於有了全還在求全不已。所以心神外馳而不返，就死期近了；心神外馳而以為有所得，這可說是步入死地了。絕滅本性而徒具形骸，和鬼是一類。能够以有形的形體效法無形的道那就安定了。

生來沒有根柢，消逝不見藏所；有所出而沒有孔竅的，卻真實存在。有實際存在而沒有一定界限，有成長而沒有始終；有實際存在而沒有界限的，便是宇。有成長而沒有始終的，便是宙。有生，有死，有出，有入，入出而不見其形，是為自然的總門。自然的總門，就是「無有」，萬物生於「無有」。「有」不能以「有」生出「有」，必定出於「無有」，而「無有」是無和有的統一。聖人遊心於這種境界。

七

古之人，其知有所至矣。惡乎至？有以為未始有物者，至矣，盡矣，弗可以加矣。其次以為有物矣①，將以生為喪②也，以死為反也，是以分已③。其次曰始有無，既而有生，生俄而死；以無有為首，以生為體，以死為尻④；孰知有無死生之一守⑤者，吾與之為友。是三者⑥雖異，公族也⑦。昭景⑧也，著戴⑨也，甲氏⑩也，著封也，非一也。

有生，黬⑪也，披然⑫曰移是⑬。嘗言移是，非所言⑭也。雖然，不可知者也⑮。臘者之有膍胲⑯，可散而不可散也⑰；觀室者周於寢廟，又適其偃溲焉⑱，為是舉⑲移是。

請常言移是。是以生為本，以知為師，因以乘是非；果有名實，因以己為質⑳，使人以為己節㉑，因以死償節。若然者，以用為知，以不用為愚㉒，以徹㉓為名，以窮為辱。移是，今之人也，是蜩與學鳩同於同也㉔。

【註譯】

①古之人，其知有所至矣……其次以為有物矣：這一段文字襲自齊物論。

②以生為喪：以生為流落。「喪」，齊物論作「弱喪」（即自幼流落）。

③是以分已：這已經有所分了。「以」，已。「分」，指分生死。「已」，矣。

④以無有為首，以生為體，以死為尻：三語襲自大宗師篇：「以無為首，以生為脊，以死為尻。」

⑤一守：作「一體」（福永光司說）。

⑥三者：指「以無為首，以生為體，以死為尻」。

⑦公族：形容同一宗源。

宣穎說：「言同一大宗，蓋同宗乎道也。」

⑧昭景：楚王族姓氏。

⑨著戴：以有職任而著。「戴」，任。任，職（林希逸說）。

⑩甲氏：楚王族姓氏。昭景屈是楚國公族三姓，「甲」借為「屈」（馬叙倫說）。

王應麟說：「王逸註楚詞自序云：『三閭之職，掌王族三姓，曰：昭屈景。』而此釋文云：『昭景甲三者，皆楚之同宗也。』『甲氏』，其即屈氏與。」（莊子逸篇）

⑪黬：音闇，形容幽暗。喻氣之凝聚（林希逸說）。

⑫披然：形容分別的樣子。

林希逸說：「人之生也，同是此氣，而強自分別，故曰：『披然。』『披』者，分也。」

⑬移是：指是非不定。

林希逸說：「『移』，不定也。彼亦一是非，此亦一是非，移也。其意只與齊物論同，而又撰出『移是』兩字。」

⑭非所言：謂不當言（林希逸說）；本不足言（宣穎說）。

⑮雖然，不可知者也：然世人亦不知此（王先謙解）。

⑯臘者之有膍（pí 疲）胲（gāi 該）：「臘者」，大祭。「膍」，牛百葉。「胲」，牛蹄（成疏）。指大祭時四肢五臟的牲品。

成玄英說：「臘祭之時，牲牢甚備，至於四肢五臟，並皆陳設。」

⑰可散而不可散也：分膍與胲於俎上，是可散，而總有一牲之體，則不可散（林雲銘說）。

⑱周於寢廟，又適其偃溲焉：「偃」，謂屏廁（郭註）。「偃溲」，即廁所。「溲」字原缺，據闕誤引江南古藏本及張君房本補上。

郭象註：「寢廟則以鄉食燕，屏側則以偃溲；當其偃溲，則寢廟之是移於屏側矣。故是非之積，一彼一此，誰能常之！」

林希逸說：「一室之中，有寢有廟又有偃息之所，在在不同。謂之寢，謂之廟，謂之偃，則同乎一室。謂之室，則又有寢廟偃之異名，亦猶移是之不可定也。」

⑲舉：皆（林希逸說）。

⑳質：主（郭註）。

㉑節：節操。
㉒以用為知，以不用為愚：以炫耀為智，晦跡為愚（成疏）。
㉓徹：通達。
㉔同於同：指「今之人」的卑見同於蜩與學鳩。

【今譯】

古時候的人，他們的智識有個限度。限度在哪裏？認為萬物未曾形成時，便是極限、盡頭，不能再增進了。次一等的人，認為萬物形成了，把生視為流落，把死看作回歸，這已經有所分了。再次一等的人認為原本是空無的，後來有了生命，生命迅即死亡；把「無」當作頭顱，把生命當作軀幹，把死亡當作尻骨；誰能知道有無死生是一體的，我就和他做朋友。這三項雖有差別，卻同源於道。昭氏景氏，以職任而稱著，甲氏，以封地而稱著，姓氏不一（卻為同族）。有生命，乃是氣的凝聚，曉然分辨說是非不定。嘗說是非不定，本來是不當說的。但是，這個道理不容易知道。如同大祭時有四肢五臟的牲品，（四肢五臟）可以分割而（牲體陳設）不可散列；又如同參觀宮室的人周覽廟堂寢室，又到便廁，這些（同體異名的情形）都像是非的移易不定。請讓我說是非的不定。這是以生為根本，以心智為標準，因而造生是非；果真有名實的區分，便以自身為主；使人以自己為節操的模範，而以死來報償節操，像這樣，便以炫耀為智，以隱晦為愚，以通達為名譽，以窮困為恥辱。是非不定，是現代人呀，是如同蜩與小鳩一般見識呀！

八

蹍①市人之足，則辭以放驁②，兄則以嫗，大親③則已矣。故曰，至禮有不人④，至義不物⑤，至知不謀，至仁無親⑥，至信辟金⑦。

【註譯】

①蹍：蹋，踐履。
②辭以放驁：辭謝以放肆，即以放肆自責來謝過。「驁」，通「敖」，即「傲」的省字。
③大親：指父母。
④至禮有不人：「不人」，不看作是別人，指沒有人我之分。
郭象註：「不人者，視人若己。」
林希逸說：「至禮有不人，謂禮之至者，無人己之分，忘其揖遜也。」
⑤至義不物：「義」，通「宜」，指萬物秩序得其所宜。「不物」，指沒有物我之分。
⑥至仁無親：已見天運篇。
⑦辟金：不需要拿金錢作質證。
林希逸說：「言不待以金寶為質也。『辟』，音屏，除也。」

【今譯】

踩了街道上人的腳，就賠罪說自己放肆，兄長踩了弟弟就憐惜撫慰，父母至親踩了就無須謝過。所以說，至禮是沒有人我之分的，至義是沒有物我之分的，至知是不用謀略的，至仁是不表露愛跡的，至信是不用金錢作質證的。

九

徹[1]志之勃[2]，解心之謬[3]，去德之累，達道之塞。貴富顯嚴名利六者，勃志也。容動色理[4]氣意六者，謬心也。惡欲喜怒哀樂六者，累德也。去就取與知能六者，塞道也。此四六者不盪[5]胸中則正，正則靜，靜則明，明則虛，虛則無為而無不為也。道者，德之欽也；生者，德之光也；性者，生之質也。性之動，謂之為；為之僞，謂之失。知者，接[6]也；知者，謨[7]也；知者之所不知，猶睨也[8]。動以不得已之謂德，動而[9]非我之謂治，名相反而實相順也[10]。

【註譯】

①徹：與「撤」同（林希逸說）。

②勃：同「悖」，亂。
③謬：一本作「繆」（釋文）；借為「繆」，繫縛之意。
④色理：顏色、辭理（成疏）。
⑤盪：蕩亂。
⑥接：應接。
曹礎基說：「『接』，接觸，如耳聞目見之類。這指感性認識。」
⑦謨：同謀。
曹礎基說：「謀慮，思索。這指理性認識。」
⑧猶睨也：如目斜視一方。
⑨而：原作「無」。按：「無」字疑「而」字之誤（馬叙倫說）。作「無」字有背莊學原義，當改正為「而」字。
⑩名相反而實相順也：驚名則相反，求實則相順。

【今譯】

消解意志的錯亂，打開心靈的束縛，去除德性的負累，貫通大道的障礙。榮貴、富有、高顯、威勢、聲名、利祿六項，是錯亂意志的。姿容、舉動、顏色、辭理、氣息、情意六項，是束縛心靈的。憎惡、愛慾、欣喜、憤怒、悲哀、歡樂六項，是負累德性的。去捨、從就、貪取、付與、知慮、技能六項，是阻礙大道的。這四種每六項不在胸中擾亂就能平正，內心平正就能安靜，安靜就能明澈，明澈就能空明，空明就能順任自然而沒有什麼做不成的。道為德所尊崇；生是德的光輝；性是生的本質。性的活動，叫做為；有為而流於人僞，叫做失。知是〔和外界〕應接；智是〔內心〕謀慮；智慧有所不知，好像斜視一方所見有限。動作自然出於不得已是為德，動作自然不由於我是為合理，驚名則相反而求實則相順。

一〇

羿①工②乎中微而拙乎使人無己譽。聖人工乎天而拙乎人。夫工乎天而俍③乎人者，唯全人能之。唯蟲能蟲，唯蟲能天④。全人惡天？惡人之天？而況吾天乎人乎⑤！

【註譯】

①羿：古人，精於射擊。已見德充符篇。

②工：巧。

③俍（liáng良）：音良，善。

④唯蟲能蟲，唯蟲能天：只有鳥獸才能安於為鳥獸，只有鳥獸才能契合天然。「蟲」，飛鳥走獸各類動物的總稱。

林希逸說：「『蟲』，鳥獸百物之總名也。物物雖微，皆有得諸天者，如能飛走能啼能嚙能鳴能躍，皆能遂其天性，故曰『能蟲』『能天』。」

⑤全人惡天？惡人之天？而況吾天乎人乎：全人哪裏知道天然，哪裏知道人為的天然，何況用己意來分別天然人為呢？

王敔說：「二『惡』字俱平聲。在全人則惡有所謂天者，惡有所謂人之天者，而況有所謂吾立於天人之間乎！」

姚鼐說：「全人烏知所謂天乎，烏知人之異於天乎，況妄以己意分別天人乎！則陽篇：『聖人未始有天。』」（馬其昶莊子故引）

【今譯】

羿這個人巧於射中微物而拙於使人不稱譽自己。聖人善於契合天然而拙於應合人為。善於契合天然又善於應合人為的，只有全人才能做到。只有鳥獸才能安於為鳥獸，只有鳥獸才能契合天然。全人哪裏知道天然？哪裏知道人為的天然？何況用己意來分別天人呢？

一一

一雀適羿，羿必得之，威也；以天下為之籠，則雀無所逃①。是故湯以庖人籠伊尹，秦穆公以五羊之皮籠百里奚②。是故非以其所好籠之而可得者，無有也。

【註譯】

①一雀適羿，羿必得之，威也；以天下為之籠，則雀無所逃：韓非子難三作：「宋人語曰：『一雀過羿，羿必得之，則羿誣矣。以天下為之羅，則羿不失矣。』」

②百里奚：複姓百里，名奚，號五羖大夫。已見田子方篇。

【今譯】

一隻麻雀飛向羿，羿一定射中它，這是他的威力；要是把天下當作籠子，麻雀就無處逃脫了。所以湯以庖人來籠絡伊尹，秦穆公以五張羊皮來籠絡百里奚。所以如果不利用他的所好而能籠絡得住，那是不可能的。

一二

介①者侈畫②，外非譽③也；胥靡④登高而不懼，遺死生也。夫復謵不餽⑤而忘人，忘人，因以為天人矣。故敬之而不喜，侮之而不怒⑥者，唯同乎天和⑦者為然。出怒不怒⑧，則怒出於不怒矣；出為無為，則為出於無為矣。欲靜則平氣，欲神則順心，有為也欲當，則緣於不得已⑨，不得已之類，聖人之道。

【註譯】

①介：同「兀」，一足。見養生主篇。

②侈畫：不拘法度（崔譔註）。「侈」，棄。「畫」，裝飾。謂放棄自我裝扮（曹礎基說）。

俞樾說：「漢書司馬相如傳『㵃以陸離』，師古註曰：『㵃，自放縱也。』即此『侈』字之義。桓六年穀梁傳『以其畫我』，公羊傳作『化我』，何休註曰：『行過無禮謂之化。』即此『畫』字之義。蓋人既刖足，不自顧惜，非譽皆所不計，故不拘法度也。」

③非譽：即毀譽。

④胥靡：徒役之人（成疏）。

⑤復謵不餽：這話有兩解：一說受了威嚇卻不回報（依郭嵩燾說）。一說「復」，免除。「謵」，通慴，懼怕。「餽」，通愧，負疚。這句話是說：像胥靡之類那樣，由於解除了懼怕的心理，精神上毫無負擔（曹礎基說）。今譯從後者。

郭嵩燾說：「『復謵』，謂人語言慴伏以下我而我報之。……以物與人曰『餽』，以言語餉人亦曰餽。『復謵不餽』，忘貴賤也。」

王先謙說：「案『復謵不餽』，諸解皆非，郭說為近。」

⑥敬之而不喜，侮之而不怒：與逍遙遊篇「舉世譽之而不加勸，舉世非之而不加沮」相類。

⑦天和：造物之和氣（林希逸說），自然之沖氣（林雲銘說）。按：即自然的和氣。

⑧出怒不怒：怒氣雖發並不是有心的發怒。

林希逸說：「怒雖出而不怒，則是其怒者本自不怒，而出自然之怒，非有心之怒也。」

⑨有為也欲當，則緣於不得已：「不得已」，無心之應；應事而無心（林希逸說）。

徐復觀先生說：「『不得已』是形容主觀上毫無要有所為的慾望，而只是迫於客觀上人民自動的要求，因而加以順應的情形。」（中國人性論史四二頁）

【今譯】

刖足的人不拘法度，超然於毀譽之外；徒役的人登高而不怖懼，超然於死生之外。解除了怖懼的心理使精神無所負擔而超然於人我的區分，超然於人我的區分，這便達到了天人合一的境界了。所以能做到崇敬他而不欣喜，侮慢他而不憤怒，只有合於自然和氣的狀態才能這樣。怒氣雖發並不是有心的發怒，那麼怒氣出於無心而發了；在無為的情況下有所作為，那麼這作為是出於無為了。要寧靜就要平氣，要全神就要順心，有所為要得當，就要寄託於不得已，應事出於不得已，便是聖人之道。

徐无鬼

徐无鬼篇，由十五章文字雜纂而成。各章意義不相關聯。「徐无鬼」，人名，隱居之士。取篇首三字為篇名。

本篇第一章，徐无鬼見魏武侯，指出君主「盈嗜欲，長好惡」，性命之情病困。近臣們平時和武侯談詩書禮樂，卻未嘗見武侯啓齒，徐无鬼和他談相馬術，則大樂。這故事很有譏諷的意味。第二章，徐无鬼與武侯對話，徐无鬼批評武侯：「君獨為萬乘之主，以苦一國之民，以養耳目口鼻。」並指出當時君主，發動戰爭，「殺人之士民，兼人之土地」，所作所為，以愛民為名，實則是「害民之始」。第三章，黃帝出遊迷途，遇一牧馬小童，小童指點迷津，把話題轉向如何「為天下」，小童回答說：「若此而已矣，又奚事焉！」這寓言發揮老子「無事」「無為」的思想。「無事」，即不生事，不攪擾從事，這就是道家勿擾民的思想。第四章，批評勢物之徒，喜歡禍變，乘時會與作，「馳其形性」，糟蹋自己而造孽他人。第五章，莊子與惠子對話，批評各家「各是其所是」，弄得天下沒有「公是」。齊人蹢子求鍾的故事，喻各家各以為是，往往遺棄珍貴的而執持賤陋的。楚人謫閽造怨的故事，喻各家求真理未得，反倒無謂地在爭執結怨。第六章，莊子過惠子墓，講了一個匠石斲泥的故事，感歎自惠子死後，「無以為質」，流露出無比真摯純厚的感情。第七章，管仲與桓公對話，談囑託國政的妥當人選。第八章，吳王射狙，戒人不要自恃巧捷而以色驕人。第九章，南伯子綦隱几而坐，歎世人的自我迷失。第十章，為楚王宴孔子的故事，申「不言」之義。第十一章，九方歅替梱看相，說他將與君同食，有福氣。子綦聞說而泣，認為食君之祿，不過「盡於酒肉，入於鼻口」而已。子綦所嚮往的，乃是邀樂於天，邀食於地，順任自然的生活。第十二章，齧缺論堯，以為達官貴人與道學夫子多假仁義以取利，所以說：「利仁義者衆。」評「仁義之行，唯且無誠」，因仁義已成為貪求者的工具了。第十三章，寫三種人物形態：一種沾沾自喜的人，一種茍安自得的人，一種形勞自苦的人。進而寫神人。第十四章，頗為散亂，第一小段寫人、物各有所適。第二小段寫物類的互相恃守、依持。第三小段寫官能過度放縱的弊害。第十五章，寫不知的境域。

出自本篇的成語有：超軼絕塵、空谷足音、不言之辯、不道之道、喙長三尺、運斤成風等。此外，流人思國、蹢子求鍾、譎闔造怨、匠石斲泥、吳狙現巧、豕虱苟安等寓言典故，亦出自本篇。

一

徐无鬼①因女商②見魏武侯，武侯勞之曰：「先生病③矣！苦於山林之勞，故乃肯見於寡人。」

徐无鬼曰：「我則勞於君，君有何勞於我！君將盈耆欲，長好惡，則性命之情病矣；君將黜耆欲，掔④好惡，則耳目病矣。我將勞君，君有何勞於我！」武侯超然⑤不對。

少焉，徐无鬼曰：「嘗語君，吾相狗也。下之質執飽而止，是狸德⑥也；中之質若視日⑦，上之質若亡其一⑧。吾相狗，又不若吾相馬也。吾相馬，直者中繩，曲者中鉤，方者中矩，圓者中規⑨，是國馬也，而未若天下馬也。天下馬有成材，若卹若失⑩，若喪其一，若是者，超軼絕塵⑪，不知其所。」武侯大悅而笑。

徐无鬼出，女商曰：「先生獨何以說吾君乎？吾所以說吾君者，橫說之則以詩書禮樂，從說之則以金板六弢⑫，奉事而大有功者不可為數，而吾君未嘗啓齒⑬。今先生何以說吾君，使吾君說若此乎？」

徐无鬼曰：「吾直告之吾相狗馬耳。」

女商曰：「若是乎？」

曰：「子不聞夫越之流人⑭乎？去國數日，見其所知而喜；去國旬月，見所嘗見於國中者喜；及期年也，見似人⑮者而喜矣；不亦去人滋久，思人滋深乎？夫逃虛空⑯者，藜藋⑰柱乎鼪鼬之逕⑱，踉位其空⑲，聞人足音跫然⑳而喜矣，又㉑況乎昆弟親戚之謦欬㉒其側者乎！久矣夫，莫以真人之言謦欬吾君之側乎！」

【註譯】

①徐无鬼：魏之隱士（釋文）。

②女商：魏武侯寵臣。

③病：同憊（福永光司註）。

④掔：音牽，引卻。

⑤超然：猶悵然（釋文引司馬彪說）。

⑥狸德：指狸貓般的性能。

俞樾說：「廣雅釋獸：『狸，貓也。』貓之捕鼠，飽而止矣，故曰是『狸德』也。秋水篇曰：『騏驥驊騮，一日而馳千里，捕鼠不如狸狌。』此本書以狸為貓之證。御覽引尸子曰：『使牛捕鼠，不如貓狌之捷。』莊子言狸狌，尸子言貓狌，一也。釋文曰：『狸德，謂貪如狐狸也。』未得其義。」

⑦若視日：凝視太陽；形容「意氣高遠」（成疏）；比喻看得高遠，明察（曹礎基說）。

⑧若亡其一：好像忘了自己。把形體看作不存在一樣。說明精神靜寂專一。「一」，指身軀（曹礎基說）。

陸德明說：「一，身也；謂精神不動，若無其身也。」

宣穎說：「『一』者，己也。『若亡其一』，凝之至，不知有己也。」

⑨直者中繩，曲者中鉤，方者中矩，圓者中規：說明馬跑起來能直、能曲、能方、能圓，聽從駕馭。「中」，符合（曹礎基說）。

林希逸說：「馬之中規矩繩墨，言其身件件合法，故借方圓曲直以言之，不必就馬身上泥而求之。」

⑩若卹若失：釋文：「失音逸（佚）。」成疏：「蹄足疏緩，又如奔佚。」按：成說是。漢書韋元成傳集註：「卹，安也。」此言其靜若處子、動如脫兔。

⑪超軼絕塵：田子方篇作「奔逸絕塵」。「軼」，同「逸」。

⑫金板六弢（tāo 滔）：即太公兵法。

林希逸說：「『金板六弢』，即太公兵法也。此書藏於朝廷，故曰『金板』，猶曰金匱石室之書也。」（口義）

⑬啓齒：開口。

成疏：「開口而微笑。」

⑭流人：流放之人（成疏）。

⑮似人：似所認識的人，指似鄉里的人。

⑯虛空：空谷（林希逸說）。

⑰藜藋：雜草。郭慶藩說：「藜藋皆生於不治之地，其高過人，必排之而後得進，故史記仲尼弟子傳曰：『排藜藋。』」

⑱柱乎鼪鼬之逕：「柱」，塞（司馬彪說）。「鼪鼬之逕」，山蹊之間，鼪鼬所由之處（林雲銘莊子因）。

⑲踉（láng 狼）位其空：長久住在空野。「踉」，司馬本作「良」。「良」借為長（馬叙倫義證）。一說「踉」，踉蹌，走路不穩的樣子。指逃難的人踉踉蹌蹌地走進了野草中的空地裏（曹礎基說）。

⑳跫（qióng 窮）然：腳步聲。

㉑又：世德堂本作「而」。

㉒謦（qǐng 頃）欬（kài 愾）：喻言笑（釋文引李頤說）；指聲音笑貌。

【今譯】

徐无鬼因着女商的推薦去見魏武侯，武侯慰問他說：「先生疲憊了！山林隱居是勞苦的，所以才肯來見我。」

徐无鬼說：「我是來慰問你的，你為什麼來慰問我呢？你要是充盈嗜慾，增長好惡，性命的實質就要受損了；你要是摒棄嗜慾，去除好惡，耳目的享受就要困病了。我正要來慰問你，你有什麼要來慰問我呢？」武侯悵然不回答。

一會兒，徐无鬼說：「我來告訴你我的相狗術。下等品質，飽食而止，這是貓兒般的能力；中等品質，意氣高遠；上等品質，好像忘了自己。我的相狗術，又不如我的相馬術。我的相馬，馬步跑來直的合於繩，曲的合於鉤，方的合於矩，圓的合於規，這是國馬，可是比不上天下馬。天下馬有天生的材質，其神態有似安謐又如奔逸，好像忘記了自己，像這樣的，奔逸絕塵，不知所終。」武侯大為高興地笑了。

徐无鬼辭去，女商說：「先生究竟怎樣使我的君主這麼高興呢？我之所以取悅我君主的，橫說用詩書禮樂，縱說用太公兵法，見於行事而大有效驗的，不計其數，可是我的君主卻沒有開口笑過，現在先生對我君主說了些什麼，使我君主高興成這樣呢？」

徐无鬼說：「我只是把我的相狗相馬術告訴他罷了。」

女商說：「就是這樣嗎？」

徐无鬼回答說：「你沒有聽到在越國的流放之人嗎？離開自己的國家好幾天，看見熟識的就高興；離開自己的國家一個月，看見國內曾見過面的人就高興；到了整年，只要看見像是鄉里的人就高興；不就是離開故人愈久，思念故人愈深嗎？流落到空谷裏的人，雜草塞滿了鼪鼬所由的途徑，長久居住在空野，聽到人的腳步聲就高興起來，又何況兄弟親戚在一旁說笑呢？很久了，沒有人用純真的言語在我君主的身旁談笑了啊！」

二

徐无鬼見武侯，武侯曰：「先生居山林，食芧栗①，厭葱韭，以賓②寡人，久矣夫！今老邪？其欲干③酒肉之味邪？其寡人亦有社稷之福邪？」

徐无鬼曰：「无鬼生於貧賤，未嘗敢飲食君之酒肉，將來勞君也。」

君曰：「何哉，奚勞寡人？」

曰：「勞君之神與形。」

武侯曰：「何謂邪？」

徐无鬼曰：「天地之養也一，登高不可以為長，居下不可以為短④。君獨為萬乘之主，以苦一國之民，以養耳目鼻口，夫神者不自許也。夫神者，好和而惡姦；夫姦，病也，故勞之。唯君所病之，何也？」

武侯曰：「欲見先生久矣。吾欲愛民而為義偃兵，其可乎？」

徐无鬼曰：「不可。愛民，害民之始也；為義偃兵，造兵之本也；君自此為之，則殆不成。凡成美，惡器也；君雖為仁義，幾且僞哉！形固造形⑤，成固有伐⑥，變固外戰。君亦必無盛鶴列⑦於麗譙⑧之間，無徒驥⑨於錙壇⑩之宮，無藏逆於得，無以巧勝人，無以謀勝人，無以戰勝人。夫殺人之士民，兼人之土地，以養吾私與吾神者，其戰不知孰善？勝之惡乎在？君若勿已矣，脩胸中之誠，以應天地之情而勿攖。夫民死已脫矣，君將惡乎用夫偃兵哉！」

【註譯】

①芧（xù 敘）栗：小栗。已見齊物論。

②賓：同擯，即棄。

③干：求。

④登高不可以為長，居下不可以為短：無貴賤之喻（林希逸口義）。

⑤形固造形：「形」，形勢。「固」，必。「造」，造成、導致。謂一種情勢必然會導致另一種情勢（曹礎基說）。

郭象註：「仁義有形，固偽形必作。」

宣穎說：「既落形跡，從此生事。」

⑥成固有伐：兩種對立的情勢形成後必然會各自誇耀，如標榜自己正義，指責別人不義等。「伐」，拔，誇耀（曹礎基說）。

王先謙說：「其名之成，則有功自誇。」

⑦鶴列：陳兵：古代兵法陣形，如鶴飛高空呈V字型。

⑧麗譙：高樓（郭註）；樓觀名（司馬註）。

馬其昶說：「初學記引釋名云：『魏有麗譙。』註：『樓名。』」

⑨徒驥：步騎。林希逸說：「『徒』，步兵也。『驥』，騎卒也。」
⑩錙壇：宮名。

【今譯】

徐无鬼見魏武侯，武侯說：「先生住在山林裏，食橡栗，吃蔥韭，離開寡人，很久了！現在年老了嗎？是想品嘗厚祿的滋味呢？還是我的社會將得到您的賜福呢？」

徐无鬼說：「我出身貧賤，並不想求取君主的厚祿，我是來慰問君主的。」

君主說：「為什麼呢？你怎樣來慰問我？」

徐无鬼說：「慰問你的心神和形體。」

武侯說：「怎麼說呢？」

徐无鬼說：「天地的養育是均等的，身居高位不能被認為尊貴，身居下位不能被認為卑賤。你獨為萬乘的君主，來勞苦一國的人民，以奉養耳目鼻口的享樂，弄得心神不自得。心神喜歡和諧而厭惡偏私；偏私便是病，所以我來慰勉你。只是你犯了這種病，為什麼呢？」

武侯說：「想見先生很久了。我愛民為義而制止戰爭，可以嗎？」

徐无鬼說：「不可以。愛民，乃是害民的開始；為義而制止戰爭，乃是興兵的本原；你從這裏着手，大概不會有成效。凡是成就美名的，就是作惡的工具；你雖然行仁義，卻近於作僞啊！一種情勢必然會導致另一種情勢，兩種對立的情勢形成後必然會各自誇耀，情勢進一步變化必然會引起外戰。你絕不要盛大地陳兵在高樓下面，不要集合兵騎在錙壇的宮苑前面，不要背理去貪求，不要用巧詐去勝人，不要用謀略去勝人，不要用戰爭去勝人。要是屠殺他的人民，吞併他國的土地，來奉養一己的私慾和滿足一己的願望，這種戰爭有什麼好處？所謂勝利在哪裏？你如不得不有所作為，那就去修養內心的真誠，來順應天地的自然而不攪擾他物。人民都能免於死亡的威脅，你哪裏還用得上寢兵的議論呢？」

三

黃帝將見大隗[1]乎具茨[2]之山，方明為御，昌寓驂乘，張若謵朋前馬，昆閽滑稽後車[3]；至於襄城[4]之野，七聖皆迷，無所問塗。

適遇牧馬童子，問塗焉，曰：「若知具茨之山乎？」曰：「然。」「若知大隗之所存乎？」曰：「然。」

黃帝曰：「異哉小童！非徒知具茨之山，又知大隗之所存。請問為天下。」

小童曰：「夫為天下者，亦若此而已矣，又奚事焉！予少而自遊於六合之內，予適有瞀[5]病，有長者教予曰：『若乘日之車而遊於襄城之野。』今予病少痊，予又且復遊於六合之外。夫為天下亦若此而已。予又奚事焉！」

黃帝曰：「夫為天下者，則誠非吾子之事。雖然，請問為天下。」小童辭。

黃帝又問。小童曰：「夫為天下者，亦奚以異乎牧馬者哉！亦去其害馬者⑥而已矣！」

黃帝再拜稽首，稱天師而退。

【註譯】

①大隗：即大道，這裏寓託人名。

②具茨：在河南省滎陽密縣東境，今名泰隗山（司馬彪說）。

③方明為御，昌寓驂乘，張若謵朋前馬，昆閽滑稽後車：方明、昌寓、張若、謵朋、昆閽、滑稽等人名都是寓託。

④襄城：今河南省襄城縣。

⑤瞀（mào 冒）：目眩。

⑥害馬者：馬以過分為害（郭註）；謂分外之事（成疏）。

【今譯】

黃帝要到具茨山上見大隗，方明駕車，昌寓陪乘，張若謵朋前導，昆閽滑稽殿後。來到襄城的原野，七聖都迷失，無從問路。

正好遇着牧馬的童子，向他問路，說：「你知道具茨山嗎？」回說：「是的。」

又問：「你知道大隗的所在嗎？」回說：「是的。」

黃帝說：「奇怪呀，小童！你不僅知道具茨山，還知道大隗的所在。請問怎樣治理天下？」

小童說：「治理天下，也只不過像這樣就是了，又何必生事呢？我小時候自己遊於六合之內，我恰好有目眩症，有位長者教我說：『你乘着日車而遊於襄城的原野。』現在我的病痊癒了，我又遊於六合以外的境界。治理天下也是這樣。我又何必生事呢？」

黃帝說：「治理天下，並不是你的事。雖然這樣，請問怎樣治理天下？」小童不語。

黃帝又問。小童說：「治理天下，又和牧馬有什麼不同？也就是除去害馬罷了！」

黃帝叩頭再三拜謝，稱他為天師而辭退。

四

知士無思慮之變則不樂，辯士無談說之序①則不樂，察士無淩誶②之事則不樂，皆囿於物者也。

招世③之士興朝，中民之士榮官④，筋力之士矜難⑤，勇敢之士奮患，兵革之士樂戰，枯槁之士宿名⑥，法律之士廣治⑦，禮教之士敬容，仁義之士貴際。農夫無草萊之事則不比⑧，商賈無市井之事則不比。庶人有旦暮之業則勸，百工有器械之巧則壯。錢財不積則貪者憂，權勢不尤⑨則夸者⑩悲。勢物之徒⑪樂變，遭時有所用，不能無為也。此皆順比於歲⑫，不易於物⑬者也。馳其形性，潛之萬物，終身不反，悲夫！

【註釋】

①談說之序：說得成條理。

②淩誶（suì碎）：通「零碎」，指斤斤分辨。林希逸說：「好察之士，則與人爭分爭毫。」

③招世：招搖於世，以自見（林雲銘說）；謂招求世榮（王敔說）；呼民救世為己任（曹礎基說）。

④中民之士榮官：「中民」即中等之民。王敔說：「中民，謂合於民譽。」劉鳳苞說：「中才注意軒冕以為榮。」（南華雪心編）

⑤矜難：以克服困難自矜。宣穎說：「以禦難自矜。」

⑥宿名：留意於聲名（林希逸說）。

⑦廣治：多求治事（林希逸說）。

⑧比：和樂（成疏）。奚侗說：「廣雅曰：『比，樂也。』」

⑨尤：出衆。

⑩夸者：指權勢慾強烈人。

⑪勢物之徒：執迷於權勢財物的人。奚侗說「物」為「利」字之譌，則「勢利之徒」亦通。

⑫順比於歲：逐時俯仰（馬其昶說）。「比」，附。「歲」，時。

李勉說：「言此皆順附時勢，逐時投機者。」

⑬不易於物：各自囿於一物，不能相易（王先謙說）。「不易於物」原作「不物於易」，依馬叙倫之說改正。

馬叙倫說：「『物』『易』二字誤倒。下章曰『不以物易己』是其證。」（莊子義證）按：馬說可取。褚伯秀說：「『不物於易』，猶云『不易於物』，錯綜其文。」（南華真經義海纂微）「不易於物」與上句「順比於歲」相對為文，「歲」與「物」屬名詞，若作「不物於易」，不僅不對稱，也費解。

【今譯】

智謀之士沒有思慮的變換就不會快樂，口辯之士沒有議論的程序就不會快樂，好察之士沒有明辨的事端就不會快樂，他們都受外在所拘限。

招搖於世的人立足朝廷，中等的人以爵祿為榮，精力強壯的人以克服阻難自矜，勇敢武士奮發除患，戰鬥英雄樂於征戰，山林隱士留意聲名，講求法律的人推廣法治，重視禮教的人整飾儀容，崇尚仁義的人貴在交際。農夫沒有耕種的事就不安心，商賈沒有貿易的事就不快樂。衆人有朝夕的工作就會自勉，百工有器械的技能就會氣壯。錢財不能積聚而貪圖的人就會憂慮，權勢不能掌握而狂徒就會悲傷。執迷於權勢財物的人喜歡變亂，遭逢時機而後有所用，（這種人）不能安靜。這些人都是逐時俯仰、拘限一事而茅塞不通的人。馳騖身心，沉溺外物，終生不悟，可悲啊！

五

莊子曰：「射者非前期[①]而中，謂之善射，天下皆羿也，可乎？」

惠子曰：「可。」

莊子曰：「天下非有公是[②]也，而各是其所是，天下皆堯也，可乎？」

惠子曰：「可。」

莊子曰：「然則儒墨楊秉四，與夫子為五，果孰是邪？或者若魯遽[③]者邪？其弟子曰：『我得夫子之道矣，吾能冬爨鼎而夏造冰矣。』魯遽曰：『是直以陽召陽，以陰召陰，非吾所謂道也。吾示子乎吾道。』於是為之調瑟，廢[④]一於堂，廢一於室，鼓宮[⑤]宮動，鼓角角動，音律同矣。夫或改調一弦，於五音無當也，鼓之，二十五弦皆動，未始異於聲，而音之君已。且若是者邪？」

惠子曰：「今夫儒墨楊秉，且方與我以辯，相拂以辭[⑥]，相鎮以聲[⑦]，而未始吾非也，則奚若矣？」

莊子曰：「齊人蹢[⑧]子於宋者，其命閽[⑨]也不以完，其求鈃鍾也以束縛[⑩]，其求唐子也而未始出域[⑪]，有遺類[⑫]矣！夫楚人寄而讁閽者[⑬]；夜半於無人之時而與舟人鬭，未始離於岑[⑭]而足以造於怨也。」

【註譯】

①前期：預定目標。
②公是：共同的認可。
③魯遽：周初時人（李頤說）。
④廢：置（釋文）。
⑤鼓宮：「鼓」，彈琴。「宮」，五音的一種。下句「角」也是五音之一。
⑥相拂以辭：以言語相對抗。「拂」，世德堂本作「排」。
⑦相鎮以聲：以聲音相屈服。
⑧蹢：投（釋文）。
王念孫說：「『蹢』，借為『擿』。『擿』，即今『擲』字。說文曰：『擲，投也。』」
⑨閽（hūn 昏）：守門人。
⑩其求鈃鍾也以束縛：求得小鍾包紮起來。「鈃」，音刑。似小鍾而長頸（釋文引字林）。
林雲銘說：「何其愛子不如愛物也。比喻惠子輕其性命之情，而不知保，惟加意於詞辯名聲之間，顛倒之甚者也。」
⑪其求唐子也而未始出域：「唐」，亡。子亡在外而只求於鄉域之內（林希逸說）。
林雲銘說：「比喻惠子不知他求大道，惟於四子之中，欲求相勝總不得道也。」
⑫遺類：略相似。
林希逸說：「『遺』，餘也，略也。『類』，似也。言此三事皆與惠子楊墨之徒略相似也。」

⑬謫闇者：責備看門人。「謫」，舊本作「蹢」，緣上「蹢」字而誤，依俞樾、王先謙說改。俞樾說：「蹢當讀『謫』。揚雄方言：『謫，怒也。』張揖廣雅釋詁：『謫，責也。』『楚人寄而謫闇者』，謂寄居人家，而怒責其闇者也。與下文『夜半於無人之時而與舟人鬥』，均此楚人之事，皆喻其自以為是也。」王先謙說：「案自來註家，就本文解釋，與下文連為一事，萬無可通之理。此『蹢』字，緣上『蹢』字而誤，今斷從俞說。」

⑭未始離於岑：「岑」，岸（郭註）。「離」，通麗（陳壽昌南華真經正義）。言舟尚未曾着岸（宣穎說）。

【今譯】

莊子說：「射箭的不依預定目標而誤中，這樣就稱他為善射，那麼天下人都是羿，可以這麼說嗎？」

惠子說：「可以。」

莊子說：「天下沒有共同的認可，卻各自以為是，這樣天下人都成了堯，可以這麼說嗎？」

惠子說：「可以。」

莊子說：「那麼儒、墨、楊、公孫龍四家，和先生一共五家，究竟誰是呢？或者像魯遽一樣嗎？魯遽的弟子說：『我學到了老師的道理了，我能夠冬天燒鼎而夏天造冰了。』魯遽說：『這只是以陽氣召引陽氣，以陰氣召引陰氣，卻並不是我所說的道理。我把我的道理給你看看。』於是調整弦瑟，放一張在堂上，放一張在室內鼓動（這張琴瑟的）宮音，（那張的）宮音也動，鼓動（這張琴瑟的）角音，（那張的）角音也動，這是音律相同的緣故。要是有一弦改了調，和五音不合，鼓動它，二十五弦都動，聲調並沒有差別，只是以所改的那條弦作為衆音的主導而已。你們都像這樣嗎？」惠子說：「現在要是儒、墨、楊、公孫龍四家，正和我辯論，用言語相對抗，用聲音相壓制，卻沒有人認為我是錯誤的，這是怎麼回事呢？」

莊子說：「齊國有人把他的兒子放在宋國，命他像殘廢者一樣做守門人，他有個小鍾卻包紮起來唯恐破損，有人尋找遺失的小孩卻不走出村子外面去找，這和各家的辯論相類似！楚國有個寄居別人家而怒責看門的人，在夜半無人的時候和船夫爭鬥，船還沒有靠岸卻已造成仇怨了。」

六

莊子送葬，過惠子之墓，顧謂從者曰：「郢①人堊②漫其鼻端，若蠅翼，使匠石斲之。匠石運斤③成風，聽④而斲之，盡堊而鼻不傷，郢人立不失容。宋元君聞之，召匠石曰：『嘗試為寡人為之。』匠石曰：『臣則嘗能斲之。雖然，臣之質⑤死久矣。』自夫子之死也，吾無以為質矣，吾無與言之矣。」

【註譯】

①郢（yǐng影）：春秋時楚國都邑，在今湖北省江陵縣。
②堊（è諤）：白善土。
③斤：斧。
④聽：任意。
⑤質：對（成疏）；即對象。

【今譯】

莊子送葬，經過惠子的墳墓，回頭向跟隨他的人說：「有個郢地人捏白善土把一滴泥點濺到鼻尖上，如蠅翼般。請匠石替他削掉。匠石揮動斧頭呼呼作響，隨手劈下削去泥點，那小滴泥點完全被削除而鼻子沒有受到絲毫損傷，郢人站着面不改色。宋元君聽說了這件事，把匠石找來說：『替我試試看。』匠石說：『我以前能削，但是，我的對手早已經死了。』自從先生去世，我沒有對手了，我沒有談論的對象了。」

七

管仲有病，桓公問之曰：「仲父之病病矣①，可不諱②云！至於大病，則寡人惡乎屬國③而可？」

管仲曰：「公誰欲與？」

公曰：「鮑叔牙。」

曰：「不可。其為人，潔廉善士也，其於不己若者不比之④，又一聞人之過，終身不忘。使之治國，上且鉤乎君，下且逆乎民⑤。其得罪於君也，將弗久矣！」

公曰：「然則孰可？」

對曰：「勿已，則隰朋⑥可。其為人也，上忘而下不畔⑦，愧不若黃帝而哀不己若者。以德分人謂之聖，以財分人謂之賢。以賢臨人⑧，未有得人者也；以賢下人，未有不得人者也。其於國有不聞也，其於家有不見也⑨。勿已，則隰朋可。」

【註譯】

①病矣：形容病重。

②諱：原作「謂」，江南古藏本作「諱」，列子力命篇亦作「諱」，當據以改正。

③屬國：付託國政。

④不比之：不與之並立（林雲銘說）；不予為友。「比」，同親。

⑤上且鉤乎君，下且逆乎民：上以忠直鉤束於君，下以清明逆忤百姓（成疏）。林希逸說：「『鉤』，要束之意也；『逆』，強民以禮義之意也。」

⑥隰朋：姓隰，名朋，齊賢人（成疏）。

⑦上忘而下不畔：在上的人相忘而在下的人不畔離。「畔」上原漏「不」字，根據列子力命篇補上。宣穎說：「列子作『下不叛』，此處漏一『不』字也。『上忘』者，不自矜其能，故在己上者，與之相忘。『下不畔』者，汎愛衆，故在己下者，不忍畔之。」

⑧以賢臨人：以賢名矜人。

⑨其於國有不聞也，其於家有不見也：「不聞」「不見」，喻不苛察、不干涉。

【今譯】

管仲生病，齊桓公問他說：「仲父的病很重了，能忌諱不說麼？要是病危，我把國政付託給誰才行呢？」

管仲說：「你要給誰？」

桓公說：「鮑叔牙。」

管仲說：「不可以。他的為人，是廉潔善士，他對於不如自己的人就不親近，而且一聽到別人的過錯，便終身不忘。讓他治國，對上要約束國君，對下要違逆民意。他得罪國君，就不會很久的時間了！」

桓公說：「那麼誰可以呢？」

管仲回答說：「我不得已要說的話，那麼隰朋可以。他的為人，在上的人相忘而在下的人不畔離，自愧不如黃帝而同情不如自己的人。以德施人稱為聖，以財施人稱為賢，以賢名傲視別人，沒有能得人心的；以善行謙虛對人，沒有不得人心的。他對國事不干預，對家事不苛察。要不然，那麼隰朋可以。」

八

吳王浮於江，登乎狙之山。衆狙見之，恂然①棄而走，逃於深蓁②。有一狙焉，委蛇攫搔③，見巧乎王。王射之，敏給④搏捷⑤矢。王命相者⑥趨射之，狙執⑦死。

王顧謂其友顏不疑⑧曰：「之狙也，伐其巧，恃其便以敖予，以至此殛也！戒之哉！嗟乎，無以汝色驕人哉！」顏不疑歸而師董梧⑨以鋤⑩其色，去樂辭顯，三年而國人稱之。

【註譯】

①恂然：驚慌的樣子。

②蓁：棘叢。

③委蛇攫搔：跳躍來去攀執樹枝之意（林希逸說）；「攫」，騰擲（成疏）。「搔」，世德堂本作「抓」。

④敏給：同敏捷。

俞樾說：「『敏給』二字同義，後漢書酈炎傳：『言論給捷。』李賢註曰：『給，敏也。』是其證。」

⑤搏捷：「搏」，接（成疏）；「捷」，「接」古字通（王先謙說）。

俞樾說：「『捷』，讀為『接』。爾雅釋詁：『接，捷也。』是『捷』與『接』聲近義通。」

⑥相者：「相」，助。謂王之左右（成疏）。

⑦執：御覽七四五引「執」作「既」。

馬叙倫說：「按御覽引『執』作『既』。『既』或『即』之譌也。」

⑧顏不疑：姓顏，字不疑，王之友（成疏）。

⑨董梧：姓董，名梧，吳之賢人（成疏）。

⑩鋤：去除。

【今譯】

吳王泛舟於長江，登上獮猴山。羣猴看到他，驚惶地跑走，逃到荊棘深叢中。有一隻猴子，來回跳躍，向吳王顯示它的靈巧。吳王射它，它敏捷地接住箭。吳王就召左右助手上前來射，獮猴遂被射死。

吳王對他的朋友顏不疑說：「這隻猴子，自誇它的靈巧，自恃它的敏捷來傲視我，以至於這樣喪命！引以為戒啊！唉，不要用意態驕人啊！」顏不疑回去便拜董梧為師，以改過他的驕態，摒棄淫樂，辭退顯榮，三年之後國人都稱讚他。

九

南伯子綦①隱几而坐，仰天而噓。顏成子入見曰：「夫子，物之尤②也。形固可使若槁骸③，心固可使若死灰乎？」

曰：「吾嘗居山穴之中矣。當是時也，田禾④一覩我，而齊國之衆三賀之。我必先之⑤，彼故知之；我必賣之⑥，彼故鬻之。若我而不有之，彼惡得而知之？若我而不賣之，彼惡得而鬻之？嗟乎！我悲人之自喪者，吾又悲夫悲人者，吾又悲夫悲人之悲者，其後而日遠⑦矣。」

【註譯】

①南伯子綦：即齊物論南郭子綦。郭慶藩說：「案南伯子綦，齊物論作南郭子綦。『伯』『郭』古聲相近，故字亦通用。」

②物之尤：人物之中為最大（林希逸說）；出類拔萃（宣穎說）。

③槁骸：枯骨。齊物論作「槁木」。

④田禾：齊王姓名，即齊太公和。

⑤我必先之：我聲名在先（成疏）。

⑥賣之：指賣於名聲。

⑦日遠：指日遠於衒鬻而達到泊然無心（「槁木死灰」）的境界。

【今譯】

南伯子綦憑着几案坐着，仰起頭來緩緩地吐口氣。顏成子進來見到說：「先生，真偉大！形體固然可以變成枯骨一般，心靈固然可以變成死灰一樣嗎？」

南伯子回答說：「我曾經隱居山穴之中。在那時候，田禾一來看我，齊國人民便三番祝賀他。我必定先有名聲，他才知道；我必定聲名外揚，他才來親近我。假如我沒有名聲，他怎麼會知道呢？假如我不外揚，他怎麼會來親近我呢？唉！我悲傷人的自我迷失，我又悲傷那些悲傷人的人，我又悲傷那悲傷人的悲傷，然後一天天地遠離衒鬻而達到泊然無心的境界。」

一〇

仲尼之楚，楚王觴之，孫叔敖[①]執爵[②]而立，市南宜僚[③]受酒而祭曰：「古之人乎！於此言已[④]。」

曰：「丘也聞不言之言[⑤]矣，未之嘗言，於此乎言之。市南宜僚弄丸而兩家之難解[⑥]，孫叔敖甘寢秉羽而郢人投兵[⑦]。丘願有喙三尺[⑧]！」

彼⑨之謂不道之道，此⑩之謂不言之辯，故德總乎道之所一。而言休乎知之所不知，至矣。道之所一者，德不能同也⑪；知之所不能知者，辯不能舉也；名若儒墨而凶矣⑫。故海不辭東流，大之至也；聖人併包天地，澤及天下，而不知其誰氏。是故生無爵，死無謚，實不聚，名不立，此之謂大人。狗不以善吠為良，人不以善言為賢，而況為大乎！夫為大不足以為大，而況為德乎！夫大莫若天地⑬，然奚求焉而大備矣。知不備者，無求，無失，無棄，不以物易己也。反己而不窮，循古而不摩⑭，大人之誠。

【註譯】

①孫叔敖：姓孫，名叔敖。

陸德明說：「案左傳孫叔敖是楚莊王相，孔子未生。哀公十六年，仲尼卒後，白公為亂。宜僚未嘗仕楚。又宜十二年傳，楚有熊相宜僚，則與叔敖同時，去孔子甚遠。蓋寄言也。」

②爵：古時的酒器。

③市南宜僚：姓熊，字宜僚，楚國勇士。居於市南，因號市南子。

④古之人乎！於此言已：古時人啊！在這種情景中談話。

林雲銘說：「言古之人宴會之間，常有言以相規，所以乞言於夫子也。」

⑤不言之言：無言的言論。

郭象註：「聖人無言，其所言者，百姓之言耳，故曰：『不言之言。』」

⑥市南宜僚弄丸而兩家之難解：市南宜僚善弄丸鈴，常八個在空中，一個在手裏（羅勉道說）。「兩家之難解」，舊說指宜僚不參與白公勝造反，使事不成而解除雙方危難。

成玄英疏：「楚白公勝欲因作亂，將殺令尹子西。司馬子綦言熊宜勇士也，若得，敵五百人，遂遣使屈之。宜僚正上下弄丸而戲，不與使者言。使因以劍乘之，宜僚曾不驚懼，既不從命，亦不言它。白公不得宜僚，反事不成，故曰：『兩家之難解。』」

王先謙說：「案：言『難解』，非也。或記載有異。」按：兩家難解之說，頗有語病，白公作亂事不成而被殺遭殃，何得稱為兩家之難解？王氏所疑，有理。

⑦孫叔敖甘寢秉羽而郢人投兵：「秉羽」，執羽扇（成疏）。郢為楚都，「郢人」，即楚人。「投兵」，投棄武器而不用，即息兵。

司馬彪說：「言叔敖願安寢恬臥，以養德於廟堂之上，折衝於千里之外，敵國不敢犯。」

林雲銘說：「二人皆以無為解難息兵，則言實用不着。」

⑧願有喙三尺：「喙」，口。「三尺」，言長（釋文）。

林希逸說：「何待我說喙，三尺者，言無如此之長喙也。」

嚴復說：「此特文家反語耳，既知不言之言，即有三尺之喙，何濟於辯，矧乎其無有也。」

⑨彼：謂二子（郭註）；指市南宜僚與孫叔敖。

⑩此：謂仲尼（郭註）。

⑪道之所一者，德不能同也：「德」，同「得」。指得道，見道而言。「同」，古逸叢書本作「周」。

郭象註：「各自得耳，非相同也，而道一也。」

林希逸說：「『道之所一』，自然者也。『德』者，得之在己者也。在造物之一者，與人為者不同，故曰：『德不能同。』看此『德』字，與本書他處說得又自不同。」

⑫名若儒墨而凶矣：儒墨之所以凶，以有儒墨之名（郭嵩燾說）；以名相標，凶德（宣穎說）。

⑬夫大莫若天地：「大」下原有「備矣」兩字，疑涉下句而衍，根據馬叙倫之說删去。馬叙倫說：「『備矣』二字涉下句而羡，當以『夫大莫若天地』連續。」

⑭不靡：不費心於揣摩（宣穎說）。

【今譯】

孔子到楚國，楚王宴請他，孫叔敖執酒器站立着，市南宜僚拿了酒祝祭說：「古時人啊！在這種情景下講話。」

孔子回說：「我聽過無言的言論，沒有向人說過，在這裏說說。市南宜僚善弄丸鈴而使兩家的危難獲得解除，孫叔敖安寢恬臥手執羽扇而使楚人停止兵伐。我願多嘴麽！」

宜僚和叔敖可以稱為不言之道，孔子可以稱為不言之辯，故而德是總攝道的同一。而言論止於知識所不能知道的境域，就是頂點了。道所同一的，德不能同；知識所不能知道的，言辯不能盡舉；像儒墨那樣招名就不好了。故而海不辭向東流，這是大的極點；聖人包容天地，澤及天下，而人民不知道他是誰。所以生前沒有爵位，死後沒有謚號，財貨不聚，聲名不立，這稱為大人。狗不因為會叫便是好的，人不因為會說便是賢能，何況成就大業的呢！有心求取偉大倒不足以成為偉大，何況是修德呢！最大的不如天地，然而天地無所求，它卻是最完備的。知道最完備的，無所求取，無所喪失，無所捨棄，不以外物更改自己。反求自己而不窮盡，順任常道而不矯飾，這是大人的真性。

一一

子綦[1]有八子，陳諸前，召九方歅[2]曰：「為我相吾子，孰為祥？」

九方歅曰：「梱[3]也為祥。」

子綦瞿然喜曰：「奚若？」曰：「梱也將與國君同食以終其身。」

子綦索然出涕曰：「吾子何為以至於是極也！」

九方歅曰：「夫與國君同食，澤及三族[4]，而況父母乎！今夫子聞之而泣，是禦福也。子則祥矣，父則不祥。」

子綦曰：「歅，汝何足以識之，而梱祥邪？盡於酒肉入於鼻口矣，而何足以知其所自來？吾未嘗為牧而牂[5]生於奧[6]，未嘗好田[7]而鶉生於宎[8]，若勿怪，何邪？吾所與吾子遊者，遊於天地。吾與之邀樂於天，吾與之邀食於地；吾不與之為事，不與之為謀，不與之為怪；吾與之乘天地之誠而不以物與之相攖，吾與之一委蛇而不與之為事所宜。今也然有世俗之償焉！凡有怪徵者，必有怪行，殆乎，非我與吾子之罪，幾天與之也！吾是以泣也。」

無幾何而使梱之於燕，盜得之於道，全而鬻之則難⑨，不若刖之則易，於是乎刖而鬻之於齊，適當渠公之街⑩，然身食肉而終。

【註譯】

①子綦：楚司馬子綦（成疏）；或說南郭子綦。

②九方歅：歅，音因。善相者。

③梱：音困，子綦兒子。

④三族：指父族、母族、妻族。

⑤牂：羊（成疏）。

⑥奧：西南隅（釋文）。

⑦田：狩獵。

⑧宎（yǎo 夭）：東北隅（司馬彪說）。

⑨全而鬻之則難：全形去賣則困難。意即全形易逃，難以防禦。

⑩當渠公之街：替渠公看門。「渠公」，一說齊之富室（釋文）。

林希逸說：「『渠公之街』，臨街之門也。為閽者也。」

孫詒讓說：「『當』，當為掌。『渠』，當為康，形近而誤，齊康名貸，見史記齊世家。『街』，當為閨。」

【今譯】

子綦有八個兒子，站列在面前，邀九方歅説：「請你給我兒子相命，看誰有福？」

九方歅説：「梱最有福。」

子綦驚喜地説：「怎麼樣呢？」回説：「梱將會和國君共飲食以至終身。」

子綦黯然流淚説：「我的兒子為什麼會弄到這種絕境呢？」

九方歅説：「和國君共飲食，恩澤普及三族，何況父母呢？現在先生聽到卻哭泣，這是拒絕福分。兒子有福，父親卻沒有福了。」

子綦説：「歅，你怎麼知道？梱真有福嗎？只不過酒肉到口鼻而已，你怎麼知道它的來處呢？我沒有畜牧而西南屋角卻生出羊來，沒有狩獵而東北屋角卻生出鵪鶉來，你不覺得奇怪，為什麼？我和我兒子遨遊的，乃是遊於天地。我和他同樂於天，我和他求食於地；我不和他求功業，不和他圖謀慮，不和他立怪異；我和他順天地的實情而不使他和物相攪擾，我和他循任自然而不使他滯心於事之所宜。現在卻有了世俗的報償呀！凡是有怪異的徵跡，必定有怪異的行徑，危險啊！這不是我和兒子的罪過，大概是天給與他的吧！我因此才哭泣。」

沒有多久，梱被派去燕國，強盜在途中擄獲他，全形拿他去賣掉卻困難，不如切斷了腳卻容易，於是把他切斷了腳賣到齊國，他在齊國替渠公看門，因而食肉終身。

一二

齧缺遇許由，曰：「子將奚之？」

曰：「將逃堯。」

曰：「奚謂邪？」

曰：「夫堯畜畜然①仁，吾恐其為天下笑。後世其人與人相食與②！夫民，不難聚也；愛之則親，利之則至，譽之則勸，致其所惡則散。愛利出乎仁義，捐仁義者③寡，利仁義者衆。夫仁義之行，唯且無誠，且假夫禽貪者器④。是以一人之斷制利天下，譬之猶一覕⑤也。夫堯知賢人之利天下也，而不知其賊天下也，夫唯外乎賢者知之矣！」

【註譯】

①畜畜然：卹愛勤勞之貌（釋文引王穆夜說）。

②人與人相食與：「與」，同「歟」。
陸德明說：「言將馳走於仁義，不復營農，饑則相食。」

③捐仁義者：「捐」，棄。指無視於仁義。

④禽貪者器：貪求的工具。
林雲銘說：「『捐仁義者』，是與仁義相忘。即下面『外乎賢者』一流人，此樣人極不可得。」

林希逸說：「貪如禽獸者，或假此仁義之名以為用。」
奚侗說：「『禽貪』，猶凶貪。易恆卦：『禽、凶協韻。』」
⑤覢：借為瞥（馬其昶莊子故引朱駿聲說）。
司馬彪說：「覢，暫見貌。」

【今譯】

齧缺遇見許由，問說：「你要到哪裏去？」
回說：「要逃避堯。」
問說：「為什麼呢？」
回說：「堯孜孜為仁，我怕他為天下人所譏笑。後世豈不要人和人相殘食麼？像人民，不難聚集；愛他便親近，有利就來到，稱讚他便勉勵，給他所厭惡的就要離散。愛和利都出於仁義，無視於仁義的少，取利於仁義的多。仁義的行為，只能造成虛僞，而且還成為貪求的工具。這是以一個人的截斷來取利天下，就好像是一瞥之見。堯知道賢人有利天下，而不知道他賊害天下，只有揚棄賢人的人才知道啊！」

一三

有暖姝[1]者，有濡需[2]者，有卷婁[3]者。

所謂暖姝者，學一先生之言，則暖暖姝姝而私自說也，自以為足矣，而未知未始有物[4]也，是以謂暖姝者也。

濡需者，豕蝨是也，擇疏鬣[5]自以為廣宮大囿，奎蹏[6]曲隈[7]，乳間股腳，自以為安室利處，不知屠者之一旦鼓臂布草操煙火，而己與豕俱焦也。此以域進，此以域退[8]，此其所謂濡需者也。

卷婁者，舜也。羊肉不慕蟻，蟻慕羊肉，羊肉羶也。舜有羶行，百姓悅之，故三徙成都，至鄧之虛[9]而十有萬家。堯聞舜之賢，舉之童土[10]之地，曰冀得其來之澤[11]。舜舉乎童土之地，年齒長矣，聰明衰矣，而不得休歸，所謂卷婁者也。

是以神人惡衆至，衆至則不比[12]，不比則不利也。故無所甚親，無所甚疏，抱德煬和[13]以順天下，此謂真人。

於蟻棄知，於魚得計，於羊棄意[14]。以目視目，以耳聽耳，以心復心。若然者，其平也繩[15]，其變也循[16]。古之真人，以天待人，不以人入天，古之真人！

【註譯】

①暖姝（shū抒）：自許之貌（成疏）；淺見自喜之意（林希逸說）。

②濡需：偷安自得的意思。

陸德明說：「謂偷安須臾之頃。」

林希逸說：「『濡需』，濡滯而有所需待，貪着勢利之人也。」

③卷婁：猶拘攣（釋文）；形容形勞自苦的樣子。「婁」，同僂。逍遙遊作「卷曲」，大宗師作「曲僂」，同義。

成玄英說：「傴僂攣卷，形勞神倦。」

林希逸說：「『卷婁』，傴僂而自苦之貌。其意蓋言修德之人自以為名，而人皆歸之，反為所苦，終身勞役不能自已，借此以譏侮帝王也。」

④未知未始有物：不知道不曾有所得。

成玄英說：「不知所學未有一物可稱。」

⑤疏鬣（liè列）：疏長的豬毛。「鬣」，獸頭上的長毛。

⑥奎蹏：「奎」，兩髀之間（說文）。「蹏」，即「蹄」本字。

⑦曲隈：〔兩股之間〕內曲深處。

郭慶藩說：「案『曲隈』，胯內也。凡言『隈』者，皆在內之名。淮南子覽冥訓：『漁者不爭隈。』高註：『隈，深曲處。』……僖二十五年左傳：『秦人過析隈。』杜註：『隈，隱蔽之處。』故知言『隈』者，皆在內曲深之謂。」

⑧此以域進，此以域退：進退為境所囿（宣穎註）；指受環境左右。
⑨鄧之虛：「鄧」，在今河南省南陽附近。「虛」，趙諫議本作「墟」。
⑩童土：禿土（馬叙倫說，童借為禿），即荒地。
⑪冀得其來之澤：望得舜來而施澤（王先謙說）。
⑫不比：不和。
⑬煬和：養和（林雲銘說）。「煬」，借為「養」（奚侗說）。
⑭於蟻棄知，於魚得計，於羊棄意：這三句是用來襯托神人的。
林希逸說：「蟻，至微之物也，而猶未盡能無知；羊，至愚者也，而猶未盡能無意；唯真人則無知矣，無意矣。故曰『於蟻棄知』，『於羊棄意』。魚之在水，悠悠自得，真人之自為計，但如魚然。」
⑮其平也繩：平直像繩子。
林希逸說：「繩之平，自然之平。」
⑯循：順。

【今譯】

有沾沾自喜的，有苟安自得的，有勞形自苦的。

所謂沾沾自喜的，只學一家之言，就自鳴得意，自以為飽學，而不知道並無所得，這就是所謂沾沾自喜類的。

苟安自得的，像豬身上的跳蝨，選擇豬毛疏長的地方，就自以為是廣宮大苑，在蹄邊胯下、乳腹股腳之間，自以為是安全便利的處所，卻不知道屠夫有一天舉臂放草持火把，自己就和豬一同被燒焦了。這就是隨環境榮進，隨環境退亡，這就是所謂苟安自得類的。

勞形自苦的，如同舜。羊肉不愛螞蟻，螞蟻愛羊肉，因為羊肉有羶味。舜有羶味的行為，百姓喜歡他，所以三次遷都，至鄧地的曠野而聚集了十幾萬家。堯聽說舜的賢能，從荒地裏選拔他出來，說是希望他來施恩澤。舜從荒地裏被選拔出來，年齡大了，反應衰退，卻不得退休，這是所謂勞形自苦類的。

因此神人討厭召引衆人，召引衆人來就不和睦，不和睦就有不利的事。所以沒有過分的親近，沒有過分的疏遠，抱德養和來順應天下，這就稱為真人。

螞蟻當拋棄慕羊肉的心智，如魚般地自得，像羊似地拋棄意念。用眼睛看眼睛所能見的，用耳朵聽耳朵所能聞的，用心靈觀照心靈所能領會的。像這樣，他的心靈是自然的平靜，他的變動是自然的順任。古時的真人，以自然待人事，不以人事干預自然，這便是古時的真人啊！

一四

得之也生，失之也死；得之也死，失之也生：藥也。其實堇①也，桔梗②也，雞癕③也，豕零④也，是時為帝⑤者也，何可勝言！

句踐也以甲楯三千棲於會稽。唯種⑥也能知亡之所以存，唯種也不知其身之所以愁。

故曰，鴟⑦目有所適，鶴脛有所節，解之也悲。

故曰，風之過河也有損焉，日之過河也有損焉。請只⑧風與日相與守河，而河以為未始其攖也，恃源而往者也。故水之守土也審⑨，影之守人也審，物之守物⑩也審。

故目之於明也殆，耳之於聰也殆，心之於殉也殆。凡能其於府⑪也殆，殆之成也不給改。禍之長也茲萃⑫，其反也緣功⑬，其果也待久⑭。而人以為己寶，不亦悲乎！故有亡國戮民無已，不知問是也。

【註譯】

①實堇（jìn 禁）：藥草，即烏頭，治風冷痹。

②桔梗：藥草，高尺餘，花紫白色，莖可入藥。治心腹血瘀症。

③雞癰：即雞頭草。「癰」，本或作「壅」，音同。

④豕零：一名豬苓，根似豬卵，可以治渴（司馬彪說）。

⑤時為帝：「帝」，主，貴重。

吳汝綸說：「『時為帝』，猶云迭為貴重。淮南：『時為帝者也。』高註：『時見貴也。』」（莊子點勘）

郭慶藩說：「『時』者，更也；『帝』者，主也；言堇、桔梗、雞癰、豕零，更相為主也。」

⑥種：即文種，官拜大夫，為越謀臣，助句踐滅吳。

司馬遷說：「句踐已平吳，……越兵橫行於江、淮東，諸侯畢賀，號稱霸王。范蠡遂去，自齊遺大夫種書曰：『蜚鳥盡，良弓藏，狡兔死，走狗烹。越王為人長頸鳥喙，可與共患難，不可與共樂。子何不去？』種見書，稱病不朝。人或讒種且作亂，越王乃賜種劍曰：『子教寡人伐吳七術，寡人用其三而敗吳，其四在子，子為我從先王試之。』種遂自殺。」（見史記卷四十一越王句踐世家）

⑦鴟（chī 吃）：貓頭鷹。

⑧請只：同縱使（胡文英莊子獨見）。

⑨審：安定（成疏）。

林希逸說：「審，定也，信也，謂決定如此也。」

王敔註：「審，謂密而無聞。」

⑩物之守物：如水流濕，火就燥（林希逸說）。

⑪府：臟府（林希逸說）；內府（宣穎說）；藏能之所（林雲銘說）。

⑫茲萃：愈多。「茲」，與「滋」同。「萃」，聚。

⑬其反也緣功：「反」，同返，指返自然、返本性。「功」，指「內視反聽」的修養（福永光司說）。

林雲銘說：「反守其性，必因其功之素積。」

宣穎說：「欲反自然，須備學力。」

⑭其果也待久：「果」，指自修的成就。

宣穎說：「果於自克亦待日久，言敗之速救之難也。」

【今譯】

得到它可以救生，沒有它可能會死；但有時用了它也會致死，沒用它也可存活，這便是藥材的作用。像烏頭、桔梗、雞頭、豬零這些藥草，在處方裏迭相為主藥，怎能說得盡其中的妙蘊呢？句踐以武裝三千人棲身在會稽，只有文種能知道如何在敗亡中圖生存，但文種卻不知道自身的禍患。所以說，貓頭鷹的眼睛有所適用，鶴的腳脛有所適宜，截短了就悲哀。

因此，風吹過河水就有所損，太陽照過河水就有所損。如果風和太陽一起吹曬着河水，而河水卻未嘗受損，這是由於恃着水源不斷地流。所以水守住了土就黏固，影守住了人就依待不分，物守住了他物就融合不離。

所以眼睛過於外用求明就會危殆，耳朵過於外用求聰就會危殆，心思過於外用逐物就會危殆。凡是智能潛藏內心就會危殆，危殆的形成就不及悔改。禍患的滋長多端，返於本性的就需要修養功夫，自修的成就就需要長久時日。而人們卻以為耳目心思機能為可貴，豈不是太可悲了麼？因此亡國殺人的事端沒有停止，這是不知道探討根由的緣故。

一五

故足之於地也踐①，雖踐，恃其所不蹍②而後善博也；人之於知也少，雖少，恃其所不知而後知天之所謂也。知大一③，知大陰④，知大目⑤，知大均⑥，知大方⑦，知大信⑧，知大定，至矣。大一通之，大陰解之，大目視之，大均緣之，大方體之，大信稽之，大定持之。

盡有天⑨，循有照⑩，冥有樞⑪，始有彼⑫。則其解之也似不解之者，其知之也似不知之也，不知而後知之。其問之也，不可以有崖⑬，而不可以無崖⑭。頡滑⑮有實，古今不代⑯，而不可以虧⑰，則可不謂有大揚搉⑱乎！闔不亦⑲問是已，奚惑然為！以不惑解惑，復於不惑，是尚大不惑。

【註譯】

①足之於地也踐：足所踐者少（呂吉甫說）；人之行地，兩足所踐，不過少許（林希逸說）。「踐」，即踏，俞樾以為當作「淺」。

俞樾說：「兩『踐』字並當作『淺』，或字之誤，或古通用也。足之於地，止取容足而已，故曰足之於地也淺。……下文曰『人之知也少』，『少』與『淺』，文義相近。若作『踐』，則不可通矣。」

②蹍（zhǎn 展）：同踐，踏。

③大一：渾淪未判（陸長庚說）；道（郭註）。

福永光司說：「知大一——萬物根源的同一性的認識。」（莊子外篇雜篇解說一五三頁）

④大陰：至靜（林希逸說）。

⑤大目：所見者廣（林希逸說）；視物所不視（褚伯秀說）。
福永光司說：「知大目——天地自然世界大秩序的認識。」
⑥大均：同而不殊（林雲銘說）。
福永光司說：「知大均——天地造化平等無私的認識。」
⑦大方：無限。
福永光司說：「知大方——實在世界無限定自由的認識。」
⑧大信：真實之理（林希逸說）。
⑨盡有天：極物之中有自然。
郭象註：「物未有無自然者也。」
⑩循有照：循變之際而有覺照（宣穎說）。
成玄英疏：「循，順也。但順其自然，智自照明。」
褚伯秀說：「循有照則順理而自明。」
⑪冥有樞：冥默之地而有樞要（宣穎說）。
⑫始有彼：太始之地而有彼端（宣穎說）。
⑬不可以有崖：道無端（宣穎說）。「崖」，界際。
⑭不可以無崖：道又非無端（宣穎說）。
⑮頡滑：萬物紛擾（成疏）。
⑯不代：不相代換（成疏）。

⑰不可以虧：宜各盡其分（成疏）。

⑱揚搉：顯揚妙理而搉實論之（郭註）。王敔說：「『揚』，舉也。『搉』，引也，包舉宇宙之理於七大之中。」按：「七大」指上文所說的大一、大陰、大目、大均、大方、大信、大定。

⑲不亦：趙諫議本作「亦不」。

【今譯】

足所踏的地很少，雖然少，還要依恃所沒有踏到的而後才能達到廣遠；人所知的少，雖然少，還要依恃所不知的而後才能知道天道的自然。知道「大一」，知道「大陰」，知道「大目」，知道「大均」，知道「大方」，知道「大信」，知道「大定」，就是最好的了。大一來貫通，大陰來解化，大目來覽照，大均來循順，大方來體達，大信來稽核，大定來執持。

極物之中有自然，循變之際有覺照，冥默之境有樞機，太始之域有彼端。在這種情境中自然的解悟好像未曾知解，無心的知好像無所知，無心的知才是真知。追問它，不可以有限制，而不可以沒有界際。萬象紛紜中各有實理，古往今來不相代換，〔各盡其分〕而不可以虧損，這當中豈不是蘊涵着一種偉大的妙理麼？為什麼不追問這妙理，何必疑惑呢？以不疑惑來解釋疑惑，返回到不疑惑的境界，還以為是大不惑。

則陽

則陽篇，由十一個單元彙編而成。其中篇末少知與大公調對話兩節，討論了宇宙論上的一些問題，頗有價值。「則陽」，人名，為一遊士。取篇首二字為篇名。

本篇第一章，寫遊士的干祿競進與聖人的恬退和樂。第二章，寫聖人的心態。第三章，第一小段，「舊國舊都，望之暢然」，以故鄉喻本性。人進入社羣，逐物日久，一旦返復真性，內心感到舒暢。第二段，「冉相氏得其環中以隨成」，寫與物融合的心境。第四章，譏諷戰國君主的爭伐。第五章，借孔子讚市南宜僚，寫隱士的恬淡凝寂。第六章，說為政鹵莽治民滅裂的弊害。第七章，柏矩遊齊，見死刑示衆，泣今世君主「重為任而罰不勝，遠其塗而誅不至」，指責人君率先作僞，還要責罰誰呢？以前的人君「以得為在民，以失為在己」，當今的治者反是。第八章，寫事物的變化沒有止境，我們的判斷無法有永恆的定準，我們的所知是有限的。未知的範圍是廣大的，我們要與時俱進，不可滯執故有的認識。第九章，三個史官論衞靈公的無道。第十章，少知和大公調對話，談「同」「異」的問題。「合異以為同」——萬物（「異」）的整體即是道（「同」），「散同以為異」——道（「同」）即散而為多樣式的萬物（「異」）。少知問什麼是「丘里之言」？大公調遂由「丘里之言」說到渾同之「道」。天下萬物千變萬化，然而都遵照着自己的自然規律性發展着。世界發展的這種自然規律性就是「道」。第十一章為少知與大公調的第二番問答，討論萬物起源的問題。這裏指出我們認識的限度僅限於物的範圍（「極物而已」）。至於物的起源的問題，是議論的止點（「議之所止」）。

出自本篇的成語有：觸蠻相爭、劍頭一吷、鹵莽滅裂、百材皆度、木石同壇等。此外，本篇還提出了萬物殊理、道者為公、與物同理、非言非默等重要哲學命題。

一

則陽①遊於楚，夷節②言之於王，王未之見，夷節歸。

彭陽見王果③曰：「夫子何不譚④我於王？」

王果曰：「我不若公閱休⑤。」

彭陽曰：「公閱休奚為者邪？」

曰：「冬則擉⑥鼈於江，夏則休乎山樊⑦。有過而問者，曰：『此予宅也。』夫夷節已不能，而況我乎！吾又不若夷節。夫夷節之為人也，無德而有知⑧，不自許⑨，以之神其交⑩，固顛冥⑪乎富貴之地，非相助以德，相助消⑫也。夫凍者假衣於春，暍者反冬乎冷風⑬。夫楚王之為人也，形尊而嚴；其於罪也，無赦如虎；非夫佞人正德⑭，其孰能橈⑮焉！

「故聖人，其窮也使家人忘其貧，其達也使王公忘爵祿而化卑。其於物也，與之為娛矣；其於人也，樂物之通而保己焉；故或不言而飲人以和，與人並立而使人化。父子之宜，彼其乎歸居⑯，而一閒其所施⑰。其於人心者，若是其遠也⑱。故曰待公閱休。」

【註譯】

①則陽：姓彭，名陽，字則陽，魯人（成玄英莊子疏）。

②夷節：夷姓，名節，楚臣（成疏）。
③王果：楚賢人（釋文引司馬彪說）。
④譚：同談。
⑤公閱休：隱士。
⑥擉：刺（司馬註）；即今「戳」字（胡懷琛莊子集解補正）。
⑦山樊：山傍。
⑧無德而有知：無真德而有俗知（成疏）；不知有天理而純用私智（林希逸口義）。
⑨不自許：不以德自許（王郎說）；不自甘淡薄（李鍾豫譯）。屈己隨人（羅勉道說）。按：「許」猶信。無德故不自信（王叔岷莊子校詮）。
⑩以之神其交：「之」，當指上文「知」而言。以智巧神化他的交結（王敔說：「有知以神其交。」）。另一說，「以之」，猶「因此」。「神」，借為伸。「以之神其交」，謂因此伸展其交遊（王叔岷校詮）。
⑪顛冥：猶迷惑（司馬註）；顛倒昏昧（林雲銘莊子因）。
⑫消：謂消其德（王敔說）。
⑬凍者假衣於春，暍者反冬乎冷風：指受凍的人借衣服盼春暖，中暑的人求冬天的冷風。「暍」（yē），中暑。「反」，求（高享說）。
林雲銘說：「假衣於春，何足以救凍。反風於冬，何足以救暍。欲因夷節以求進，何以異此，言其無及於事也。」

奚侗說：「『反冬乎冷風』，當作『反冷風乎冬』。淮南俶真訓作『凍者假兼衣於春，暍者望冷風於冬』。」（莊子補註）。

⑭佞人正德：指小人和正德之士。

王穆夜說：「正德以至道服之，佞人以才辯奪之。」（釋文引）。

王敔說：「夷節，佞人也。閱休公，正德也。」（見王夫之莊子解內）

⑮橈：「撓」的借字，撓屈的意思。褚伯秀本、林希逸本及多種俗本「橈」作「撓」。

⑯父子之宜，彼其乎歸居：意思是說使父子的關係，各得其所。「彼其」，語助詞，用法如詩云：「彼其之子。」（林希逸說）

郭象說：「使彼父父子子各歸其所。」

⑰一閒其所施：「閒」，清靜無為的意思。即以清靜無為的態度待人。

⑱其於人心者，若是其遠也：指人的心靈相差遙遠。

陳碧虛說：「超進者弊弊焉以干祿為事，與有道者之心相遠去矣。」（見褚伯秀南華真經義海纂微所引）

林希逸說：「其於人心若是其遠，猶言人之度量相遠如是哉！蓋謂公閱休之心如此，而彭陽之心若彼，其相去遠矣。」

【今譯】

則陽遊歷到楚國，夷節推薦給國王，國王沒有接見，夷節就回家去。

彭陽見到王果說：「先生為什麼不在國王面前提我？」

王果說：「我不如公閱休。」

彭陽說：「公閱休是做什麼的呢？」

王果回答說：「冬天在江裏刺鼈，夏天在山傍休息。有過客問他，他說：『這是我的住宅。』夷節都不能夠，何況我呢？我又不如夷節。夷節的為人，沒有德操而有智巧，不能自我肯定，於是乃伸展他的交際手腕，他久已沉迷在富貴場中，無助於德行，反而損傷了德性。受凍的人借衣服盼春暖，中暑的人求冬天的冷風。楚王的為人，形貌尊貴而威嚴；對於罪犯，如同猛虎毫不寬赦；要不是小人和正德之士，誰能說服他？

「所以聖人，當他貧窮的時候可以使家人忘去貧困，當他通達的時候可以使王公忘去爵祿而化為謙卑。他對於物，和諧共處；他對於人，樂於溝通而不失自己；因而常施不言之教而飲人以心靈之諧和，和人並立而使人感化。使父子的關係，各得其所，而以清靜無為的態度待人。他的恬退和人的譟競之心，相去這麼遙遠。所以說等待公閱休。」

二

聖人達綢繆①，周盡一體矣，而不知其然，性也。復命搖作②而以天為師③，人則從而命之也④。憂乎知，而所行恆無幾時，其有止也，若之何⑤！

生而美者，人與之鑑，不告則不知其美於人也。若知之，若不知之，若聞之，若不聞之，其可喜也終無已，人之好之亦無已，性也。聖人之愛人也，人與之名，不告則不知其愛人也。若知之，若不知之，若聞之，若不聞之，其愛人也終無已，人之安之亦無已，性也。

【註譯】

①綢繆：結縛（成疏）；束縛（林疑獨說）。
褚伯秀說：「世累糾纏，不得自在。」
②復命搖作：老子十六章：「靜曰復命。」「搖作」，動作（釋文）。
③以天為師：以自然為主。
④人則從而命之也：「命」，名（釋文）。
王敔說：「謂之聖人者，人為之名耳。」
⑤憂乎知，而所行恆無幾時，其有止也，若之何：指常人憂於智慮，而所行常不久，時或中止不能行，將奈它何！
林希逸說：「憂乎知者，以人之私智，其憂萬端多少計較，能幾件計較得行，故曰『所行無幾』。」
林雲銘說：「倘若出之有心，有憂其知之不足，則所行有限，而時或不能行者，將奈之何。此承上反言有心之為累也。」

【今譯】

聖人貫通糾結，周遍萬物合為一體，卻不知道所以然，這是出於本性。靜與動皆師法自然，人們因此稱他為聖人。憂於智慮，而所行常不久，時或中止不能行，將奈它何！

生來美的，是別人給他的鑑定，如果人不相告便不知道比別人美。像是知道，又像是不知道，像是有所聞，又像是無所聞，他的欣喜竟無止時，人的喜好也無止時，這是出於本性。聖人的愛人，是人們（有所感）對他的稱說，如果不相告便不知道他愛人。像是知道，又像是不知道，像是有所聞，又像是無所聞，他的愛人竟無休止，人們安於他的愛也沒有休止，這是出於本性。

三

舊國舊都①，望之暢然；雖使丘陵草木之緡②，入之者十九③，猶之暢然。況見見聞聞④者也，以十仞之臺縣衆閒⑤者也！

冉相氏⑥得其環中⑦以隨成⑧，與物無終無始，無幾無時⑨。日與物化者，一不化者也⑩，闔嘗舍之⑪！夫師天而不得師天⑫，與物皆殉，其以為事也若之何？夫聖人未始有天，未始有人，未始有始，未始有物⑬，與世偕行而不替⑭，所行之備而不洫⑮，其合⑯之也若之何？湯得其司御門尹登恆⑰為之傅之，從師而不囿，得其隨成。「為之司其名；之名嬴法，得其兩見。仲尼之盡慮，為之傅之。」⑱容成氏⑲曰：「除日無歲，無內無外⑳。」

【註譯】

①舊國舊都：喻本性。

②緡：茫昧不分的意思。在宥篇：「當我緡乎！」同此解。

③入之者十九：「入」與「沒」同義（馬其昶莊子故）。喻掩蔽了十分之九。

林希逸說：「丘陵之上草木皆荒穢，比之昔日十失其九，但有一分相似處，猶且暢然有感。」

俞樾說：「入者，謂入於丘陵草木所掩蔽之中也。」（莊子平議）

④見見聞聞：指親身見聞到本來的面目。

林希逸說：「求道之人，忽然自悟，得見其所自見，聞其所自聞者，皆本然固有之物，能不喜乎。佛氏所謂本來面目，本地風光便是此意。」

⑤縣衆閒：「縣」，同「懸」。「閒」，同「間」，林希逸本及褚伯秀本作「間」。「衆閒」，即衆人之中（褚伯秀說）：衆人耳目之間（俞樾說）。

⑥冉相氏：古之聖王（郭註）；路史循蜚紀有冉相氏（俞樾說）。

⑦得其環中：語見齊物論：「樞始得環中，以應無窮。」「環中」，喻虛空。

⑧隨成：隨物自成。

郭象註：「居空以隨物，物自成。」

⑨無幾無時：「幾」，借為「期」（馬叙倫義證）。

林希逸說：「『無幾無時』，無古今也。『幾』者，時節之變也。」

⑩日與物化者，一不化者也：隨物與時變化的，內心卻凝靜不變。語見知北遊。

⑪闔嘗舍之：何嘗捨離它。

王敔說：「盍嘗離其環中。」

⑫師天而不得師天：指效法自然若出於有心，便得不到效法自然的結果。

成玄英說：「『師』者，倣傚之名；『天』者，自然之謂。夫大塊造物，率性而動，若有心師學，乖於自然，故不得也。」

林希逸說：「『師天而不得師天』，言以自然為法而無法自然之名。」

⑬物：一說作「殖」，即終。和上句「未始有『始』」相對為文。

章炳麟說：「『物』，正字作『殖』。說文：『殖，終也。』」（莊子解故）

⑭替：廢（成疏）；爾雅：「替，止。」（馬其昶說）

⑮洫：敗壞（王穆夜說）；泥着而陷溺之意（林希逸說）。

⑯合：冥合（郭註）；無心合道（宣穎說）。

⑰司御門尹登恒：「司御」，官名。「門尹登恒」，人名（林雲銘說）。

⑱〔為之司其名〕；之名嬴法，得其兩見。仲尼之盡慮，為之傅之〕：這幾句話的意思是說湯能虛己

順人，視名法為多餘之相。林雲銘說：「自『湯得其司御』至此，詞句轇葛不清，恐有脫落錯簡，諸解紛紛附會，總說不去。」按：林說甚是。這段文字的確晦澀難解。今譯不譯出，僅略加註釋。「司」，主。「司其名」，司其治天下之名（褚伯秀說）。「之名贏法」，即此名法是多餘的東西。「贏」，即餘，剩。「兩見」即兩顯，依褚伯秀之說：「得其兩見，謂君臣相資而成治道，其跡著見於世。」「盡慮」謂竭盡思慮。

⑲容成氏：傳說古時作曆的人。俞樾說：「漢書藝文志陰陽家有容成子十四篇，房中家又有容成陰道二十六卷。淮南本經篇高誘註云：『容成氏，黃帝時造曆日者。』」

⑳除日無歲，無內無外：去日便無歲，無內便無外。這話是說明內我的重要性。宣穎說：「除去日子，更何有歲。外者，內所形也。若內先無得，更何有外。可見環中者，內心無心以握樞，故外能隨成以任化。」

【今譯】

看到自己的祖國和故鄉，心裏就舒暢；即使是丘陵草木雜蕪，掩蔽了十分之九，心裏仍覺舒暢。何況是親身見聞到本來面目的呢？這好比十仞的高臺懸在衆人之間啊！

冉相氏處於「環中」而隨物自成，和外物契合無終無始，無日無時。隨物與時變化的，內心卻凝靜不變，何嘗捨離虛空！有心效法自然便得不到效法自然的結果，和外物相逐，這樣做是怎樣呢？聖人不曾心存着天然，不曾心存着人事，不曾心存着始終，不曾心存着物我，與世同行而不中止，所行完備而不陷溺，他的無心冥合是如何呢？湯得到他的司御門尹登恆拜為師傅，隨從師傅而不為所囿限，得以順物成性。容成氏說：「沒有日子就沒有年歲，沒有內就沒有外。」

四

魏瑩[1]與田侯牟[2]約，田侯牟背之。魏瑩怒，將使人刺之。犀首[3]公孫衍[4]聞而恥之曰：「君為萬乘之君也，而以匹夫從讎！衍請受甲二十萬，為君攻之，虜其人民，係其牛馬，使其君內熱發於背。然後拔其國。忌[5]也出走，然後抶[6]其背，折其脊。」

季子[7]聞而恥之曰：「築十仞之城，城者既十仞矣，則又壞之，此胥靡[8]之所苦也。今兵不起七年矣，此王之基也。衍亂人，不可聽也。」

華子[9]聞而醜之曰：「善言伐齊者，亂人也；善言勿伐者，亦亂人也；謂伐之與不伐亂人也者，又亂人也。」

君曰：「然則若何？」曰：「君求其道而已矣！」

惠子聞之而見戴晉人[10]。戴晉人曰：「有所謂蝸者，君知之乎？」曰：「然。」

「有國於蝸之左角者曰觸氏，有國於蝸之右角者曰蠻氏，時相與爭地而戰，伏尸數萬，逐北[11]旬有五日而後反。」

君曰：「噫！其虛言與？」

曰：「臣請為君實之。君以意在四方上下有窮乎？」

君曰：「無窮。」

曰：「知遊心於無窮，而反在通達之國，若存若亡乎？」

君曰：「然。」

曰：「通達之中有魏，於魏中有梁[12]，於梁中有王。王與蠻氏，有辯[13]乎？」

君曰：「無辯。」

客出而君惝然[14]若有亡也。

客出[15]，惠子見。君曰：「客，大人也，聖人不足以當之。」

惠子曰：「夫吹筦[16]也，猶有嗃[17]也；吹劍首[18]者，吷[19]而已矣。堯舜，人之所譽也；道堯舜於戴晉人之前，譬猶一吷也。」

【註譯】

①瑩：魏惠王名。

②田侯牟：指齊威王。陸德明說：「司馬云：『田侯，齊威王也，名牟，桓公子。』案：史記，威王名因，不名牟。」俞樾說：「史記，威王名因齊。田齊諸君無名牟者，惟桓公名午，與牟字相似。牟或午之譌。然齊桓公午與梁惠王又不相值也。」

③犀首：官號。司馬彪說：「若今虎牙將軍。」

④公孫衍：此三字原缺，依疏文及趙諫議本補（王孝魚校）。

⑤忌：田忌，齊國將軍。

⑥抶（chì 翅）：打擊。

⑦季子：魏匠。

⑧胥靡：徒役之人（成疏）。見庚桑楚。

⑨華子：魏匠。

⑩戴晉人：梁國賢人（釋文）。

⑪逐北：追逐敗北。

⑫梁：在今河南省開封縣一帶。魏惠王三十一年為秦所逼，遷都於大梁。

⑬辯：同「辨」，下句同。

⑭惝然：悵然，恍然如失（成疏）。見在宥篇。

⑮客出：這二字是上句複出。王先謙說：「上言『客出』，此『客出』二字當衍。」

⑯筦（guǎn）：同管。
⑰嗃：管聲（釋文）。
⑱劍首：謂劍環頭小孔（司馬彪說）。
⑲吷：音血，細聲（宣穎說）。

【今譯】

魏惠王和田侯牟約誓立盟，田侯牟背約，魏惠王憤怒，要派人去刺殺他。

公孫衍將軍聽了認為可恥，說：「君主是萬乘大國的國君，卻用匹夫的手段來報仇，我請求接受甲兵二十萬，為君主攻打他，俘虜他的人民，掠取他的牛馬，使他的君主內心焦急而病發於背。然後拔取他的國土。田忌戰敗逃亡，然後鞭打他的背，折斷他的脊骨。」

季子聽到認為可恥，說：「建築十仞城牆，城牆已經築成十仞高了，又再毀壞它，這是徒役者所苦的事。現在戰爭不起有七年了，這是王業的基礎。公孫衍是好亂的人，不可聽從。」

華子聽了認為可恥，說：「巧於勸說伐齊的，是好亂的人；巧於勸說不伐齊的，也是好亂的人；討論伐和不伐為亂的人，也是好亂的人。」

君主說：「那麼怎麼辦呢？」

回說：「君主尋求虛靜之道就是了！」

惠子聽了引見戴晉人。戴晉人說：「有所謂蝸牛，君主知道嗎？」

回說：「知道。」

〔戴晉人說：〕「蝸牛的左角有個國家名叫觸氏，蝸牛的右角有個國家名叫蠻氏，常互相爭地而爭戰，死亡數萬，追逐敗北的十五天才回軍。」

君主說：「唉！這是虛話嗎？」

回說：「臣請為君主實說。君主認為四方上下有窮嗎？」

君主說：「無窮。」

說：「知道遊心於無窮的境域，而返於通達之國，好像若有若無嗎？」

君主說：「是的。」

問說：「通達國中有魏，在魏中有梁，在梁中有君王。君王和蠻氏，有分別嗎？」

君主說：「沒有分別。」

客人辭出而君王悵然若有所失。

客人走了，惠子進見。君王說：「客人，真是偉大，聖人也不足以併論。」

惠子說：「吹管簫的，還有音聲；吹劍環的，只有一絲音響而已。堯舜，是人所稱譽的；在戴晉人面前稱讚堯舜，就好比一絲音響罷了。」

五

孔子之楚，舍於蟻丘之漿①。其鄰有夫妻臣妾登極②者，子路曰：「是稯稯③何為者邪？」

仲尼曰：「是聖人僕也。是自埋於民，自藏於畔④。其聲銷，其志無窮，其口雖言，其心未嘗言，方且與世違而心不屑與之俱。是陸沉⑤者也，是其市南宜僚邪？」

子路請往召之。

孔子曰：「已矣！彼知丘之著⑥於己也，知丘之適楚也，以丘為必使楚王之召己也，彼且以丘為佞人也。夫若然者，其於佞人也羞聞其言，而況親見其身乎！而何以為存？」

子路往視之，其室虛矣。

【註譯】

①蟻丘之漿：「蟻丘」，山名。「漿」，賣漿家（李頤說）。

②登極：指登上屋的最高處。
林希逸說：「登極者，升其屋極而望人也。」

③稯稯：音總，字亦作「總」（釋文）。「總總」，眾聚（成疏）。成本作「總總」。
林希逸說：「稯稯，紛紛也。」

④畔：田壠。

⑤陸沉：無水而自沉，喻隱居在世間。
郭象註：「人中隱者，譬無水而沉也。」

林希逸說：「沉不在水而在陸，喻隱者之隱於市廛也。」

⑥著：明瞭。

【今譯】

孔子到楚國，住宿在蟻丘的賣漿家。他的鄰人有夫妻僕妾爬到屋頂觀望，子路說：「這裏擠着一堆人要做什麼？」

孔子說：「這些是聖人的僕人。他自隱於民間，自藏於田園。他聲名沉寂，他志向無窮，他雖有所言論，而內心卻凝寂無言，和俗世相反而心不屑與世俗同流。這位隱居世間的人，豈不是市南宜僚嗎？」

子路要求去請他。

孔子說：「算了！他知道我了解他，知道我到楚國，以為我一定要請楚王邀聘他，他視我為佞人。像這樣，他既羞於聽佞人的言論，何況親自見面呢？你怎麼以為他留在那裏呢？」

子路去看他，果然屋子是空的。

六

長梧封人①問子牢②曰：「君為政焉勿鹵莽，治民焉勿滅裂③。昔予為禾，耕而鹵莽之，則其實亦鹵莽而報予；芸而滅裂之，其實亦滅裂而報予。予來年變齊④，深其耕而熟耰⑤之，其禾蘩以滋，予終年厭飧⑥。」

莊子聞之曰：「今人之治其形，理其心，多有似封人之所謂，遁其天，離其性，滅其情，亡其神，以衆為⑦。故鹵莽其性者，欲惡之孽⑧，為性萑葦蒹葭⑨，始萌以扶吾形，尋擢吾性⑩；並潰漏發⑪，不擇所出，漂疽⑫疥癰，內熱溲膏⑬是也。」

【註譯】

①長梧封人：「長梧」，地名。「封人」，守封疆之人（釋文）。

②子牢：即琴牢，孔子弟子（司馬彪說）。

③滅裂：輕薄（成疏）。

④變齊：謂變更所法（司馬說）。

王啓說：「『齊』，去聲，與『劑』同。『變齊』，謂改其舊方。」

奚侗說：「合乎法度曰『齊』，此言『變齊』，猶言變方法耳。」按：以上各說是，王先謙以「齊」為「整齊」，非。

⑤耰（yōu 悠）：鋤（司馬註）。

⑥厭飧：飽食。「厭」，同饜。

⑦以衆為：以馳騖衆事（宣穎說）。「衆為」，司馬彪本作「為僞」。

⑧欲惡之孽：好惡之害（林希逸說）。

⑨為性萑（huán 環）葦蒹（jiān 兼）葭（jiā 家）：形容如蘆葦蔽塞本性。「萑葦」、「蒹葭」，都屬蘆葦。

⑩尋擢吾性：漸漸擢拔我的本性。

林希逸說：「『尋』，漸也。『擢』，拔也。始者真性只為之蔽塞，及其甚也，漸漸拔而去之。」

⑪並潰漏發：謂精氣散泄，上潰下漏（釋文引李頤註）。

⑫漂疽：「漂」，本亦作「瘭」。「瘭疽」，謂病瘡膿出（釋文）。

⑬溲（sōu 搜）膏：謂虛勞人尿上生肥白沫（司馬彪註）；溺精（成疏）。

【今譯】

長梧封人對子牢說：「你施政不要鹵莽，治民不要輕薄。從前我種禾，耕作時粗率，糧食的收成也就不豐；除草時馬虎，糧食的收成也就微薄。我來年改變方法，深耕細鋤，禾苗繁茂滋榮，我整年足食。」

莊子聽到了說：「現代人治理他的形體，修養他的心神，很多像封人所說的一樣，逃避自然，疏離本性，絕滅真情，喪失精神，徇逐俗事。所以對本性鹵莽的，愛慾憎惡的為害，就如同蘆葦般地蔽塞本性，開始時以這些慾念滿足形體，漸漸地擢拔本性；於是上潰下漏，到處出毛病。濃瘡疥疽，內熱遺精都是。」

七

柏矩①學於老聃，曰：「請之天下遊。」

老聃曰：「已矣！天下猶是也。」

又請之，老聃曰：「汝將何始？」

曰：「始於齊。」

至齊，見辜人②焉，推而強③之，解朝服而幕之，號天而哭之曰：「子乎子乎！天下有大菑，子獨先離④之，曰莫為盜！莫為殺人！榮辱立，然後覩所病；貨財聚，然後覩所爭。今立人之所病，聚人之所爭，窮困人之身使無休時，欲無至此，得乎！

「古之君人者，以得為在民，以失為在己；以正為在民，以枉為在己；故一形有失其形者⑤，退而自責。今則不然。匿為物而過不識⑥，大為難而罪不敢，重為任而罰不勝，遠其塗而誅不至。民知力竭，則以偽繼之，日出多偽，士民安取不偽！夫力不足則偽，知不足則欺，財不足則盜。盜竊之行，於誰責而可乎？」

【註譯】

①柏矩：柏，姓；矩，名。懷道之士，老子門人（釋文）。

②辜人：死刑示衆者。

俞樾說：「辜，謂辜磔也。周官：『掌戮殺王之親者辜之。』鄭註：『辜之言枯也，謂磔之。』是其義。漢景帝紀：『改磔曰棄市。』顏註：『磔，謂張其屍也。』是古之辜磔人者，必張其屍於市。」

③強：字亦作「彊」（釋文），借為「僵」。按：玉篇引正作「僵」（馬叙倫義證）。「僵」，倒臥的意思。

④離：罹（成疏）。

⑤一形有失其形者：「一形」，人（王先謙說）。指有一人受到損害。

⑥匿為物而過不識：「過」，原作「愚」，據俞樾之說改。

俞樾說：「下文『大為難而罪不敢，重為任而罰不勝，遠其塗而誅不至』，曰『罪』，曰『罰』，曰『誅』，皆謂加之以刑也。此曰『愚』，則與下文不一律矣。釋文曰：『愚，一本作遇。』『遇』疑『過』字之誤。廣雅釋詁曰：『過，責也。』因其不識而責之，是謂過不識。呂覽適威篇曰：『煩為教而過不識，數為令而非不從，巨為危而罪不敢，重為任而罰不勝。』與此文義相似，而正作『過不識』。高誘註訓『過』為『責』，可據以訂此文之誤。『過』誤為『遇』，又臆改為『愚』耳。」

【今譯】

柏矩求學於老聃，說：「請求遊歷天下。」

老聃說：「算了！天下和這裏一樣。」

再請求，老聃說：「你先要去哪裏？」

回說：「先去齊國。」

柏矩到了齊國，看見受刑示衆的屍體，就推動屍體使他倒臥，脫下朝服覆蓋他，仰天號哭說：「先生呀！先生呀！天下有大患，你卻先遭難，（俗語）說不要為盜，不要殺人！榮辱來臨，然後看出它的弊病；財貨積聚，然後看出它的爭攘。現在樹立了人所詬病的，積聚了人所爭攘的，使人的身體窮困而無休止的時刻，要想不走入這種地步，辦得到麼？

「古時候的人君，把有所得歸功於人民，把有所失歸咎於自己；以為正道在於人民，以為過錯在於自己；所以只要有一個人喪失了生命，就退而自責。現在卻不是這樣。隱匿真相而責備百姓不知，製造困難卻歸罪人民不敢做，增加事務卻懲罰人不勝任，延長途程卻加誅人不能達到。人民知窮力竭，就以虛僞來應付，（人君）常作僞事，士民怎能不虛僞呢？能力不足便做假，智慧不足便欺騙，財用不足便盜竊。盜竊的風行，要責備誰才是呢？」

八

蘧伯玉[1]行年六十而六十化，未嘗不始於是之而卒詘之以非也，未知今之所謂是之非五十九非也。萬物有乎生而莫見其根，有乎出而莫見其門。人皆尊其知[2]之所知而莫知恃其知之所不知而後知，可不謂大疑乎！已乎已乎！且無所逃。此所謂然與，然乎？

【註譯】

①蘧伯玉：衞國賢大夫。已見人間世。

②其知：「知」，音智。下句「其知」的「知」，亦作「智」解。

【今譯】

蘧伯玉行年六十而六十年與時俱化，未嘗不開始時認為是而最後斥為非的，不確定現在所認為是的而不是五十九歲前所認為非的。萬物有它的誕生卻不見它的本根，有它的出處卻不見它的門徑。人們都重視他智慧所能知的，而不知道憑藉他智慧所不知道而後知道的道理，可不是大疑惑麼？罷了罷了！避免不了這種錯誤，這樣說是對嗎，果真是對嗎？

九

仲尼問於大史①大弢、伯常騫、狶韋②曰：「夫衞靈公飲酒湛樂③，不聽國家之政；田獵畢弋④，不應諸侯之際⑤；其所以為靈公者何邪？」

大弢曰：「是因是⑥也。」

伯常騫曰：「夫靈公有妻三人，同濫⑦而浴。史鰌⑧奉御而進所⑨，搏幣而扶翼⑩。其慢若彼之甚也，見賢人若此其肅也，是其所以為靈公也。」

狶韋曰：「夫靈公也死，卜葬於故墓⑪不吉，卜葬於沙丘⑫而吉。掘之數仞，得石槨焉，洗而視之，有銘焉，曰：『不馮其子，靈公奪而里之⑬。』夫靈公之為靈也久矣，之二人何足以識之⑭！」

【註譯】

①大史：「大」音太（釋文）。成疏本作「太史」，即史官。

②大弢（tāo 滔）、伯常騫、狶韋：三位史官姓名。

③湛樂：耽樂。「湛」，樂之久（釋文）。

④畢弋：狩獵用具。「畢」，大網。「弋」，繩繫箭而射（成疏）。

⑤諸侯之際：諸侯的交際，指盟會之事。

⑥是因是：這就是因為他能夠這樣的緣故。言靈公平時聰明神靈（李勉註）。

郭象說：「靈即是無道之謚也。」按：郭註恐非。

李勉說：「此句郭註、成疏、王解及其他家註解均誤。案此段答孔子之問有三人，大弢、伯常騫皆言靈公善，為靈公而辯護也。獨狶韋言靈公之非。下文狶韋曰『之二人何足以識之』，即言大弢、伯常騫二人所言不合也。『狶韋』，古帝王名也，見大宗師篇。莊子蓋借重狶韋以諷靈公也，此重言也。『是因是也』為含糊之詞，不欲詳言也，白話文為『這就是因為這樣……』之意。『是』，這也。大弢蓋不欲多言，只含糊其詞，意實言靈公之善也。其意蓋言靈公之所以謚為靈公，是因其神靈之故也。」

⑦濫：浴器（釋文）。

奚侗說：「『濫』，借為『鑑』。說文曰：『鑑，大盆也。』」

⑧史鰌：「鰌」音秋。即史魚（司馬彪說）。

⑨奉御而進所：「奉御」，猶今言召對（林希逸說）。「進所」，進於君所（王敔註）。

⑩搏幣而扶翼：接取幣帛而扶着他。「搏」，執。使人代執其幣（劉鳳苞南華雪心編）。「幣」，帛（釋文）。「扶翼」，使小臣扶掖之（陸長庚說）。「翼」，通作「掖」，「扶翼」即扶掖，掖者，以手持人臂，見說文（李勉說）。

明人方揚說：「『奉御』，猶今言召對。公使人扶翼之，言有禮也。同浴是一事，奉御又是一事，不必同時。」（莊義要刪，焦竑莊子翼引）按：方說「同浴是一事，奉御又是一事」，極是。舊註多混為一事，故各解混淆難明。

清人胡文英說：「『奉御而進所』，猶後世之值宿辦事也。『搏幣』，史鰌治宗廟朝廷之事，奉幣而進，公使人代執其幣，而又使人扶而翼之。」（莊子獨見）

⑪故墓：一本作「大墓」（釋文）。「故」，同古。

⑫沙丘：地名，在盟津河北（成疏）。

⑬不馮其子，靈公奪而里之：「馮」，音憑（釋文），即憑取而居之。「里」，居處（釋文）。

李勉說：「察上下文，此石槨是先天預置，故云不馮其子也。蓋父之死，必憑其子安葬，今石槨已天為預置，故不須依憑其子為之置也。『奪』，取也。『里』，居也。謂天已預為置石槨，靈公可取而居之。此言靈公為惡殊甚，天欲早亡之，故先為預置石槨而且銘其上焉。衛靈公之暴無可形容，見左傳。」

⑭之二人何足以識之：「二人」指大弢及伯常騫，責二人所言靈公之善為不知其真（李勉說）。

【今譯】

孔子問太史大弢、伯常騫以及狶韋說：「衛靈公飲酒作樂，不過問國家政事；打獵捕獸，不參與諸侯盟會；他之所以諡號靈公，為什麽呢？」

大弢說：「這諡號就是因為他能這樣的緣故。」

伯常騫說：「靈公有三個妻子，和她們在同一個浴盆洗澡。史鰌奉召而進君所，靈公叫人接過他手上的東西，並使人扶着他。他生活的另一面是那樣地散漫，見到賢人是這樣地尊敬，這是他之所以被稱為靈公的緣故。」

狶韋說：「靈公死了，卜葬在祖先墓地不吉，卜葬在沙丘則吉利。掘地幾丈，發現了一個石槨；洗乾淨來看，上面有銘文說：『不必依賴子孫（製棺槨），靈公可取而居之。』靈公的諡號為『靈』已經是很久了，他們倆人怎麽能知道呢？」

一〇

少知問於大公調[1]曰：「何謂丘里之言[2]？」

大公調曰：「丘里者，合十姓百名而以為風俗也，合異以為同，散同以為異[3]。今指馬之百體而不得馬，而馬係於前者，立其百體而謂之馬也。是故丘山積卑而為高，江河合小而為大[4]，大人合并而為公。是以自外入者，有主而不執；由中出者，有正而不距[5]。四時殊氣，天不賜[6]，故歲成；五官殊職，君不私，故國治；文武殊能，大人不賜[7]，故德備；萬物殊理，道不私，故無名。無名故無為，無為而無不為。時有終始，世有變化。禍福淳淳，至有所拂者而有所宜[8]；自殉殊面[9]，有所正者有所差。比於大澤，百材皆度；觀於大山，木石同壇[10]。此之謂丘里之言。」

少知曰：「然則謂之道，足乎？」

大公調曰：「不然。今計物之數，不止於萬，而期曰萬物者，以數之多者號而讀[11]之也。是故天地者，形之大者也；陰陽者，氣之大者也；道者為之公。因其大而號以讀之，則可也，已有之矣，乃將得比哉[12]？則若以斯辯[13]，譬猶狗馬，其不及遠矣！」

【註譯】

①少知問於大公調：「少知」，知識淺少。「大公調」，廣大公正調和眾物。這裏寓託為人名。

成玄英說：「智照狹劣，謂之『少知』。道德廣大，公正無私，復能調順羣物，故謂之『大公調』。假設二人，以論道理。」

②丘里之言：四井為邑，四邑為「丘」；五家為鄰，五鄰為里（釋文引李頤註）；「丘里之言」，猶公論（陳壽昌說）。

宣穎說：「借丘里之言，發出渾同之道，可謂即小悟大。」

③合異以為同，散同以為異：「同」「異」為先秦名家所辯論的問題之一。秋水篇載公孫龍「合同異」說。天下篇記述惠施「小同異」、「大同異」之說。

宋人呂惠卿說：「合姓名為丘里，異為同也。散丘里為姓名，同為異也。非如一家之言，異不能同，同不能散也。」（莊子義）

林希逸說：「一里之中，有十姓百名，人物雖異，而風俗則同，『合異以為同』之喻也。『合異以為同』，萬物同一理也。『散同以為異』，物物各具一理也。」

④江河合小而為大：「合小」原作「合水」。一本作「合流」（釋文）。依俞樾之說改。

俞樾說：「『水』乃『小』字之誤。『卑』『高』『小』『大』，相對為文。」按：原作「合水」或一本作「合流」，亦通。然上句丘山積「卑」而為「高」，「卑」「高」與此句「小」「大」對文，俞說為勝。

嚴靈峯說：「俞說近是也。墨子親士篇：『江河不惡小谷之滿己也，故能大。』按：古書每以

『大』、『小』，『大』、『細』對言；如老子六十三章：『為「大」於其「細」。』因依俞說改。」

⑤自外入者，有主而不執；由中出者，有正而不距：事物從外界進入，心中雖有所主卻不執着成見；由內心發出的，雖有所取正卻不排拒他人。

林雲銘說：「『自外入者』，聽言。聽人之言，吾心雖有所主而不可執定一己之見。『由中出者』，立言。立言垂訓，吾心雖有取正，而不可拒逆他人之意。如此方可合異而歸同。」（莊子因）

⑥天不賜：「賜」為「私」的借字。

馬叙倫說：「『賜』疑借為『私』。下文曰：『五官殊職，君不私，故國治。』辭例相同。此作『賜』者，為美耳。」

⑦文武殊能，大人不賜：「殊能」二字缺遺，依王叔岷校釋補上。宣穎本「文武」下增「殊才」二字。

奚侗說：「案此與下文不一律，亦難通；『文武』下有脫文。」

王叔岷說：「案此文義頗難通。審註：『文者自文，武者自武，非大人所賜也。若賜而能，則有時而闕矣。』疏：『文相武將，量才授職，各任其能，非聖與也。』疑『文武』下原有『殊能』，與上文『四時殊氣』、『武官殊職』、『萬物殊理』，句法一律。」按：王說是，當據補。

⑧禍福淳淳，至有所拂者而有所宜：謂禍福循環流變。「淳淳」，流動貌（釋文引王穆夜說）。「拂」，逆。

林希逸說：「『淳淳』，流行自然也。吉凶禍福之至，倚伏無常，或有所拂逆，而反為宜。塞翁得馬失馬之意也。『拂』，逆也，不如意也。『宜』，如意也。」

⑨自殉殊面：「殉」通徇，營求。殊面，各方面（李勉註）。

成玄英說：「『殉』，逐也。『面』，向也。夫彼此是非，紛然固執，故各逐己見而所向不同也。」

⑩同壇：同地（林希逸說）。「壇」，基（成疏）。

⑪讀：猶語（釋文引李頤註）。

⑫已有之矣，乃將得比哉：「有之」，指有道之名。「比」，指把大道與丘里之言相比（曹礎基說）。

⑬辯：辨，別。

【今譯】

少知問大公調說：「什麼是丘里之言？」

大公調說：「所謂丘里，是集合十姓百人而形成一個風俗，結合差異而成為同一，分散同一而成為差異。現在專指馬的每個小部分不得稱為『馬』，把馬拴在人的面前，總合它的形體各個部位才稱為馬。所以丘山是聚積卑小才成為高，江河是匯合衆水才成為大，大人是採納各方才算是公。所以事物從外界進入心中，心中雖有主意卻不固執成見；由內心發出的，內心雖有正理卻不排拒他人。四時不同的氣候，天不偏私，所以歲序完成；五官不同的職務，君不自私，所以國家安定；文武不同的才能，大人不偏私，所以德性完備；萬物不同的理則，道不偏私，所以無所名稱。無所名稱謂所以無所干預，無所干預便沒有什麼做不成的。時序有終始，世事有變化。禍福流變，有所乖逆卻也有所適宜；各自追求不同的方面，有所確當卻也有所差失。譬如大澤，各種材木都有它的適用；觀看大山，木石盤結一起。這就稱為丘里之言。」

少知說：「那麼稱為道，可以嗎？」

大公調說：「不是的。現在計算物的種數，不止於萬，而限稱為萬物，是以數目中最多的來號稱它。所以天地，是形體中最大的；陰陽，是氣體中最大的；道則是總括一切。因為它的浩大而這樣稱呼是可以的，已有道的名稱還能和它相比嗎？如果要把大道和丘里之言去辨別，就好像狗和馬相比，相差太遠了。」

一一

少知曰：「四方之內，六合之裏，萬物之所生惡起？」

大公調曰：「陰陽相照①，相蓋相治②；四時相代，相生相殺。欲惡去就，於是橋起③；雌雄片合④，於是庸有⑤。安危相易，禍福相生，緩急相摩，聚散以成。此名實之可紀，精微之可志⑥也。隨序之相理，橋運⑦之相使，窮則反，終則始；此物之所有⑧。言之所盡，知之所至，極物而已。覩道之人，不隨⑨其所廢，不原其所起，此議之所止。」

少知曰：「季真之莫為⑩，接子之或使⑪，二家之議，孰正於其情，孰遍於其理？」

大公調曰：「雞鳴狗吠，是人之所知；雖有大知，不能以言讀其所自化，又不能以意測其所將為⑫。斯而析之，精至於無倫⑬，大至於不可圍，或之使，莫之為，未免於物，而終以為過。或使則實，莫為則虛。有名有實，是物之居；無名無實，在物之虛。可言可意，言而愈疏。未生不可忌⑭，已死不可徂⑮。死生非遠也，理不可覩。或之使，莫之為，疑之所假⑯。吾觀之本，其往無窮；吾求之末，其來無止。無窮無止，言之無也，與物同理⑰；或使莫為，言之本也⑱，與物終始。道不可有，有不可無⑲。道之為名，所假而行⑳。或使莫為，在物一曲㉑，夫胡為於大方㉒？言而足，則終日言而盡道；言而不足，則終日言而盡物。道物之極㉓，言默不足以載；非言非默，議有所極。」

【註譯】

①相照：相應（林希逸說）。

②相蓋相治：相消相長（李鍾豫今譯），與下句「相生相殺」同意。

俞樾說：「『蓋』當讀為『害』。爾雅釋言：『蓋，割裂也。』釋文曰：『蓋，舍人本作害。』是『蓋』、『害』古字通。陰陽或相害，或相治，猶下句云四時相代相生相殺也。」

③橋起：高勁，言所起之勁疾（釋文引王穆夜說）；即突然而起之義（明陳深莊子品節）；猶言蠭起（馬其昶莊子故）。

④片合：分合（林希逸說）；指陰陽片分而相合為一。

胡文英說：「『片』，與『牉』同。儀禮『夫婦牉合』，謂合其半以成夫婦。」

⑤庸有：常有。「庸」，常（成疏）。

⑥志：成本作「誌」。「志」與「誌」通，作「志」是故書（王叔岷說）。

⑦橋運：橋起而運行。

⑧此物之所有：這是物所具有的現象。「此」，即指上文「橋運之相使，窮則反，終則始」的事物運轉變化之規律與現象而言。按：這句是承上文的結語，然近人標點，多誤將此句屬下讀。理雅各（James Legge）及 Burton Watson 等英譯本，以此句承結上文而斷句，為確。

⑨隨：猶追究。

⑩季真之莫為：季真，不知道是什麼人。季真主張「莫為」，就是認為萬物都是自然地生出來的，不是由於什麼力量的作為（馮友蘭論莊子見莊子哲學討論集一二三頁）。

⑪接子之或使：接子可能就是史記田完世家裏邊所說的接子，也是稷下的學者之一。接子主張「或使」，就是認為總有個什麼東西，使萬物生出來的（馮友蘭說）。近人陳榮捷說：「史記記載接子遊稷下，正義說他是齊人。鹽鐵論記載稷下分散時『捷子亡去』。接子，捷子，同是一人。漢書藝文志道家有捷子二篇，註說齊人。書已亡佚。此外不詳。錢穆以為他的年代大約是前三五〇——二七五年。」（戰國道家載中央研究院歷史語言研究所集刊第四十四本第三分）

⑫又不能以意測其所將為：「測」字缺遺，依王叔岷校釋據成疏補上。王叔岷說：「案疏『不能用意測其所為』，疑成本『意』下有『測』字。『不能以意測其所將為』，與上文『不能以言讀其所自化』相耦，今本挩『測』字，則文意不完矣。」

⑬精至於無倫：「倫」，比（王先謙集解）。謂精微至於無比。

⑭忌：禁（成疏）。

⑮徂：亦作「阻」。趙諫議本作「阻」。
⑯疑之所假：疑惑所立的假設。
⑰言之無也，與物同理：言論所不能表達的，但和物象具有同一的規律。
⑱言之本也：指言者以「或使」或「莫為」之說為本。
⑲道不可有，有不可無：指道不可執着於有形，也不可執着於無象。
⑳道之為名，所假而行：道的為名，乃是假借之稱。如老子二十五章所說：「吾不知其名，強字之曰道。」
㉑一曲：一隅、一邊、一偏的意思。
㉒大方：即大道。
㉓道物之極：有數解：一說道、物之極；指道和物兩者的極限。一說道，物之極；即道者物之極處（劉鳳苞南華雪心編）。另一說「物」字誤衍，見李勉莊子總論及分篇評註。李勉說：「『物』字誤衍，此僅指道而言（物固可以言默而載，上文已言，又焉能謂之不足以載）。」李說似可從。

【今譯】

少知說：「四方之內，六合之中，萬物從哪裏產生？」

大公調說：「陰陽相應，相消相長；四時循環，相生相殺。欲、惡、去、就，於是相繼起伏；雌雄交合，於是世代長傳。安危互相更易，禍福互相產生，緩急互相交替，聚散因以形成。這是有名實可以識別的，有精微可以記認的。依循時序的規律，起伏而運行的變化，物極則反，終而復始；這是萬物所具有的現象。言論所窮盡的，知識所達到的，限於物的範圍罷了。識道的人，不追隨物的消逝，不探究物的起源，這是議論的止點。」

少知說：「季真所說的『莫為』，接子主張的『或使』，兩家的議論，誰偏於理？」

大公調說：「雞鳴狗吠，這是人所知道的；即使有大智慧的人，並不能用語言來說明它們之所以會鳴叫的原因，也不能用心意去推測它們還會產生什麼動作。由這分析起來，精微至於無比，浩大至於無限，斷言或有所使，肯定莫有所為，都未免在物上立論，而終究是過而不當的。『或使』的主張則太拘泥，『莫為』的說法則過於虛空。有名有實，是物的範圍；無名無實，不屬於物的範圍。可用言說可用意會，但愈用言說卻愈疏離。未生的不能禁止其生，已死的無法阻止其死。死生並不遠隔，道理卻不能了解。或有所使、莫有所為的主張，都是疑惑所立的假設。我看它的本源，它的過往無窮；我求它的跡象，它的未來無盡。無窮無盡，是言語所無從表達，但和物象具有同一的規律；『或使』『莫為』，為言論所本，而和物象同始終。道不可執着於有形，也不可執着於無象。道的為名，乃是假借之稱。『或使』『莫為』的主張，限於物的一偏，怎能達於大道？言論周遍，則終日言說都是道；言論不周遍，則終日言說盡是物。道〔和物〕的極處，言論和沉默都不足以表達；既不言說又非沉默，這是議論的極致。」

外物

外物篇，由十三章文字雜纂而成。各章意義散亂而不相關聯。「外物」，即外在事物。取篇首二字為篇名。

本篇第一章，申說外在的事物沒有一定的準則。如忠未必能取信，孝未必能見愛，並舉史實為例以說明。第二章，寫莊周家貧的故事。第三章，任公子釣大魚，喻經世者當志於大成。第四章，寫儒以詩禮發冢的故事，儒者口唱詩禮，卻資以盜墓，這和胠篋篇所寫強權者藉仁義以盜國盜民一樣。第五章，老萊子告誡孔子的寓言，要人去除行為的矜持與容貌的機智。第六章，宋元君夢神龜的寓言，在於說「知有所困，神有所不及」。第七章，惠子與莊子對話，申「無用之用」的意義。第八章，莊子曰一段，寫宇宙的流轉及社會人事的變易，評學者是古非今之謬，讚至人「遊於世而不僻，順人而不失己」。第九章，寫心胸不可逼狹，心靈應與自然共遊。第十章，「德溢乎名」一小段，寫謀慮智巧則傷自然之德。第十一章，「靜然可以補病」一小段，寫寧靜的功效。第十二章，「演門有親死者，以善毀爵為官師，其黨人毀而死者半」一小段，寫矯性偽情之遇。第十三章，「得魚忘荃」、「得兔忘蹄」的名句，即出於此篇末一段。後代禪宗發揮了這「得意忘言」之義。

本篇除了提出「得意忘言」這一哲理性的哲學命題之外，還創造了任公垂釣、儒生發冢、神龜失算等富有啓發性的寓言。此外，涸轍之魚、枯魚之肆、尊古卑今、婦姑勃谿、得魚忘筌等成語，亦見於本篇。

一

外物不可必[1]，故龍逢誅，比干戮[2]，箕子[3]狂，惡來[4]死，桀紂亡。人主莫不欲其臣之忠，而忠未必信，故伍員⑤流於江，萇弘死於蜀⑥，藏其血三年而化為碧⑦。人親莫不欲其子之孝，而孝未必愛，故孝己憂⑧而曾參悲⑨。木與木相摩則然⑩，金與火相守則流。陰陽錯行⑪，則天地大絯⑫，於是乎有雷有霆，水中有火⑬，乃焚大槐。有甚憂兩陷⑭而無所逃，螴蜳⑮不得成，心若縣於天地之間，慰暋⑯沉屯⑰，利害相摩，生火甚多⑱，衆人焚和⑲，月固不勝火⑳，於是乎有僓然而道盡㉑。

【註譯】

①外物不可必：「必」，謂必然（成疏）。這話是說外在的事物不能有定準。

②龍逢誅，比干戮：人間世篇說：「桀殺關龍逢，紂殺王子比干。」胠篋篇說：「龍逢斬，比干剖。」

③箕子：殷紂庶叔，賢臣。

④惡來：殷紂王的諛臣。史記殷本紀說：「惡來善毀讒。」

⑤伍員：即伍子胥。已見於胠篋篇：「子胥靡。」又見於至樂篇：「子胥爭之，以殘其形。」

⑥萇弘死於蜀：周靈王的賢臣，被放歸蜀，刳腸而死。已見於胠篋篇：「萇弘胣。」

⑦而化為碧：說文繫傳一引當作「化而為碧」（王叔岷校釋）。「碧」，指碧玉。

⑧孝己憂：殷高宗的兒子，遭後母折磨，憂苦而死。

⑨曾參悲：曾參不被父母所愛而悲傷。

成玄英說：「曾參至孝，而父母憎之，常遭父母打，鄰乎死地，故悲泣也。」

林希逸說：「曾子未見悲泣之事，想以芸瓜大杖則走之事言之。」

⑩木與木相摩則然：「然」，同燃。御覽八六九正引「燃」。

俞樾說：「淮南子原道篇亦云：『兩木相摩而然。』然兩木相摩，未見其然。下句云：『金與火相守則流。』疑此句亦當作『木與火』。下文云：『水中有火，乃焚大槐。』又云：『利害相摩，生火甚多，衆人焚和，月固勝火。』是此章多言火，益知此文之當為『木與火』矣。蓋木金二物皆畏，故舉以為言，見火之為害大也。」按：俞說可存。古人鑽木取火，即以兩木相摩而燃，所以本句不必改字亦可通。

⑪陰陽錯行：陰陽錯亂。與大宗師篇「陰陽之氣有沴」及在宥篇「陰陽並毗」同。

⑫絯：音駭（釋文），驚動的意思。御覽一三 八六九引作「駭」。

⑬水中有火：指雨中有電。

⑭兩陷：陷入了利害兩端（李鍾豫今譯）。

林希逸說：「兩陷，非有人道之患，則有陰陽之患也。人間世云『是兩也』，即此意。」（南華真經口義）按：兩陷一詞，各家解釋紛紜，以林說較可通。

⑮螴（chén 陳）蜳（chún 淳）：猶怵惕（成疏）。

⑯慰暋：郁悶（釋文）。

馬叙倫說：「『暋』借為『怋』。說文曰：『怋，亂也。』」（莊子義證）

⑰沉屯：「沉」，深。「屯」，難（釋文引司馬彪說）；沉溺（成疏）。

馬叙倫說：「『屯』為『蔥』省。說文曰：『蔥，亂也。』」按：「屯」「悶」音近義通。「沉屯」有沉悶之意。

⑱生火甚多：指內心很焦急。

⑲衆人焚和：指衆人沉溺於利害爭執而焚傷了心中的和氣。

⑳月固不勝火：「月」，形容人心的清澈。「火」，形容內心的焦急。即是說內心的清澈不能克服焦急。劉鳳苞說：「『月』字借喻清明之本性。『火』字即利害之薰灼也。」（南華雪心編）

㉑僓然而道盡：「僓」，音頹（釋文）。「僓然」即頹然。「盡」喻喪盡。

【今譯】

外在的事物不能有定準，故而龍逢被誅，比干遭殺，箕子佯狂，惡來身死，桀紂滅亡。君主沒有不希望他的臣子忠心的，然而忠心卻未必能取信，所以伍員浮屍於長江，萇弘自殺於四川，他的血藏了三年化成為碧玉。父母沒有不希望他的兒女孝順的，然而孝順卻未必能見愛，所以孝己憂苦而曾參悲愁。木與木相摩而燃燒，金與火相接則鎔化。陰陽錯亂，則天地大震，於是有雷有霆，雨中有電，乃殛焚大槐樹。有人憂慮過甚陷入利害兩端而無所逃避，怵惕不安而無所成，心像懸在天地之間，憂郁沉悶，利害相衝，內心很焦急，衆人常傷了內心和氣，內心的清寧不能克制焦急，於是會精神頹靡而道理喪盡。

二

莊周家貧，故往貸粟於監河侯①。監河侯曰：「諾。我將得邑金②，將貸子三百金③，可乎？」

莊周忿然作色曰：「周昨來，有中道④而呼者。周顧視車轍中，有鮒魚焉。周問之曰：『鮒魚來⑤！子何為者邪？』對曰：『我，東海之波臣⑥也。君豈有斗升之水而活我哉？』周曰：『諾。我且南遊吳越之土⑦，激西江⑧之水而迎子，可乎？』鮒魚忿然作色曰：『吾失我常與⑨，我無所處。吾得斗升之水然活耳⑩，君乃言此，曾不如早索我於枯魚之肆！』」

【註譯】

①監河侯：監河之官。

林希逸說：「說苑曰：魏文侯也。亦未必然，或是監河之官，以侯稱之。」

②邑金：采地的稅金。

③金：成疏：「銅鐵之類，皆名為金，此非黃金也。」

④中道：途中。

⑤鮒魚來：「鮒魚」，鯽魚。「來」，語助辭。

⑥波臣：猶曰水官（林希逸口義）。

⑦南遊吳越之土：「土」原作「王」。御覽四八五引「王」作「土」（馬敘倫義證）。依褚伯秀之說，並據御覽所引而改。

褚伯秀說：「『吳越之王』，頗難釋，諸解略之。獨碧虛云：『吳越水聚之地。「王」猶江海為百谷王。』張君房校本『遊』下加『說』字，去聲。其論亦未通。詳義考文粗得其意，『王』字原應是『土』，誤加首畫耳。」（南華真經義海纂微）按：褚說可從。本句「南遊吳越之土」與下句「激西江之水」，「水」「土」正對稱。「遊」即遊歷，非遊說。

⑧西江：蜀江。蜀江從西來，故謂之西江（成疏）。

⑨常與：常相與，謂水（林雲銘莊子因）。

陳碧虛說：「與猶親也。謂魚水常相親也。」（南華章句音義）

⑩然活耳：「然」，猶「則」（王引之經傳釋詞）。

【今譯】

莊周家裏貧窮，所以向監河侯借米。監河侯說：「好的。等我收了采地的稅金，就借給你三百金，可以嗎？」

莊周板着臉說：「我昨天來時，中途聽得有聲音呼喚我。我回頭在車輪輾窪的地方，看見有條鯽魚。我問它說：『鯽魚呀！你在這裏做什麼呢？』它回答說：『我是東海的水官。你有斗升的水救活我嗎？』我說：『好的。等我遊歷吳越之地，引西江的水來營救你，可以嗎？』鯽魚板着臉說：『我失去了水，我沒有容身之處。我只要得到斗升的水就可活命，你卻這樣說，不如早一點到乾魚市場上找我吧！』」

三

任公子①為大鉤巨緇②，五十犗③以為餌，蹲乎會稽④，投竿東海，旦旦而釣，期年不得魚。已而大魚食之，牽巨鉤，錎沒⑤而下，騖揚⑥而奮鬐⑦，白波若山，海水震蕩，聲侔鬼神，憚赫⑧千里。任公子得若魚，離⑨而臘之，自制河⑩以東，蒼梧⑪已北，莫不厭⑫若魚者。已而後世輇才⑬諷說⑭之徒，皆驚而相告也。夫揭竿累⑮，趣灌瀆⑯，守鯢鮒⑰，其於得大魚難矣。飾小說以干縣令⑱，其於大達亦遠矣。是以未嘗聞任氏之風俗，其不可與經於世亦遠矣。

【註譯】

①任公子：「任」，國名。任國之公子（成疏）。

②巨緇（zī 滋）：大黑索。「緇」，黑繩。

③犗（xiá 俠）：犍牛，即閹牛。

④會稽：山名，在浙江省境內。

⑤銘沒：即陷沒。「銘」，猶「陷」字（釋文引字林）。道藏王元澤新傳本、元纂圖互註本並作「陷」（王叔岷校釋）。

⑥鶩揚：奔馳。

⑦鬐（qí旗）：魚鰭。

⑧憚赫：震驚（胡文英莊子獨見）。

⑨離：剖。

⑩制河：即浙江。「制」，作「淛」，同「浙」。浙河即浙江。陸德明說：「依字應用『浙』。『河』亦江也，北人名水皆曰河。」（釋文）

⑪蒼梧：山名，在嶺南，即今廣西省蒼梧縣。

⑫厭：即饜，飽食。

⑬輇才：小才。李頤說：「本又或作『輕』。」楊樹達說：「說文十四篇上車部云：『輇，蕃車下庳輪也。』段註云：『因以為凡卑之稱。』『輇』字義可通，不必作『軨』、『輕』。」（莊子拾遺）按：「輪」即小輪，故「輇才」即小才。

⑭諷說：猶傳說（李勉莊子分篇評註）；道聽塗說「林希逸口義」。

⑮纍：細繩（成疏）。

⑯灌瀆：皆水之小者（楊樹達說）。即小溪。

⑰鯢鮒：小魚。

⑱干縣令：求高名。「干」，求。「縣」通懸，有高義。「令」通「名」。另一解「縣令」，懸賞的詔

令，誰按這些詔令做到了就可以賞得功名（曹礎基說）。今譯從前者。

【今譯】

任公子做了一個粗黑繩大釣鉤，用五十頭犍牛做餌物，蹲在會稽山上，投竿於東海，天天在那裏釣，但整年都沒有釣到魚。忽而大魚來吞餌，牽動大鉤沉下水去，翻騰而奮鰭，白波湧起如山，海水震盪，聲如鬼神，震驚千里。任公子釣到這條魚，剖開來臘乾，從浙江以東，蒼梧以北，沒有不飽吃這條魚的。後世小才傳說之徒，都驚走相告。要是舉着小竿繩，到小水溝裏，守候鯢鮒小魚，那要想釣到大魚就很難了。粉飾淺識小語以求高名，那和明達大智的距離就很遠了。所以沒有聽聞過任氏的風格的，他之不能經理世事，相去也是很遠的了。

四

儒以詩禮發冢，大儒臚①傳曰：「東方作矣②！事之何若？」

小儒曰：「未解裙襦③，口中有珠。」

「詩④固有之曰：『青青之麥，生於陵陂，生不佈施，死何含珠為？』接⑤其鬢，壓其顪⑥，而⑦以金椎控⑧其頤，徐別⑨其頰，無傷口中珠。」

【註譯】

①臚：上傳語告下曰「臚」（釋文）。

②東方作矣：指太陽出來了。

③襦：短衣。

④詩：此逸詩（司馬彪說）。

林希逸說：「此詩只四句，或是古詩，或是莊子自撰，亦不可知。」

⑤接：撮。

⑥壓其顪：「壓」，本亦作「擪」。字林云「擪」，一指按（釋文）。趙諫議本「壓」作「擪」（王孝魚校）。「顪」，頤下毛（司馬彪說），即下巴的鬍鬚。

⑦而：原作「儒」，依王念孫之說改。

王念孫說：「『儒以金椎控其頤』，藝文類聚寶玉部引此，『儒』作『而』，是也。『而』，汝也。自『未解裙襦』以下，皆小儒答大儒之詞。言『汝以金椎控其頤，徐別其頰，無傷其口中之珠也』。『而』『儒』聲相近，上文又多『儒』字，故『而』誤作『儒』。」（讀書雜志餘編）按：王說可從。惟小儒答大儒，至「口中有珠」句止，「詩固有之曰」以下，為大儒告示小儒之語。

⑧控：敲開。

⑨徐別：慢慢地分開。

【今譯】

儒士用詩書來盜掘墳墓。大儒傳話說：「太陽出來了，事情怎麼樣了？」

小儒說：「裙子短襖還沒有脫下，口中含有珠。」

〔大儒說：〕「古詩有說：『青青的麥穗，生在陵陂上，生不施捨人，死了何必要含珠？』抓着他的鬢髮，按着他的鬍鬚，你用鐵鎚敲他的下巴，慢慢地分開他的兩頰，不要損傷了他口中的珠子！」

五

老萊子[①]之弟子出取薪[②]，遇仲尼，返以告，曰：「有人於彼，修上而趨下[③]，末僂[④]而後耳[⑤]，視若營四海[⑥]，不知其誰氏之子？」

老萊子曰：「是丘也。召而來。」

仲尼至。曰：「丘！去汝躬矜與汝容知[⑦]，斯為君子矣。」

仲尼揖而退，蹙然改容而問曰：「業可得進乎？」

老萊子曰：「夫不忍一世之傷而驁萬世之患[⑧]，抑固窶邪[⑨]，亡其略弗及邪[⑩]？惠以歡為，驁終身之醜[⑪]，中民之行進焉耳[⑫]，相引以名，相結以隱[⑬]。與其譽堯而非桀，不如兩忘而閉其所非譽[⑭]。反無非傷也[⑮]，動無非邪也[⑯]。聖人躊躇[⑰]以興事，以每成功[⑱]。奈何哉其載⑲焉終矜爾！」

【註譯】

①老萊子：史記仲尼弟子列傳分周之老子與楚之老萊子為兩人。老子列傳謂老萊子亦楚人，著書十五篇，言道家之用，與孔子同時云。成玄英說：「老萊子，楚之賢人隱者也，常隱蒙山，楚王知其賢，遣使召為相。其妻採樵歸，見門前有車馬跡。妻問其故，老萊曰：『楚王召我為相。』妻曰：『受人有者，必為人所制，而之不能為人制也。』妻遂捨而去。老萊隨之，夫負妻戴，逃於江南，莫知所之。」按：此事蹟恐係後人傳說。

②出取薪：「取」一字原缺，依王叔岷之說，據高山寺本補。王叔岷說：「案古鈔卷子本『出』下有『取』字，文意較完。疏：『出取薪者，採樵也。』是成本亦有『取』字。陳碧虛闕誤引張君房本『出』下有『拾』字。音義引江南古藏本亦有『拾』字。云：『本又作出採薪。』」

③修上而趨下：長上而促下（郭象註）；即上身長而下身短。「趨」同促，短促。

④末僂：謂背曲（馬叙倫說）。孫詒讓說：「淮南地形訓：『末僂』，高註：『末猶脊也。』『末僂』，即背僂。」

⑤後耳：耳卻近後（郭註）。即耳朵後貼。

⑥視若營四海：形容目光四射。「營」有充滿的意思。

成玄英說：「瞻視高遠，似營天下。」

⑦去汝躬矜與汝容知：除去你行為的矜持和容貌的機智。

⑧不忍一世之傷而鶩萬世之患：不忍一世的受害卻忽視了萬世的禍患。「鶩」，傲，輕視。

成玄英說：「夫聖智仁義，救一時之傷；後執為奸，成萬世之禍。」

⑨抑固窶邪：是固陋嗎？「窶」，陋，不足。

⑩亡其略弗及邪：或是智略不及嗎？「亡其」，轉語，「或是」之意。「略」，指智略。

郭慶藩說：「『亡』讀如『無』。『亡其』，轉語也。史記范睢蔡澤列傳：『亡其言臣者賤不可用乎？』

呂氏春秋愛類篇：『亡其不得宋且不義猶攻之乎？』是凡言『亡其』，皆轉語詞也。」（莊子集釋）

⑪惠以歡為，鶩終身之醜：多本句讀為：「惠以歡為鶩，終身之醜。」

如林希逸說：「『惠』，施惠於人也。『歡』，欲得人之歡心也。以施惠而得人之歡心為鶩。」林

雲銘說：「以我之惠及人，而邀人之歡以為矜尚。」然曹礎基莊子淺註句讀為「惠以歡為，鶩終

之醜」，可從。此與上文「鶩萬世之患」，文勢相貫。「惠以歡為」，即「為歡以惠」，謂為邀衆

人之歡心而施惠於人。

⑫中民之行進焉耳：中等人的所為罷了，「中民」一詞已見於徐无鬼篇（「中民之士榮官」）。

林希逸說：「以此自鶩於世，不可，此乃終身可醜之行也。庸人之所為，則務人於此而已。」

李勉說：「言以賜惠於人自為歡傲乃終身之醜事，係庸俗之民所行耳，非至聖之舉也。」

⑬隱：訓私。

俞樾說：「李云：『隱，病患也。』然病患非所以相結。郭註曰：『隱，括；進之謂也。』然隱括

所以正曲木，亦非所以相結也。『隱』當訓為『私』。呂氏春秋圜道篇：『分定則下不相隱。』高註曰：『隱，私也。』文選赭白馬賦：『思隱周渥。』李善引國語註曰：『隱，私也。』相結以隱，謂相結以恩私。舊說皆非。」

⑭與其譽堯而非桀，不如兩忘而閉其所非譽：語襲大宗師篇：「與其譽堯而非桀，不如兩忘而化其道。」馬叙倫說：「『所』，蓋『非』字之譌也。」按：依馬說，作「閉其非譽」，意即揚棄責難和稱譽。馬說可通。然「所」字不必為譌，疑「所」下遺「非」字，當作「閉其所非譽」，此「所非譽」正承上文「譽堯」「非桀」而來。

⑮反無非傷也：反於物性，無不傷損（成疏）。

⑯動無非邪也：擾動心靈無非是邪道。

⑰躊躇：從容（釋文）；戒慎之意。

⑱以每成功：其功每成（郭註）。按：「每」字釋文成疏皆依郭註作常義解，疑當依章炳麟之說，「每」借為「謀」。章炳麟說：「『每』與『謀』聲義相近。古文『謀』作『㒵』。」

⑲載：行（羅勉道循本）。

【今譯】

老萊子的弟子出去打柴，遇見孔子，回來告訴老萊子說：「那裏有個人，上身長而下身短，背脊傴曲而耳朵後貼，目光四射，不知道他是什麼人？」

老萊子說：「那是孔丘。召他來。」

孔子來了。老萊子說：「孔丘呀！除去你行為的矜持和容貌的機智，這才可以成為君子。」

孔子作揖而退，愧然變色而問說：「我的德業能修進嗎？」

老萊子說：「不忍心一世的受害卻忽視了萬世的禍患，是固陋嗎？還是智略不及呢？以施惠邀人歡心，而忽視了終身的恥辱，這是中等人的所為罷了！以名聲相招引，以私利相結納。與其稱讚堯而非議桀，不如兩者都遺忘而揚棄所非議與稱讚的。違背本性無不受損傷，擾動心靈無非是邪念。聖人從容興起事業，以謀求成功。為什麼你總驕矜於自己的行為呢？」

六

宋元君①夜半而夢人被髮窺阿門②，曰：「予自宰路③之淵，予為清江④使河伯之所，漁者余且⑤得予。」

元君覺，使人占之，曰：「此神龜也。」

君曰：「漁者有余且乎？」

左右曰：「有。」

君曰：「令余且會朝。」

明日，余且朝。君曰：「漁何得？」

對曰：「且之網得白龜焉，其圓五尺。」

君曰：「獻若之龜。」

龜至，君再欲殺之，再欲活之，心疑，卜之，曰：「殺龜以卜，吉。」乃刳龜以卜[6]，七十二鑽[7]而無遺筴[8]。

仲尼曰：「神龜能見夢於元君，而不能避余且之網；知能七十二鑽而無遺筴，不能避刳腸之患。如是，則知有所困，神有所不及也。雖有至知，萬人謀之[9]。魚不畏網而畏鵜鶘[10]。去小知而大知明，去善而自善矣。嬰兒生無石師[11]而能言，與能言者處也。」

【註譯】

①宋元君：宋國國君，名佐，謚號元。田子方篇有「宋元君將畫圖」故事一節。

②阿門：旁門，側門。

③宰路：江畔淵名（成疏）。

④清江：即揚子江。「清」，與黃河之濁相對而稱（福永光司說）。

⑤余且：姓余名且，漁夫。

⑥乃刳龜以卜：「以卜」二字原缺。按：文選江賦註、御覽三九九、九三一引「龜」下並有「以卜」二字，文意較完（王叔岷校釋）。

⑦七十二鑽：指占卜了七十二次。

宣穎說：「每占必鑽龜。」

郭慶藩說：「文選郭景純江賦註引司馬云：『鑽，命卜，以所卜事而灼之。』」

⑧無遺筴：計算吉凶，毫無遺失。「筴」是古時卜筮用的蓍。蓍草高長，古人取它的莖用來卜筮。此處用「筴」，通「策」字。

⑨雖有至知，萬人謀之：「萬人謀之」有兩解：一說萬人謀算他；另一說萬人共同來謀劃。按：當從後說。後文「嬰兒生無石師而能言，與能言者處也」可證。

⑩鵜鶘：一種喜歡吃魚的小鳥。

⑪石師：又作碩師（釋文）。唐寫本正作碩（王叔岷校釋）。「石」與「碩」古字通用。

【今譯】

宋元君半夜裏夢見有人披頭散髮在側門窺視，說：「我來自宰路深淵，我做清江的使者到河伯那裏，漁夫余且捉到了我。」

元君醒來，使人占卜，回說：「這是神龜。」

國君說：「有個叫余且的漁夫嗎？」

左右回說：「有。」

國君說：「令余且來朝見。」

第二天，余且來朝。國君說：「你捕到了什麼？」

余且回答說：「我網到了一隻白龜，周圓五尺長。」

國君說：「把你的龜獻來。」龜送到，國君一時想殺它，又一時想養活它，心裏猶豫不決，叫人占卜，說：「殺龜來卜卦，吉利。」於是刳龜占卜，占了七十二卦而沒有不應驗的。

孔子說：「神龜能託夢給元君，卻不能躲避余且的魚網；機智能占七十二卦而沒有不應驗的，卻不能避免刳腸的禍患。這樣看來，機智也有窮困的時候，神靈也有不及的地方。縱使有最高的機智，卻有萬人去謀算他。魚不知畏網而畏鵜鶘。人能棄除小知則大知才明，去掉自以為善則善自顯。嬰兒生來沒有大師教便會說話，這是和會說話的人在一起的緣故。」

七

惠子謂莊子曰：「子言無用。」

莊子曰：「知無用而始可與言用矣。天地非不廣且大也，人之所用容足耳。然則廁足①而墊之致②黃泉，人尚有用乎？」惠子曰：「無用。」

莊子曰：「然則無用之為用也亦明矣。」

【註譯】

①廁足：「廁」音側，旁邊。

②墊之致：「墊」，本又作「塹」，掘（釋文）。「致」，至。

【今譯】

惠子對莊子說：「你的言論沒有用處。」

莊子說：「知道無用才能和他談有用。天地並非不廣大，人所用的只是容足之地罷了。然而如把立足以外的地方都挖到黃泉，人（所站的這塊小地方）還有用嗎？」

惠子說：「沒有用。」

莊子說：「那麼無用的用處也就明顯了。」

八

莊子曰：「人有能遊①，且得不遊乎？人而不能遊，且得遊乎？夫流遁之志②，決絕之行③，噫，其非至知厚德之任④與！覆墜⑤而不反，火馳⑥而不顧，雖相與為君臣，時也⑦，易世⑧而無以相賤。故曰至人不留行⑨焉。

「夫尊古而卑今，學者之流也⑩。且以狶韋氏之流觀今之世，夫孰能不波？唯至人乃能遊於世而不僻，順人而不失己。彼教不學，承意不彼⑪。」

【註譯】

①人有能遊：言世有達者。「遊」，自樂之意（林希逸說）；胸次洒然（林雲銘說）。

②流遁之志：流蕩逐物，逃遯不返（成疏）。「流遁」是逐物忘返一等人（劉鳳苞說）。

③決絕之行：「決絕」，執志確然（成疏）；與世判然自異（林希逸說）。

陳碧虛說：「果決卓絕之行，刻意以為高亢。」

劉鳳苞說：「『決絕』是深隱高蹈一等人。」

④至知厚德之任：「任」，為。「至知厚德」，循自然之人（林希逸說）。按：指至知厚德的人所為，便無流遁決絕之失。

⑤覆墜：言陷溺於世故（林希逸說）。

⑥火馳：逐於世如火之急（林希逸說）。

⑦雖相與為君臣，時也：雖然相互易位有的為君有的做臣，但只是一時之間。

⑧易世：世代變易（王先謙集解）。

⑨不留行：無留滯（成疏）。

⑩尊古而卑今，學者之流也：這是對於「尊古卑今」的復古主義思想的批判，已見於天運篇。這一進步的觀點，和法家主張相同，與儒家相對立。

⑪彼教不學，承意不彼：「彼教」，指古人之教。謂不學古人之教，僅承其真意而不同於古人。

【今譯】

莊子說：「人若能遊心自適，哪有不悠遊自得的呢？人如不能遊心自適，哪得能悠遊自得呢？流蕩忘返的心志，固執孤異的行為，唉，那都不是至知厚德的人所為的！陷溺世俗而不回頭，逐物如火而不反顧，雖然相互易位有的為君有的做臣，但只是一時之爭而已。世代變易便都不得視人為低下了。所以說至人無偏滯的行徑。

「尊古而卑今，乃是學者之流。如果以豨韋氏之流看當今之世，誰能不隨波逐流呢？唯有至人才能遊心於世而不偏僻，順隨人情而不喪失自己。他們的教條我們不學，承受真義而不認同他們。」

九

目徹[①]為明，耳徹為聰，鼻徹為顫[②]，口徹為甘，心徹為知，知徹為德。凡道不欲壅，壅則哽，哽而不止則跈[③]，跈則衆害生。物之有知者恃息[④]，其不殷，非天之罪[⑤]。天之穿之，日夜無降[⑥]，人則顧塞其竇[⑦]。胞有重閬[⑧]，心有天遊。室無空虛，則婦姑勃谿[⑨]；心無天遊，則六鑿相攘[⑩]。大林丘山之善於人也，亦神者不勝[⑪]。

【註譯】

①徹：通。

②顫：音羶，鼻子靈敏。

③跈（zhěn 抮）：讀為「抮」，「抮」，戾（王念孫說）。

④物之有知者恃息：有知覺的物類依賴氣息。「息」，氣（郭嵩燾說）。

羅勉道說：「言物之有知者恃其息之流通此身。」（循本）

⑤其不殷，非天之罪：指氣息不盛，並不是天性的過錯。

⑥天之穿之，日夜無降：天然的穿通孔竅，日夜沒有止息。

成玄英說：「『降』，止也，自然之理，穿通萬物，自晝及夜，未嘗止息。」

俞樾說：「『降』，當作『⿸疒夅』，即『癃』之籀文。『日夜無⿸疒夅』，謂不癃閟也。」

⑦顧塞其竇：「顧塞」，即梗塞之意。「顧」，當讀為「固」。說文：「固，四塞也。」「竇」，孔竅。

⑧胞有重閬：「胞」，脬膜，人身皮肉之內有一重膜包絡此身（林希逸說）。「閬」，音浪，空曠（郭註）。

林雲銘說：「人身脬膜，空曠之地，所以行氣者。」

劉鳳苞說：「胞膜中緊密相承，尚有重重空曠之地。此句乃陪襯『心有天遊』句。」

⑨勃谿：反戾（司馬彪說）。「勃」，借為悖（朱駿聲說）。「谿」，涵本崇本作「豁」（馬叙倫說）。

⑩六鑿相攘：六孔相擾攘。

⑪大林丘山之善於人也，亦神者不勝：「善」，益。「神」，心神。「不勝」，不勝歡欣（陸欽莊子通義）。

【今譯】

眼睛通徹是明，耳朵通徹是聰，鼻子通徹是顫，口舌通徹是甘，心靈通徹是智，智慧通徹是德。凡是道便不可壅阻，壅阻便梗塞，梗塞而不止則乖戾，乖戾則產生種種弊害。有知覺的物類依賴氣息，氣息不暢盛，不是天然的過失。天然的氣息貫穿孔竅，日夜沒有止息，人們的嗜慾卻閉塞了各種孔竅。胞膜都有空隙的地方，心靈也應與自然共遊。室內沒有空的地方，婆媳相處也會爭吵；心靈不與自然共遊，則六孔就要互相擾攘。大林丘山之所以引人入勝，也是由於人置身其中頓感心神舒暢的緣故。

一〇

德溢乎名①，名溢乎暴②，謀稽乎誸③，知出乎爭，柴生乎守④，官事果乎眾宜⑤。春雨日時⑥，草木怒生，銚鎒⑦於是乎始修，草木之到植⑧者過半而不知其然。

【註譯】

①德溢乎名：人間世篇作「德蕩乎名」。「溢」，流弊（王敔說），與「蕩」同義。

②名溢乎暴：「暴」，同曝，誇示的意思（福永光司說）；「暴」，露，謂名失於太露（李勉說）。

③謀稽乎誸：「誸」，急，急而後考其謀（郭註）。因急而生計（胡文英莊子獨見）。

④柴生乎守：「柴」，塞（郭註）。「守」，即拘守己見。謂閉塞生於拘執不化。

⑤官事果乎衆宜：官職設事決於衆人之所宜。

劉鳳苞說：「上五句，皆言有為則損失大，『官事』句一轉，將在官之事必順乎衆心者，以襯道之因物付物也。」

⑥春雨日時：春雨應時降落（葉玉麟今譯）。此句應作春雨及時，謂春雨及時則草木怒生（李勉說）。

⑦銚（yáo 姚）鎒：鋤田的用具。

⑧到植：即倒生。「到」，古「倒」字（盧文弨說）。「植」，生（成疏）。鋤拔反之更生者曰「到植」（司馬彪說）。

【今譯】

德的外溢在於聲名，名的外溢在於太露，計謀生於急迫，機智出於爭端，閉塞生於拘執，官事則決於衆人所宜。春雨及時降落，草木怒生，於是拿了鋤田器具來修除草木，而過後草木倒生的仍有過半，但不知其所以然。

一一

靜然可以補病，眥𡟰[1]可以休老[2]，寧可以止遽。雖然，若是，勞者之務也，佚者之所未嘗過而問焉③。聖人之所以駴④天下，神人未嘗過而問焉；賢人所以駴世，聖人未嘗過而問焉；君子所以駴國，賢人未嘗過而問焉；小人所以合時，君子未嘗過而問焉。

【註釋】

①眥（zì 自））媙（miè 滅）：「眥」，亦作「揃」。「媙」，本亦作「滅」，音滅（釋文）。「眥媙」，玉篇引正作「揃滅」。「揃滅」即今按摩術。

王叔岷說：「『眥』為『𢫬』之借，『媙』『滅』並『搣』之借。奚侗云：『說文：揃，搣也。搣，𢫬也。揃搣、搣𢫬，義本相同。』其說是也。」按：「眥媙」，借為「𢫬搣」，或作「揃搣」，乃養生術（馬敘倫說）。

②休老：即養老。陳碧虛闕誤引張君房本「休」作「沐」，高山寺本同（王孝魚校）。

③佚者之所未嘗過而問焉：「佚」上原衍「非」字，依王先謙、馬敘倫之說刪。

王先謙說：「案此『非』字當衍。」

馬敘倫說：「按郭象註曰：『若是，猶有勞，故佚者超然不顧。』是郭本當無『非』字。『非』字涉上文郭象註『非不病也，非不老也』誤羨。」

劉文典說：「馬說是也。此言勞者之務，逸者未嘗過問。有『非』字則非其指，且與下四句不一律矣。」

④駴（xiè 謝）：通駭。淮南子俶真訓作「駭」。

王穆夜說：「駴，謂改百姓之視聽也。」（釋文引）

【今譯】

心靜可以調補疾病，按摩可以防止衰老，寧定可以平息急躁。雖然這樣，乃是勞碌的人所要做的，心逸的人卻未嘗去過問。聖人所以驚動天下的，神人未嘗過問；賢人所以驚動世間的，聖人未嘗過問；君子所以驚動國家的，賢人未嘗過問；小人所以投合時機的，君子未嘗過問。

一二

演門①有親死者，以善毀②爵為官師，其黨人毀而死者半。堯與許由天下，許由逃之；湯與務光，務光怒之，紀他③聞之，帥弟子而踆於窾水④，諸侯弔之，三年，申徒狄⑤因以踣⑥河。

【註譯】

①演門：宋城門名（釋文）。

②善毀：善於哀傷毀容，這是儒俗孝行的典型。

③紀他：傳說中的隱者。

④踆（cūn 存）於窾水：「踆」，古蹲字（釋文引字林）。「窾水」，川名。

⑤申徒狄：姓申徒，名狄，傳說中的憤俗者。

⑥踣：音赴，與仆同（王敔註）。

【今譯】

演門有個死了雙親的人，由於他善於哀傷毀容而封為官師，他鄉里的人效法哀毀而死的過半。堯把天下讓給許由，許由逃開；湯讓給務光，務光發怒，紀他聽見，帶了弟子隱居在窾水，諸侯都去弔慰他，三年之後，申徒狄因此而投河。

一三

荃[1]者所以在魚，得魚而忘荃；蹄[2]者所以在兔，得兔而忘蹄；言者所以在意，得意而忘言。吾安得夫忘言之人而與之言哉！

【註譯】

①荃：魚笱（釋文）。按：道藏各本、趙諫議本、覆宋本「荃」並作「筌」。作「荃」是故書。一切經音義八八引司馬云：「筌，捕魚具也。」（王叔岷校釋）

②蹄：兔網。

【今譯】

魚笱是用來捕魚的，捕到魚便忘了魚笱；兔網是用來捉兔的，捉到兔便忘了兔網；語言是用來表達意義的，把握了意義便忘了語言。我哪裏能夠遇到忘言的人來和他談論呢？

寓言

寓言篇，由七章文字雜纂而成。各節意義不相關聯。「寓言」，寄託寓意的言論。取篇首二字為篇名。

本篇第一章說明本書所使用的文體。「寓言十九，重言十七」，這是說明寓言、重言在書中所佔的比例。進而說明為什麼要使用寓言重言。接着說所使用的語言，都是無心之言（「卮言」），合於自然的分際。有人以為這節是莊書的凡例。第二章，莊子與惠子對話，借孔子棄絕用智、未嘗多言，譏惠子恃智巧辯。第三章，寫曾子心有所繫，未達化境。第四章，寫顏成子游進道的過程。第五章，寫不執着生死。第六章，為罔兩問景，寫「無待」，與齊物論篇文字稍異而義同。第七章，寫陽子居見老聃，去驕泰的神態。

本篇提出「言無言」、「萬物皆種」、「始卒若環」等哲學命題。此外，和以天倪、睢睢盱盱等成語，亦見於本篇。

一

寓言十九①，重言十七②，卮言③日出④，和以天倪⑤。

寓言十九，藉外論之⑥。親父不為其子媒。親父譽之，不若非其父者也；非吾罪也，人之罪也。與己同則應，不與己同則反；同於己為是之⑦，異於己為非之。

重言十七，所以已言⑧也，是為耆艾⑨。年先矣，而無經緯本末⑩以期年耆⑪者，是非先也。人而無以先人⑫，無人道也；人而無人道⑬，是之謂陳人⑭。

卮言日出，和以天倪，因以曼衍，所以窮年⑮。不言則齊⑯，齊與言不齊⑰，言與齊不齊也，故曰言無言⑱。言無言，終身言，未嘗言⑲；終身不言，未嘗不言⑳。有自也㉑而可，有自也而不可；有自也而然，有自也而不然。惡乎然？然於然。惡乎不然，不然於不然。惡乎可？可於可。惡乎不可？不可於不可。物固有所然，物固有所可，無物不然，無物不可㉒。非卮言日出，和以天倪，孰得其久！萬物皆種㉓也，以不同形相禪㉔，始卒㉕若環，莫得其倫㉖，是謂天均㉗。天均者天倪也。

【註譯】

①寓言十九：寄託寓意的言論佔了十分之九。

郭象說：「寄之他人，則十言而九見信。」按：「十九」是說十居其九，這是指寓言在全書中所佔的比例。郭註以為「十言而九見信」，非。

②重言十七：借重先哲時賢的言論佔了十分之七。

張默生說：「寓言的成分，已佔有全書的十分之九了，剩下的也不過還有十分之一，為什麼重言又佔全書的十分之七呢？莊子書中，往往寓言裏有重言，重言裏也有寓言，是交互錯綜的，因此寓言的成分，即使佔了全書的十分之九，仍無害於重言的佔十分之七。這種交互引用的例子很多。」（莊子新釋）按：張說是。莊子行文，寓言中含重言，重言中又含寓言，兩種表達方式交互使用着的。

③卮（zhī 支）言：「卮」，酒器。無心之言，即卮言（成玄英疏）。按：「卮」是酒器，卮器滿了，

自然向外流溢，莊子用「卮言」來形容他的言論並不是偏漏的，乃是無心而自然的流露。張默生說：「『卮』是漏斗，『卮言』就是漏斗式的話。漏斗之為物，是空而無底的，你若向裏註水，它便立刻漏下，若連續注，……莊子卮言的取義，就是說，他說的話都是無成見之言，正有似於漏斗，他是替大自然宣洩聲音的。」

④日出：謂日新（郭象註）。

⑤和以天倪：合於自然的分際。

⑥藉外論之：「藉」，借。

郭象說：「言出於己，俗多不受，故借外耳。」

⑦同於己為是之：「為」，訓則（王引之說）。

⑧已言：「已」，止。「已言」，止其爭辯（林希逸口義）。

⑨耆艾：長老之稱。五十歲叫「艾」，六十歲叫「耆」。

⑩無經緯本末：學無所見（林希逸說）。「經緯」，比喻處事的頭緒。

⑪以期年耆：意謂徒稱年長。

蘇輿說：「『期』，猶限也。言他無以先人，徒以年為限。則陽篇：『計物之數，不止於萬，而期曰萬物。』與此『期』字義同。」

⑫無以先人：無以過人（林希逸說）。

⑬無人道：不能盡其為人之道（林希逸說）。

⑭陳人：陳久之人（郭註）。

⑮和以天倪，因以曼衍，所以窮年：三語引自齊物論篇。「曼衍」，散漫流衍，不拘常規。

⑯不言則齊：不發言論則物理自然等同齊一。這裏的「言」乃指主觀是非的表達。「不言」即不參入主觀的成見之意。

⑰齊與言不齊：本來沒有差別的加上了主觀成見的言論便不齊了。

⑱言無言：發出沒有主觀成見的言論。「無言」指無心之言。「無言」上原缺「言」字，據高山寺本補（劉文典補正）。

⑲終身言，未嘗言：「未嘗」下各本衍「不」字。依馬叙倫、王叔岷之說刪。

馬叙倫說：「『終身言，未嘗言；終身不言，未嘗不言』，相對為文，此羨『不』字。」

王叔岷說：「案『不』字疑涉下文『未嘗不言』而衍。古鈔卷子本、道藏成玄英疏、林希逸口義、褚伯秀義海纂微、羅勉道循本諸本，皆無『不』字。焦竑翼本、王夫之解本、宣穎解本，亦並無『不』字，所據本弗誤。」

⑳終身不言，未嘗不言：終身不說話，未嘗不在說話。意指若能體認事物的真況，則即使終身不說話，也能達到說話的效果。

㉑有自也：有所由來（林希逸說）；即有它的原因。

㉒惡乎然？然於然。惡乎不然？不然於不然。惡乎可？可於可。惡乎不可？不可於不可。物固有所然，物固有所可，無物不然，無物不可：已見於齊物論，字句的秩序稍異。疑是齊物論錯簡複出。

㉓皆種：皆有種類（宣穎南華經解）。

㉔以不同形相禪：以不同的類形相傳接。宣穎說：「各以其類，禪於無窮。」

㉕始卒：即始終。

㉖倫：端倪（郭嵩燾說）。

㉗天均：自然均調。齊物論篇作「天鈞」，嚴復以為當作往復周流之義。此處依上下文義當從嚴說。嚴復說：「『天均』猶『天鈞』，鈞，陶輪也。似道之物，皆無始卒，無始卒者，惟環可言，則由是往復周流之事起矣。」（評點莊子）

【今譯】

寓言佔十分之九，其中重言佔十分之七，無心之言日出不窮，合於自然的分際。

寓言佔十分之九，假託外人來論說。親父不替自己的兒子做媒。親父稱讚他，不如別人來稱讚；這不是我的過錯，是一般人猜疑的過錯。和自己意見相同就應和，和自己意見不相同就反對；和自己意見相同就肯定它，和自己意見不相同就否定它。

重言佔十分之七，為了中止爭辯，因為這是長者的言論。年齡雖長，而沒有見解只是徒稱年長的，那就不能算是先於人。做人如果沒有才德學識，就沒有做人之道；做人沒有做人之道，就稱為陳腐之人。

無心之言層出不窮，合於自然的分際，散漫流衍，悠遊終生。不發言論則物理自然齊同，本來齊同的加上了〔主觀的〕言論就不齊同了，〔主觀〕言論加在齊同的真相上便不齊同了，所以說要發沒有主觀成見的言論。發出沒有主觀成見的言論，則終身在說話，卻像不曾說；即使終身不說話，卻也未嘗不在說話。可有它（可）的原因，不可有它（不可）的原因；是有它（是）的原因，不是有它（不是）的原因。怎樣算是？是有是的道理。怎樣算不是？不是有不是的道理。怎樣算可，可有可的道理。怎樣算不可？不可有不可的道理。凡物固有所是，凡物固有所可，沒有什麼東西不是，沒有什麼東西不可。要不是無心之言層出不窮，合於自然的分際，怎能維持長久？萬物都是種子，以不同形態相傳接，首尾相接猶如循環一樣，找不着端倪，這就叫自然的往復周流。自然的運轉就是自然的消息變化。

二

莊子謂惠子曰：「孔子行年六十而六十化，始時所是，卒而非之，未知今之所謂是之非五十九非也①。」

惠子曰：「孔子勤志服②知也。」

莊子曰：「孔子謝③之矣，而其未之嘗言④。孔子云：『夫受才乎大本⑤，復靈⑥以生。鳴而當律⑦，言而當法⑧。利義陳乎前，而好惡是非直服人之口而已矣。使人乃以心服，而不敢蘁立⑨，定天下之定⑩。』已乎已乎！吾且不得及彼⑪乎！」

【註譯】

①孔子行年六十而六十化，始時所是，卒而非之，未知今之所謂是之非五十九非也：這四句與則陽篇稱蘧伯玉相同。
②服：用（成疏）。
③謝：棄絕。
④未之嘗言：口未之言（宣穎說），即無言之意。
⑤受才乎大本：人稟受才質於大自然。
⑥復靈：猶言含靈（孫詒讓說）；「復」借為「伏」，謂伏藏靈氣（章炳麟解故）。
⑦鳴而當律：發出聲音應合於韻律。
⑧言而當法：發出言論應合於法度。
⑨蘁（wù 誤）立：「蘁」，借為忤（馬叙倫說），音悟，逆（釋文）。「蘁立」，有違逆之意。
⑩定天下之定：確定天下的定則。
⑪彼：指孔子。

【今譯】

莊子對惠子說：「孔子生年六十，而六十年中與時俱化，起初所認為對的，終而又否定了，不知道現在所認為對的，不就是五十九歲時所認為不對的！」

惠子說：「孔子勵志用智嗎？」

莊子說：「孔子已經棄絕用智了，他未嘗多言。孔子說：『人從自然稟受才質，含藏着靈性而生，發出聲音應合於韻律，發出言論當合於法度。利義陳於當前，而好惡是非的辨別不過服人之口罷了。要使人心服，而不敢違逆，確立天下的定則。』算了吧，算了吧！我還比不上他呢！」

三

曾子再仕而心再化①，曰：「吾及親②仕，三釜③而心樂；後仕，三千鍾④而不洎親⑤，吾心悲。」

弟子問於仲尼曰：「若參者，可謂無所縣其罪乎⑥？」曰：「既已縣矣。夫無所縣者，可以有哀乎？彼⑦視三釜三千鍾，如觀鳥雀蚊虻⑧相過乎前也。」

【註譯】

①再化：指內心的感覺不同。林雲銘說：「謂悲樂之變。」（莊子因）

②及親：父母親在世上。

③釜：量穀物的單位，一釜是六斗四升。

④鍾：六斛四斗為一鍾。

⑤不洎（jì技）親：「洎」，借為「及」（馬叙倫說）。道藏羅勉道循本「洎」正作「及」。「親」字原缺，御覽七五七引「洎」下有「親」字，文意較明（王叔岷校釋）。依劉文典、王叔岷之說補。

⑥無所縣其罪乎：意指無所繫於祿網。「縣」，懸，牽掛。章炳麟說：「『無所縣其罪』，猶云無所絓其罔耳。以利祿比罔羅。」

⑦彼：謂無繫之人（成疏）。

⑧觀鳥雀蚊虻：「鳥」字今本缺。陳碧虛闕誤引張君房本「雀」上有「鳥」字，當據補。觀郭註成疏，所見本皆作「鳥雀蚊虻」（見劉文典、王叔岷說）。

【今譯】

曾子再做官時心境又不同，他說：「我父母在時做官，俸祿只有三釜而心裏覺得快樂；後來做官，俸祿有三千鍾而不及奉養雙親，心裏感到悲傷。」

弟子問孔子道：「像曾參這樣，可以說沒有受祿網所繫的過錯了吧？」

孔子說：「已是心有所繫了。要是心無所繫，會有悲傷的感覺嗎？那些心無所繫的人看三釜、三千鍾，就如同看鳥雀蚊虻飛過面前一樣。」

四

顏成子游謂東郭子綦①曰：「自吾聞子之言，一年而野②，二年而從③，三年而通④，四年而物⑤，五年而來⑥，六年而鬼入⑦，七年而天成⑧，八年而不知死，不知生⑨，九年而大妙⑩。」

【註譯】

①東郭子綦：住在郭東，號曰東郭，猶是齊物篇中南郭子綦（成疏）。

②野：質樸。

③從：從順，不自執。

④通：通達，不受拘束。

⑤物：與物同（郭註），即順物而化。

⑥來：萬物來集的意思，指衆人來依歸。

馬叙倫說：「案『來』上有奪字。成玄英疏曰：『為衆歸也。』或奪『物』字，或奪『人』字。」

⑦鬼入：神會理物（成疏）。

⑧天成：合自然成（成疏）。

⑨不知死，不知生：不覺死生聚散之異（成疏）。

⑩大妙：大道玄妙的境界。

【今譯】

顏成子游對東郭子綦說：「自從我聽你講道，一年而返於質樸，二年而從順不自執，三年而通達無礙，四年而與物同化，五年而衆物來集，六年而鬼神來舍，七年而合於自然，八年而不為死生的變化所拘着，九年而體認大道玄妙的境界。」

五

生有為，死也①。勸公②，以其死也，有自也；而生陽也，無自也。而果然乎？惡乎其所適？惡乎其所不適③？天有曆數④，地有人據⑤，吾惡乎求之？莫知其所終，若之何其無命也？莫知其所始，若之何其有命也？有以相應也，若之何其無鬼邪？無以相應也，若之何其有鬼邪？

【註譯】

①生有為，死也：生而有為則喪其生（郭註）；即人生妄為，便走向死路。

②勸公：設為勸人之語（宣穎說）。按：「勸公」一詞，恐有脫字或筆誤。王敔說：「句疑有譌。」陳碧虛莊子闕誤引張君房本「其」下有「私」字，作「勸公以其私」。

③而果然乎？惡乎其所適？惡乎其所不適：這話的意思是說，果真看透生死乃氣聚氣散，順任自然，則無往而不適。

④曆數：寒暑春秋（胡文英莊子獨見）。

⑤人據：人物依據（成疏）；以人所據而分國邑（王郎說）。

【今譯】

人生在世而妄為，便走向死路。奉勸世人，人的死亡，是有原因的，而人生於陽氣交動，則是沒有來由的。你果是這樣嗎？哪裏是所適的地方？哪裏是所不適的地方？天有四時變化，地有人物依據，我還到哪裏去索求呢？不知道它的所終，我們怎能斷定沒有運命？不知道它的所始，我們怎樣斷定有運命呢？萬物如有相應的對象，怎能斷定沒有鬼神呢？萬物如沒有相應的對象，怎能斷定有鬼神呢？

六

罔兩問於景①曰：「若向也俯而今也仰，向也括撮②而今也被髮，向也坐而今也起，向也行而今也止，何也？」

景曰：「搜搜③也，奚稍問④也！予有而不知其所以⑤。予，蜩甲也，蛇蛻也⑥，似之而非也⑦。火與日，吾屯⑧也；陰與夜，吾代⑨也。彼吾所以有待邪⑩？而況乎以無有待者乎⑪！彼來則我與之來，彼往則我與之往，彼強陽⑫則我與之強陽。強陽者又何以有問乎！」

【註譯】

①罔兩問於景：「罔」上各本衍「衆」字。「衆」字無義，當為衍文。齊物論篇「罔」上亦無「衆」字（劉文典補正）。
陶鴻慶說：「此作『衆罔兩』，於義難通。『衆』疑『罔』字之誤而衍者。『罔』字隸書或作『罒』，與『衆』相似，因而致誤耳。」（讀莊札記）

②括撮：謂括髮（司馬彪說）。「撮」，束髮（成疏）。「撮」字通行本缺，依成疏及闕誤引張君房本補（王孝魚校）。

③搜搜：區區之意。
劉師培說：「案『搜』讀禮學記『謏聞』之『謏』，猶區區也。」（莊子斠補）按：劉說是。向註：「運貌。」郭註：「運動自爾。」皆非。

④奚稍問：何足問。
劉師培說：「『稍問』，猶言小問。『稍』與『肖』同。『奚稍問』者，猶云奚問之小也。」

⑤予有而不知其所以：我活動卻不知為什麼這樣。「有」，讀為「為」（馬叙倫說）。

⑥蜩甲也，蛇蛻也：「蜩甲」，蟬蛻皮（司馬彪說）；蟬殼（成疏）。「蛇蛻」，即蛇脫皮。「也」，訓耶、邪。

⑦似之而非也：這是說影子和蜩甲、蛇蛻看起來相似其實不然。

林雲銘說：「蜩甲、蛇蛻雖附於形，尚有其質，影則可見而不可執，故似之而實非也。」

宣穎說：「甲、蛻猶有一定之形，故似之而非。」

⑧屯：聚。

林雲銘說：「影之遇明則顯。」

⑨代：謝（成疏）；隱息之意。

郭慶藩說：「文選謝靈運遊南亭詩註引司馬云：『代，謂使得休息也。』」

⑩彼吾所以有待邪：影之所待者日火陰夜（呂惠卿莊子義）。按：「彼」乃指火與日，舊註皆以為指「形」，非。下文「彼來」「彼往」之「彼」，同指火與日。

福永光司說：「『彼』，承上文指『火日』與『陰夜』，依宋呂惠卿說。」（莊子雜篇解說二九二頁）

成玄英說：「必無火日，形亦不能生影，不待形也。夫形之生也，不用火日，影之生也，豈待形乎！故以火日況之，則知影不待形，明矣。」

⑪而況乎以無有待者乎：何況那些無所依待的東西呢？按：「無」字原缺，依郭註及闕誤引張君房本補（王孝魚校）。

成玄英疏：「形影尚不相待，而況他物乎！是知一切萬法，悉皆獨化也。」

⑫強陽：倘徉活動；運動之貌（成疏）。

【今譯】

影外微影問影子說：「剛才你俯身而現在又仰頭，剛才你束髮而現在又披髮，剛才你坐下而現在又起來，剛才你行走而現在又止步，為什麼呢？」

影子說：「小小的事，何必問呢？我活動卻不知道為什麼這樣。我像蟬殼嗎？像蛇皮嗎？像似卻又不是。火光和陽光出現，我就顯現；陰暗與夜晚時，我就隱息。火和陽光是我所要依待的嗎？何況那無所依待的東西呢？它來我便隨着而來，它去我便隨着而去，它活動我便隨着而活動。活動而已，又有什麼可問的呢？」

七

陽子居南之沛①，老聃西遊於秦②，邀於郊，至於梁③而遇老子。老子中道仰天而歎曰：「始以汝為可教，今不可也。」

陽子居不答。至舍④，進盥漱巾櫛⑤，脫屨户外，膝行而前曰：「向者弟子欲請夫子，夫子行不閒，是以不敢。今閒矣，請問其過。」

老子曰：「而睢睢盱盱⑥，而誰與居⑦？大白若辱，盛德若不足⑧。」

陽子居蹴然變容曰：「敬聞命矣！」

其往也，舍者迎將⑨，其家公⑩執席，妻執巾櫛，舍者⑪避席，煬⑫者避竈。其反也，舍者與之爭席矣。

【註譯】

①沛：今江蘇省沛縣。
②秦：陝西省。
③梁：今河南開封。
④舍：旅舍。
⑤盥（guàn 貫）漱巾櫛：洗臉、漱口、毛巾、梳子。
⑥睢睢（suī 雖）盱盱（xū 虛）：「睢」，仰目。「盱」，張目。皆傲視貌（林雲銘、陳壽昌說）。
⑦而誰與居：誰要和你相處。
⑧大白若辱，盛德若不足：引自老子四十一章。「盛德」老子作「廣德」。「辱」，通「黷」，引申為「黑」。
⑨迎將：迎送。
⑩家公：指旅舍主人。
⑪舍者：先坐之人（成疏）。按：上文「舍者」指旅舍之人，依成疏則此作休息之人。
⑫煬：炊（釋文）。

【今譯】

陽子居向南到沛地，老聃西遊到秦地，約在郊外見面，到了梁地遇見了老子。老子在途中仰頭向天歎說：「起初我以為你可受教，現在才知道你不行。」

陽子居不回話。到了旅舍，侍奉老子梳洗用具，把鞋脱在户外，膝行向前說：「剛才弟子想請教先生，先生沒有空，所以不敢問。現在得空，請問我的過錯。」

老子說：「你神態傲慢，誰要和你相處呢？最潔白的好像含垢的黑點，盛德的人好像不足的樣子。」

陽子居愧然變色說：「敬聽先生的教誨了。」

當陽子居來的時候，旅舍的人都迎接他，旅舍主人安排座蓆，女主人替他拿毛巾梳子，先坐的人讓出位子，燒飯的人都不敢當竈。等到他回去時，旅舍的人（不再拘束）和他爭蓆位了。

讓王

讓王篇，要旨闡述重生的思想。由十五個寓言故事組合而成。「讓王」，辭讓王位。篇中多借辭讓王位而寫生命的可貴，輕視利祿名位，取此意為篇名。本篇許多章文字重現於呂氏春秋。自蘇東坡以來，以為讓王等篇不是莊子所作，疑是偽品。然本篇雖非莊子自作，卻與莊派思想有相通之處，可能是莊子後學所寫，並發揮了楊朱「重生」思想。

本篇第一章述三個讓君位的故事，闡揚「重生」思想——以生命為貴，以名位為輕。第二章，大王亶父遷岐山的故事，也闡述「重生」之義。並譏評「今世之人，居高官尊爵者，皆重失之，見利輕亡其身」。第三章，王子搜的故事，也是寫「重生」的思想。感歎做國君的禍患，表明不肯以君位來傷害生命的態度。第四章，子華子與昭僖侯對話，感天下爭亂不已，傷殺生命，而主「重生」之言。第五章，魯君禮聘顏闔，顏闔惡富貴。「今世俗之君子，多危身棄生以殉物。」好比隨侯用寶珠去射麻雀。生命是貴重的，世俗君子卻輕身逐物。第六章，寫列子窮而拒絕鄭國宰相的贈粟。第七章，屠羊說的故事，寫屠羊說有功於國而不受爵祿，身處卑微而陳義甚高。第八章，寫子貢訪原憲，子貢以仁義、車馬為華飾，超世揚己，而原憲則貧而樂，有所不為。第九章，借曾子寫求道的人「天子不得臣，諸侯不得友」。第十章，孔子與顏回對話，寫「知足者不以利自累」。第十一章，魏牟與瞻子對話，談「重生」。第十二章，孔子與門人對話，寫懷道抱德的人，能安然自得。第十三章，寫北人無擇恥於接受君位。第十四章，卞隨、務光的辭讓，寫潔士不苟合於君主。第十五章，借伯夷叔齊的故事，諷周王「殺伐以要利，是推亂以易暴」。

出自此篇的成語有：日出而作，日入而息、隨珠彈雀、陳義甚高、上漏下溼、胼手胝足、捉衿見肘、捉襟肘見、納屨踵決、踵決肘見等。此外，「天子不得臣，諸侯不得友」及「身在江湖，心存魏闕」等名言亦出自於此。

一

堯以天下讓許由，許由不受。又讓於子州支父①，子州支父曰：「以我為天子，猶之可也。雖然，我適有幽憂之病②，方且治之，未暇治天下也。」夫天下至重也，而不以害其生，又況他物乎！唯無以天下為者，可以託天下也③。

舜讓天下於子州支伯④。子州支伯曰：「予適有幽憂之病，方且治之，未暇治天下也。」故天下大器也，而不以易生，此有道者之所以異乎俗者也。

舜以天下讓善卷⑤，善卷曰：「余立於宇宙之中，冬日衣皮毛，夏日衣葛絺⑥；春耕種，形足以勞動；秋收斂，身足以休食；日出而作，日入而息，逍遙於天地之間而心意自得。吾何以天下為哉！悲夫，子之不知余也！」遂不受。於是去而入深山，莫知其處⑦。

舜以天下讓其友石户之農⑧，石户之農曰：「捲捲⑨乎后⑩之為人，葆力⑪之士也！」以舜之德為未至也，於是夫負妻戴，攜子以入於海，終身不返也。

【註譯】

①子州支父：姓子，名州，字支父，懷道之人，隱者（成玄英莊子疏）。

②幽憂之病：「幽」，深（成疏）；謂其病深固（釋文引王穆夜說）；猶今言暗疾（林希逸口義）。
李勉說：「『幽憂』即隱憂，憂天下之人皆不能恬淡無為，而竟重視榮位，爭取天下，故下文云：

『唯無以天下為者，可以託天下。』……又『幽憂之病』，亦可解為深憂之病。」（莊子分篇評註）

③唯無以天下為者，可以託天下也：呂氏春秋貴生篇作「惟不以天下害其生者也，可以託天下」（劉文典補正）。「無以天下為」有引申為二義：一指不以天下為己，即不以天下為己所有、所用；另一指不妄為於天下。

④子州支伯：支伯，猶支父（成疏）。漢書古今人表有子州支父，無支伯，則支父、支伯是一人（俞樾莊子平議）。

⑤善卷：姓善，名卷，隱者（成疏）。呂覽下賢篇作善綣（俞樾說）。

⑥葛絺（chī 癡）：「葛」，多年生的蔓草，莖纖維可織布；這裏指粗布。「絺」，細的葛布。

⑦去而入深山，莫知其處：這二句使人想起唐賈島尋隱者不遇詩句：「只在此山中，雲深不知處。」（福永光司說）

⑧石户之農：「石户」，地名。「農」，農人（釋文引李頤說）。

⑨捲捲：音權，用力貌（釋文）；自勞之貌（林希逸口義）。

⑩后：指舜。

⑪葆力：音保，字亦作「保」（釋文）；勤苦用力（林希逸說）。

【今譯】

堯把天下讓給許由，許由不接受。又讓給子州支父，子州支父說：「讓我做天子，也可以。不過，我患着深憂之病，正在醫治，沒有時間來治理天下。」天下大位是最貴重的，而他不以大位妨害自己的生命，何況其他的事呢？只有不以天下為己所用的人，才可以把天下寄託給他。

舜把天下讓給子州支伯。子州支伯說：「我患着深憂之病，正在醫治，沒有時間來治理天下。」天下大位是最大的名器，卻不以它來交換生命，這是有道的人之所以和凡俗人不同的地方。

舜把天下讓給善卷，善卷說：「我站在宇宙之中，冬天穿皮毛，夏天穿粗布；春天耕種，形體足够勞動；秋天收穫，身體足够安養；太陽出來去工作，太陽下山便休息，逍遙自在於天地之間而心意自得。我要天下的位子做什麼？可悲啊，你不了解我！」就這樣不肯接受。他於是離開到深山裏，沒有人知道他的去處。

舜把天下讓給他的朋友石户的農夫，石户的農夫說：「勤苦呀，國君的為人，勞碌之士啊！」認為舜的德還不够，於是丈夫揹負行囊、妻子頭頂器具，帶着子女隱居海島，終生沒有回來。

二

大王亶父①居邠②，狄人③攻之；事之以皮帛而不受，事之以犬馬而不受，事之以珠玉而不受，狄人之所求者土地也。大王亶父曰：「與人之兄居而殺其弟，與人之父居而殺其子，吾不忍也。子皆勉居矣！為吾臣與為狄人臣奚以異！且吾聞之，不以所用養害所養④。」因杖筴⑤而去之。民相連⑥而從之。遂成國於岐山⑦之下。夫大王亶父，可謂能尊生矣。能尊生者，雖貴富不以養傷身，雖貧賤不以利累形。今世之人居高官尊爵者，皆重失之，見利輕亡其身，豈不惑哉！

【註譯】

①大王亶父：周朝的始祖，王季的父親，文王的祖父。御覽四一九引「大王」作「古公」。

②邠：今陝西省栒邑縣。

③狄人：獫狁（成疏）。詩經作獲吮，秦漢作匈奴。

④不以所用養害所養：「用養」，土地。「所養」，百姓。本用地以養人，今殺人以存地，故不可（成疏）。

⑤筴：同策。

⑥相連：一說「相連續」（成疏）；一說「連，讀曰輦」（釋文引司馬彪說）。「連」，本古文「輦」字（章炳麟莊子解故）。按：輦（niǎn碾）為古時人力挽行的車，即手挽車。當從後說。

⑦岐山：陝西省岐山縣。

【今譯】

大王亶父居住在邠地，狄人攻打他；大王亶父拿獸皮財帛事奉他們而不接受，拿犬馬畜牲事奉他們也不接受，拿珍珠寶玉事奉他們還不接受，狄人所要的是土地。大王亶父說：「和人的哥哥居住而讓他的弟弟去被殺害，和人的父親居住而讓他的兒子去被殺害，我不忍心這樣做。你們都勉力求生存吧！做我的臣子和做狄人的臣子有什麼不同！並且我聽說，不要因着用以養人的土地而殺害所養的人民。」大王亶父於是扶着杖離開那裏。百姓推着挽車跟着走，在岐山下成立國家。像大王亶父這樣，可以説能够珍重生命了。能尊重生命的，即使富貴也不以味養而傷害身體，即使貧賤也不以利祿而累害形體。現時的人，身居高官尊爵，都重視失去它們，見到利祿就不顧自己的性命，豈不是迷惑嗎？

三

越人三世弒其君，王子搜①患之，逃乎丹穴②。而越國無君，求王子搜不得，從③之丹穴。王子搜不肯出，越人薰之以艾。乘以王輿④。王子搜援綏⑤登車，仰天而呼曰：「君乎！君乎！獨不可以舍我乎！」王子搜非惡為君也，惡為君之患也。若王子搜者，可謂不以國傷生矣，此固越人之所欲得為君也。

【註譯】

①王子搜：搜，王子名。淮南子作翳，畢沅、梁玉繩謂作翳非（見馬叙倫莊子義證引）。俞樾考訂王子搜是無顓之異名（莊子平議）。

②丹穴：洞窟名。成疏：「南山洞。」

③從：「蹤」之省字。

④王輿：一本作「玉輿」（釋文）。「玉輿」，君之車輦。亦有作「王」字者，隨字讀之，所謂玉輅（成疏）。

⑤援綏：「援」，同引。「綏」，車上繩。

【今譯】

越人殺了三代的國君，王子搜很憂懼，逃到丹穴。越國沒有國君，找不到王子搜，跟蹤到丹穴之洞。王子搜不肯出來，越國人用艾草薰他。用君王的車輿來載他。王子搜拉着車繩上車，仰天呼號說：「君位呀，君位呀！就是不肯放過我嗎？」王子搜並不是厭惡做國君，乃是厭惡做國君的禍患。像王子搜這樣的人，可說不肯以君位來傷害生命了，這也正是越人要他做國君的原因。

四

韓魏相與爭侵地。子華子①見昭僖侯②，昭僖侯有憂色。子華子曰：「今使天下書銘於君之前③，書之言曰：『左手攫之則右手廢，右手攫之則左手廢，然而攫之者必有天下。』君能攫之乎④？」

昭僖侯曰：「寡人不攫也。」

子華子曰：「甚善！自是觀之，兩臂重於天下也，身又重於兩臂⑤。韓之輕於天下亦遠矣，今之所爭者，其輕於韓又遠。君固愁身傷生以憂戚之不得也⑥！」

信侯曰：「善哉！教寡人者衆矣，未嘗得聞此言也。」子華子可謂知輕重矣。

【註譯】

①子華子：魏國賢人。

俞樾說：「呂覽貴生篇引子華子曰：『全生為上，虧生次之，死次之，迫生為下。』又誣徒篇引子華子曰：『王者樂其所以王，亡者樂其所以亡。』高註並云：子華子，古體道人。知度、審為兩篇註同。」

②昭僖侯：即韓國昭侯。馬叙倫義證與王叔岷校釋引呂氏春秋任數篇、史記韓世家等古書證昭僖侯即昭侯。

③今使天下書銘於君之前：按：「天下」二字疑涉下文「必有天下」而誤羨（馬叙倫說）。可備一說。

④君能攫之乎：高山寺古鈔本「君」下無「能」字（劉文典、王叔岷校）。呂氏春秋審為篇作「君將攫之乎」（馬叙倫、王叔岷校）。

⑤身又重於兩臂：「又」，原作「亦」，字之誤。依劉文典、王叔岷之說，據呂氏春秋審為篇與御覽三六九引改正。

⑥以憂戚之不得也：「之」字原缺。按：古鈔卷子本「戚」下有「之」字，文意較完（王叔岷校釋）。

【今譯】

韓國和魏國互相爭奪土地。子華子見到昭僖侯，昭僖侯面有憂色。子華子說：「現在使天下人在你的面前寫下誓約，誓約寫道：『左手奪到它就要砍去右手，右手奪到它就要砍去左手，但是奪到的可以得到天下。』你願意去奪取它嗎？」

昭僖侯說：「我不願意去奪取。」

子華子說：「很好，這樣看來，兩隻手臂比天下重要，身體又比兩臂重要。韓國遠比天下為輕，現在所爭奪的，又遠比韓國為輕。你何必愁身傷生去憂慮得不到呢？」

僖侯說：「好呀！勸我的人很多，還沒有聽到這樣的話。」子華子可以說知道輕重了。

五

魯君①聞顏闔得道之人也，使人以幣②先焉③。顏闔守陋閭④，苴布⑤之衣而自飯牛⑥。魯君之使者至，顏闔自對之。使者曰：「此顏闔之家與？」顏闔對曰：「此闔之家也。」使者致幣，顏闔對曰：「恐聽謬而遺使者罪⑦，不若審之。」使者還，反審之，復來求之，則不得已。故若顏闔者，真惡富貴也。

故曰，道之真以治身，其緒餘⑧以為國家，其土苴⑨以治天下。由此觀之，帝王之功，聖人之餘事也，非所以完身養生也。今世俗之君子，多危身棄生以殉物，豈不悲哉！

凡聖人之動作也，必察其所以之⑩與其所以為。今且有人於此，以隨侯之珠⑪彈千仞之雀，世必笑之。是何也？則其所用者重而所要者輕也。夫生者，豈特隨侯珠⑫之重哉！

【註譯】

①魯君：魯哀公（李頤說）。一本作魯侯（釋文）。

②幣：贈物。

③先焉：先通其意（成疏）。秋水篇「楚王使大夫二人往『先焉』」，同義。

④陋閭：即陋巷。

⑤苴布：粗麻布。本或作「麤」（釋文）。御覽八九九引正作「麤」，八二〇引作「粗」。「麤」與「粗」同，「苴」借字（王叔岷校釋）。

⑥飯牛：飼牛。已見田子方。

⑦恐聽謬而遺使者罪：「聽謬」，原作「聽者謬」，「者」字涉下「使者」而衍。陳碧虛引張君房本、高山寺古鈔本並作「恐聽謬而遺使者」（劉文典補正）。

俞樾說：「上『者』字衍文。『恐聽謬而遺使者罪』，恐其以誤聽得罪也。聽即使者聽之，非聽者一人，使者一人也。呂氏春秋貴生篇正作『恐聽謬而遺使者罪』。」

⑧緒餘：謂殘餘（釋文引司馬彪、李頤說）。

⑨土苴：糟粕（李頤說）；土芥同義。
⑩所以之：即所以往。
⑪隨侯之珠：隨國近濮水，濮水出寶珠（成疏）。
⑫隨侯珠：「珠」字原缺，據俞樾之說補。
俞樾說：「隨侯下當有『珠』字。若無『珠』字，文義不足。呂氏春秋貴生篇作『夫生豈特隨侯珠之重也哉』，當據補。」
馬叙倫說：「意林引『侯』下有『珠』字。」

【今譯】

魯君聽說顏闔是個得道的人，派人帶着幣帛禮品來致意。顏闔住在陋巷子裏，穿着粗布衣服自己在餵牛。魯君的使者來了，顏闔親自接待。使者說：「這是顏闔的家嗎？」顏闔回說：「這是我的家。」使者送上幣帛，顏闔回說：「恐怕聽錯了讓使者受責備，不如問個明白。」使者回去，查問清楚了，再來找他，卻找不到他。像顏闔這樣的人，真正是厭惡富貴了。

所以說，道的真質用來治身，它的剩餘用來治理國家，它的土芥用來治理天下。這樣看來，帝王的功業，乃是聖人的餘事，並不是用做全身養生的。現在世俗的君子，多危身棄生去追逐物慾，豈不可悲！凡是聖人的行動，必定要觀察所以往和所以為的意義。現在如果有這樣的一個人，用隨侯的寶珠去射千仞高的麻雀，世人必定會嘲笑他。為什麼呢？因為他所用的貴重而所求的輕微。生命這東西，豈止像隨侯珠那樣貴重呢？

六

子列子窮，容貌有飢色。客有言之於鄭子陽①者曰：「列禦寇，蓋有道之士也，居君之國而窮，君無乃為不好士乎？」鄭子陽即令官遺之粟。子列子見使者，再拜而辭。使者去，子列子入，其妻望之而拊心②曰：「妾聞為有道者之妻子，皆得佚樂，今有飢色。君過③而遺先生食，先生不受，豈不命邪④！」

子列子笑謂之曰：「君非自知我也。以人之言而遺我粟，至其罪我也又且以人之言，此吾所以不受也。」其卒，民果作難而殺子陽。

【註譯】

①子陽：鄭相（釋文）。子陽事見呂覽適威篇、淮南氾論訓（俞樾說）。

②望之而拊心：其妻怨望故拊心（楊伯峻列子校釋）。「望」，怨（師古說，楊伯峻校釋引）。「拊」，音「撫」。

③過：看望、慰問。一本亦作「遇」（釋文）。「遇」，知遇（嚴靈峯列子新編五二頁）。按：「過」字長（馬叙倫說），「遇」即「過」之形誤（王叔岷說）。

④豈不命邪：高山寺本作「豈非命也哉」（王孝魚校）。

【今譯】

列子窮困，面容有飢色。有人告訴鄭子陽說：「列禦寇是有道之士，住在你的國內而窮困，你不是好士嗎？」鄭子陽就派官員送米粟給他。列子見到使者，再三辭謝不接受。

使者走了，列子進屋裏，他的妻子埋怨他而撫着胸說：「我聽說有道人的妻子，都能得到安樂，現在你我面有飢色。相國聽了派人來看望並送糧給你，你不接受，豈不是命該這樣嗎？」

列子笑着說：「相國並不是自己了解我。而是聽人說了才送米粟給我，將來他也可能會聽別人的話而怪罪我，這就是我不接受的原因。」後來，人民果然造反而殺了子陽。

七

楚昭王失國，屠羊說①走而從於昭王②。昭王反國，將賞從者，及屠羊說。屠羊說曰：「大王失國，說失屠羊；大王反國，說亦反屠羊。臣之爵祿已復矣，又何賞之有哉③！」

王曰：「強之！」

屠羊說曰：「大王失國，非臣之罪，故不敢伏其誅；大王反國，非臣之功，故不敢當其賞。」

王曰：「見之！」

屠羊說曰：「楚國之法，必有重賞大功而後得見，今臣之知不足以存國而勇不足以死寇。吳軍入郢，說畏難而避寇，非故隨大王也。今大王欲廢法毀約④而見說，此非臣之所以聞於天下也。」

王謂司馬子綦⑤曰：「屠羊說居處卑賤而陳義甚高，子其⑥為我延之以三旌⑦之位。」屠羊說曰：「夫三旌之位，吾知其貴於屠羊之肆也；萬鍾之祿，吾知其富於屠羊之利也；然豈可以貪爵祿而使吾君有妄施之名乎！說不敢當，願復反吾屠羊之肆。」遂不受也。

【註譯】

①屠羊說：屠羊者，名說。

②走而從於昭王：高山寺古鈔本無「昭」字（劉文典說）。

③又何賞之有哉：「哉」字原缺。據高山寺本補（劉文典、王叔岷校）。

④約：軍律（福永光司說）。

⑤司馬子綦：楚國將軍。

⑥子其：「其」字各本作「綦」。由讀者以上文作「子綦」妄改，或傳寫誤（馬叙倫義證）；「綦」乃「其」之誤（王叔岷校釋）。

俞樾說：「『子綦為我延之以三旌之位』句，此昭王自與司馬子綦言，當稱子，不當稱『子綦』。『綦』字衍文。」

劉文典說：「御覽二百二十八引無『綦』字，可證俞說。道藏本作『子其為我延之以三旌之位』，義亦可通。各本之『綦』或即『其』字，涉上『王謂司馬子綦』而誤也。」

⑦三旌：三公之位，車服皆有旌別（劉鳳苞南華雪心編）。司馬本作「三珪」，謂諸侯之三卿皆執珪（釋文）。

【今譯】

楚昭王喪失了國土。屠羊說跟着昭王出走。後來昭王返國，要獎賞跟從的人，輪到屠羊說。屠羊說說：「大王喪失國土，我喪失屠羊的工作；大王返國，我也回來屠羊。我的爵祿已經恢復了，又有什麼好獎賞的呢？」

昭王說：「勉強他接受。」

屠羊說說：「大王喪失國土，不是我的過錯，所以我不該接受懲罰；大王收復國土，不是我的功勞，所以我不當接受獎賞。」

昭王說：「來見我！」

屠羊說說：「楚國的法令，必定有重賞大功的人才能晉見，現在我的才智不足以保存國家而勇敢也不足以殲滅敵寇。吳國的軍隊侵入郢都，我畏懼危難而逃避敵寇，並不是有意追隨大王。現在大王要廢毀約法而召見我，這不是我所願意傳聞於天下的事。」

昭王對司馬子綦說：「屠羊說身處卑賤而陳義很高，你替我請他任三公的職位。」

屠羊說說：「三公的職位，我知道比屠羊的職業尊貴；萬鍾的俸祿，我知道比屠羊的利益豐富；

但是我怎麼可以貪圖爵祿而使君主得到濫施的聲名呢？我不敢接受，希望還是回到我屠羊的市場裏。」他最終沒有接受。

八

原憲[1]居魯，環堵之室[2]，茨以生草[3]；蓬户[4]不完，桑以為樞[5]；而甕牖二室[6]，褐以為塞；上漏下溼，匡坐而弦歌[7]。

子貢乘大馬，中紺而表素[8]，軒車不容巷[9]，往見原憲。原憲華冠縰履[10]，杖藜[11]而應門。

子貢曰：「嘻！先生何病？」

原憲應之曰：「憲聞之，無財謂之貧，學道而不能行謂之病[12]。今憲，貧也，非病也。」

子貢逡巡而有愧色。

原憲笑曰：「夫希世而行[13]，比周而友，學以為人，教以為己，仁義之慝[14]，輿馬之飾，憲不忍為也。」

【註譯】

①原憲：孔子弟子，姓原，名思，字憲。

②環堵之室：周環各一堵，謂之「環堵」。猶方丈之室（成疏）。

③茨（cí磁）以生草：以草蓋房，謂之「茨」（成疏）。「生草」，謂新生未乾之草，即牽蘿補屋之意（郭慶藩說）。

④蓬户：織蓬為户（釋文）。

⑤桑以為樞：屈桑條為户樞（司馬彪說）。

⑥而甕牖二室：破甕為牖，夫妻各一室（司馬彪說）。

⑦匡坐而弦歌：「匡坐」，正坐。「弦」下原缺「歌」字，依奚侗補註，據陳碧虛莊子闕誤引張君房本補。

⑧乘大馬，中紺而表素：即論語雍也篇：「乘肥馬，衣輕裘。」指豪奢生活（福永光司說）。「中紺而表素」有二說：一說指車蓋；如成疏：「其軒蓋是白素，裏為紺色。」一說指衣着；如李頤說：「紺為中衣，加素為表。」按：當指後者，形容「內外服飾之美」（劉鳳苞南華雪心編）。「紺」，深青赤色；「表素」，以白色為外衣（林希逸說）。茲從黃錦鋐今譯（新譯莊子讀本）。

⑨軒車不容巷：車馬高大，故巷道不容（成疏）。

⑩華冠縰履：有數解：（一）作「以華木皮為冠」（釋文）。韓詩外傳作「楮冠」（馬叙倫說），御覽九九八引作「草冠」（劉文典說）。（二）作「華山冠」（宣穎南華經解）。（三）解為冠敝而分裂（陶鴻慶讀莊札記）。姑從後說。

陶鴻慶說：「禮記曲禮：『為國君者華之。』鄭註：『華中裂之。』周禮夏官形方氏：『無有華離之地。』阮氏校勘記云：『今俗語分析謂之花。』即此經『華』字。然則『華冠』，謂冠敝而分裂也。舊解疑非。」按：「華冠縰履」為句，「縰履」，李頤註「謂履無跟」，則是形容原憲家貧而冠履的破舊狀，故陶說似可從。

⑪杖藜：以藜為杖（成疏）。此「杖」字作動詞用謂持藜杖而行。「藜」，草屬，莖可為杖（李勉說）。

⑫學道而不能行謂之病：「道」字原缺。依劉文典、王叔岷校，據御覽四八五、史記仲尼弟子列傳引補增。

⑬希世而行：趨世而行。

司馬彪說：「『希』，望。所行常顧世譽而動。」

⑭仁義之慝：謂依託仁義為奸惡（司馬彪說）。

【今譯】

原憲住在魯國，方丈小屋，茅草蓋頂；編織蓬蒿做成門户且不完整，用桑條做門樞；用破甕做窗户，以粗布衣隔成二室；屋頂漏雨、地下潮溼，他卻端坐而弦歌。

子貢乘着大馬，穿着素白的大衣襯着紫紅色的內裏，巷子容不下高大的馬車，於是走去見原憲。

原憲戴着破舊的帽子，穿着破爛的草鞋，扶着藜杖來應門。

子貢說：「唉！先生是什麽病呢？」

原憲回答他說：「我聽說，沒有錢財叫做貧，有學問而不能施行叫做病。現在我是貧，不是病。」

子貢進退不安面有愧色。

原憲笑着說：「要是趨世而行，結黨為友，所學為求炫耀於人，所教但求顯揚於己，仁義的奸慝，車馬的華飾，這是我所不願去做的。」

九

曾子居衞，緼袍①無表②，顏色腫噲③，手足胼胝。三日不舉火，十年不製衣，正冠而纓絕④，捉衿而肘見，納屨而踵決⑤。曳縰⑥而歌商頌，聲滿天地，若出金石。天子不得臣，諸侯不得友。故養志者忘形，養形者忘利，致道者忘心矣。

【註譯】

①緼袍：謂麻緼為絮（司馬說）；今之絮衣（林希逸說）。論語子罕篇：「衣敝緼袍。」

②無表：沒有表層，指衣服表層破爛。

林希逸說：「外破而露其絮。」

③腫噲：虛浮（林希逸說）；浮腫。

郭慶藩說：「『噲』，疑字當作『瘡』，病甚。通作『殨』，腫決曰『殨』。」

④正冠而纓絕：正戴帽子而帽帶斷了。

林希逸說：「方欲正其冠而纓又絕，纓所以維其冠。」

⑤踵決：履之後已破（林希逸說）。

⑥曳縱：扶曳而行（林希逸說）。「縱」，御覽三八八引作「履」。

【今譯】

曾子住在衛國，絮衣破爛，面色浮腫，手足生繭。三天不生火煮飯，十年不添製新衣，正戴帽子而帽帶便斷了，拉着衣襟臂肘就露出來，穿着鞋子腳跟就突出來。拖着破鞋口吟商頌，聲音充滿天地，好像金石樂器奏出來一樣。天子不能使他為臣子，諸侯不能和他交朋友。所以養志的人忘了形骸，養形的人忘了利祿，求道的人忘了心機。

一〇

孔子謂顏回曰：「回，來！家貧居卑，胡不仕乎？」

顏回對曰：「不願仕。回有郭外①之田五十畝，足以給飦粥②；郭內之田十畝，足以為絲麻；鼓琴足以自娛，所學夫子之道者足以自樂也。回不願仕。」

孔子愀然變容曰：「善哉回之意！丘聞之：『知足者不以利自累也，審自得者失之而不懼，行修於內者無位而不怍。』丘誦之久矣，今於回而後見之，是丘之得也。」

【註譯】

①郭外：城郭之外。下文「郭內」，即城郭之內。林逸說：「『郭外』，田也。『郭內』，園也。」

②飦（zhān 氈）粥：薄粥。孟子滕文公：「飦粥之食。」趙岐註：「飦，糜粥。」「飦」，當指稀薄之粥。

【今譯】

孔子對顏回說：「顏回，來！你家境貧窮居室卑陋，為什麼不去做官呢？」

顏回回答說：「我不願做官。我在城郭之外有五十畝田，足够喝薄粥；城郭之內有十畝田，足够織絲麻。彈琴足以自己消遣，學習先生的道理足以自得其樂。我不願意做官。」

孔子變容改色說：「好極了，你的心意！我聽說：『知足的人不因利祿累害自己，心意自得的人遇到損失也不憂懼，修養內心的人沒有爵位而不羞愧。』我唸到這話已經很久了，現在在你身上才見到，這是我的收穫。」

一一

中山公子牟①謂瞻子②曰：「身在江海之上，心居乎魏闕③之下，奈何？」

瞻子曰：「重生。重生則輕利④。」

中山公子牟曰：「雖知之，未能自勝也。」

瞻子曰：「不能自勝則從之⑤，神無惡乎？不能自勝而強不從者，此之謂重傷⑥。重傷之人，無壽類矣。」

魏牟，萬乘之公子也，其隱巖穴也，難為於布衣之士；雖未至乎道，可謂有其意矣！

【註譯】

①中山公子牟：魏國公子，名牟，封於中山（河北省定縣）。即秋水篇中與公孫龍問答的魏牟（公子牟）同一人。

②瞻子：即詹子，呂氏春秋重言篇稱詹何，屬道家。有關詹何的言行，見於韓非子解老篇、呂氏春秋執一篇、重言篇及淮南子詮言訓、覽冥訓、原道訓。

③魏闕：宮殿之門，榮華富貴的象徵。

④輕利：今本誤倒為「利輕」，據呂氏春秋審為篇文改正。馬敘倫說：「『利輕』，呂氏春秋審為篇、淮南道應訓並作『輕利』，當從之。成玄英疏曰：『重於生道，則輕於榮利。』是成本亦作『輕利』。」按：「輕利」與「重生」對文，馬說是。

⑤不能自勝則從之：「從」，通縱。「從」下「之」字原缺，依俞樾、馬敘倫之說據呂氏春秋審為篇補。

⑥重傷：猶再傷（林希逸、俞樾說）。

【今譯】

中山公子牟對瞻子說：「隱身在江海之上，心裏卻惦念着宮廷的榮華，怎麽辦？」

瞻子說：「要重生。重生就輕利。」

中山公子牟說：「雖然知道，但是不能把握自己。」

瞻子說：「不能把握自己就放任，這樣精神不厭惡嗎？不能把握自己而又強制不順應，這就受雙重損傷。受雙重損傷的人，就不能成為高壽的人。」

魏牟，是萬乘國家的公子，他隱居岩穴，要比平民困難得多；雖然沒有達到道的境界，但可以說已有這種心意了。

一二

孔子窮於陳蔡之間，七日不火食，藜羹不糝①，顏色甚憊，而猶弦歌於室②。顏回擇菜於外③，子路子貢相與言曰：「夫子再逐於魯，削跡於衞，伐樹於宋，窮於商周，圍於陳蔡④，殺夫子者無罪，藉⑤夫子者無禁。弦歌鼓琴，未嘗絕音，君子之無恥也若此乎？」

顏回無以應，入告孔子。孔子推琴喟然而歎曰：「由與賜，細人⑥也。召而來，吾語之。」

子路子貢入。子路曰：「如此者可謂窮矣！」孔子曰：「是何言也！君子通於道之謂通，窮於道之謂窮。今丘抱仁義之道以遭亂世之患，其何窮之為⑦！故內省而不疚於道⑧，臨難而不失其德，大寒既至，霜雪既降，吾是以知松柏之茂也⑨。陳蔡之隘⑩，於丘其幸乎！」孔子削然⑪返琴⑫而弦歌，子路扢然⑬執干而舞。子貢曰：「吾不知天之高也，地之下也。」

古之得道者，窮亦樂，通亦樂。所樂非窮通也，道德於此⑭，則窮通為寒暑風雨之序矣。故許由娛於潁陽⑮而共伯⑯得志乎丘首⑰。

【註譯】

①藜羹不糝：藜菜之羹，不加米糝（成疏）；謂藜菜羹湯中無米粒。「糝」，米粒。

②而猶弦歌於室：「猶」字原缺，依王叔岷校釋增。王叔岷先生說：「案風俗通義窮通篇『而』下有『猶』字，文意較完，當從之。逍遙遊篇：『時雨降矣，而猶浸灌。』達生篇：『行年七十，而猶有嬰兒之色。』文例並同。」

③顏回擇菜於外：「於外」二字原缺。呂氏春秋慎人篇「擇菜」下有「於外」二字，當據補（奚侗莊子補註）。

④再逐於魯，削跡於衞，伐樹於宋，窮於商周，圍於陳蔡：五句見於天運篇與山木篇。

⑤藉：一說「淩藉」（釋文），淩辱之意。一說「繫」（見釋文），繫縛之意。

⑥細人：細碎之人（成疏）；即小人。

⑦其何窮之為：「為」，猶謂。古「謂」、「為」二字義通。呂氏春秋愼人篇作「何窮之謂」（郭慶藩說）。意林引「為」作「有」（馬叙倫說）。「為」，猶「有」（奚侗、王叔岷說）。

⑧內省而不疚於道：「疚」，原作「窮」。依奚侗、王叔岷校，據呂氏春秋愼人篇改。王叔岷先生說：「案呂氏春秋愼人篇，風俗通義窮通篇，『窮』並作『疚』。當從之。此文作『窮』，疑涉上文『其何窮之為』而誤。」

⑨大寒既至，霜雪既降，吾是以知松柏之茂也：「大」原作「天」，「天」乃「大」字之誤。依俞樾、馬叙倫、王叔岷校，據呂氏春秋愼人篇、淮南子俶真篇、風俗通義窮通篇改。論語子罕篇孔子說：「歲寒，然後知松柏之後彫也。」

⑩隘：音厄（釋文）。同「阨」，困阨。

⑪削然：各家解釋不一：（一）取琴聲（成疏）。（二）瀟灑之意（林希逸口義）。（三）孤高貌（宣穎南華真經）；危坐孤峭之貌（劉鳳苞雪心編）。（四）「削」當為「列」（奚侗說）。（五）即悄然，喻其安詳輕靜之態（李勉說）。

⑫返琴：再取琴而彈（林希逸說）；復鼓琴（宣穎說）。

⑬扢然：躍然（林希逸說）；奮舞貌（釋文引李頤說）。

⑭道德於此：「德」當作「得」。呂覽愼人篇作「道得於此」（俞樾說）。高山寺本「德」作「得」（王

孝魚校)。

⑮潁陽：地名，在襄陽。

⑯共伯：名和。「共」為國名，在今河南省輝縣附近。「伯」為爵位。

⑰得志乎丘首：「志」字原缺，「丘」字原為「共」。陳碧虛闕誤引江南古藏本「得乎共首」作「得志乎丘首」。趙諫議本「共」作「丘」（王孝魚校）。據以改正。「丘首山」，今在河內（成疏）。

【今譯】

孔子被圍困在陳蔡之間，七天沒有生火煮飯，喝着不加米粒的藜菜羹湯，面色疲憊，然而還在室中彈琴唱歌。顏回到外面採摘野菜，子路子貢互相論說：「先生兩次被驅逐魯國，在衞國被禁止居留，在宋國遭受伐樹的屈辱，不得志於商、周，圍困在陳、蔡；殺先生的沒有罪過，凌辱先生的不受禁止。但先生還在唱歌彈琴，君子的不知恥是這樣的嗎？」顏回沒話回答，進去告訴孔子。孔子推開琴唉聲感歎說：「子由和子貢，是淺見的小人。叫他們來，我告訴他們。」

子路和子貢進來。子路說：「這樣子可以說是窮困了！」孔子說：「這是什麼話？君子通達於道的叫做通，不了解道的叫做窮。現在我懷抱仁義之道而遭逢亂世的患難，怎麼算是窮困呢？所以內心反省而不愧疚於道，面臨危難而不喪失於德，大寒來到，霜雪降落，我才知道松柏的茂盛。陳蔡的困阨，對於大家不是很好的考驗麼？」孔子安詳地再拿起琴唱着歌，子路興奮地執干戈而起舞。子貢說：「我不知道天有多高，地有多厚呀！」

古時得道的人，窮困也快樂，通達也快樂。所歡樂的不是窮困和通達，只要是身處道德，那麼困窮通達就好像寒暑風雨的循序變化了！所以許由能自娛於潁陽水邊，而共伯可自得於丘首山上。

一三

舜以天下讓其友北人無擇①，北人無擇曰：「異哉后之為人也，居於畎畝②之中而遊堯之門！不若是而已，又欲以其辱行漫我③。吾羞見之。」因自投清冷之淵④。

【註譯】

①北人無擇：北方之人，名曰無擇（成疏）。王叔岷先生說：「此章及下『湯將伐桀』章。當接在上文『舜以天下讓其友石户之農』章下，呂氏春秋離俗篇尚存其舊，今本誤次於此，則不倫矣。」按：王說似可從，然篇首數節有輕物重生思想，本節卻以自殺行為（「自投於清冷之淵」）結尾，則與「重生」思想抵觸。若移「石户之農」章下，則亦不類。

②畎（quǎn 犬）畝：田圃。「畎」，田間小溝。

③辱行漫我：「辱行」，穢德（林希逸說）。「漫」，污。

④清泠之淵：在南陽西崿縣界。

【今譯】

舜把天下讓給他的朋友北人無擇，北人無擇說：「舜的為人奇怪呀，處在田圃之中卻置身於堯的門前，不僅這樣，還要用他恥辱的行為來玷污我。我羞見於他。」於是自己投入清泠之淵。

一四

湯將伐桀，因卞隨①而謀，卞隨曰：「非吾事也。」

湯曰：「孰可？」

曰：「吾不知也。」

湯又因務光②而謀，務光曰：「非吾事也。」

湯曰：「孰可？」

曰：「吾不知也。」

湯曰：「伊尹如何？」

曰：「強力忍垢③，吾不知其他也。」

湯遂與伊尹謀伐桀，剋之，以讓卞隨。卞隨辭曰：「后之伐桀也謀乎我，必以我為賊也；勝桀而讓我，必以我為貪也。吾生乎亂世，而無道之人再來漫我以其辱行，吾不忍數聞也。」乃自投椆水④而死。

湯又讓務光曰：「知者謀之，武者遂之，仁者居之，古之道也。吾子胡不立乎？」務光辭曰：「廢上，非義也；殺民，非仁也；人犯其難，我享其利，非廉也。吾聞之曰，非其義者，不受其祿，無道之世，不踐其土。況尊我乎！吾不忍久見也。」乃負石而自沉於廬水⑤。

【註譯】

①卞隨：姓卞，名隨，隱者。

②務光：姓務，名光，隱者。多種古本「務」作「瞀」，務與瞀通。

③強力忍垢：有毅力忍辱。

④椆水：水名。本又作「稠」（釋文）。呂氏春秋離俗篇作「潁水」。

⑤廬水：在遼東西界。一云在北平郡界（釋文）。

【今譯】

湯要攻伐桀，找卞隨策劃，卞隨說：「這不是我的事。」

湯說：「找誰可以？」

答說：「我不知道。」

湯又找務光策謀，務光說：「這不是我的事。」

湯說：「找誰可以？」

答說：「我不知道。」

湯說：「伊尹怎麼樣？」

答說：「有毅力能忍辱，其他的我就不知道了。」

湯就和伊尹策謀攻伐桀，戰勝了，讓位給卞隨。卞隨推辭說：「君主攻伐桀時找我策謀，一定以為我是殘忍的人；打勝了桀而讓位給我，一定以為我是貪婪的人。我生當亂世，而無道的人用恥辱的行為再來玷污我，我不忍受屢次的攪擾。」於是投入椆水而死。

湯又讓位給務光說：「有智慧的人來策謀，武勇的人來完成，仁慈的人來就位，這是古來的道理。你為什麼不即位？」

務光推辭說：「廢除君上，不是義；殺害人民，不是仁；人民冒險犯難，我坐享其利，不是廉。我聽說，不合於義的，不接受他的利祿；無道的世界，不踏在他的領土上。何況要尊我為君呢！我不忍心長久目睹。」於是揹負石頭自沉在廬水。

一五

昔周之興，有士二人處於孤竹①，曰伯夷叔齊。二人相謂曰：「吾聞西方有人，似有道者，試往觀焉。」至於岐陽②，武王聞之，使叔旦③往見之，與之盟④曰：「加富二等⑤，就官一列⑥。」血牲而埋之⑦。

二人相視而笑曰：「嘻，異哉！此非吾所謂道也。昔者神農之有天下也，時祀盡敬而不祈喜⑧；其於人也，忠信盡治而無求焉。樂與政為政，樂與治為治，不以人之壞自成也，不以人之卑自高也，不以遭時自利也。今周見殷之亂而遽為政，上謀而行貨⑨，阻兵而保威⑩，割牲而盟以為信，揚行以說衆，殺伐以要利，是推亂以易暴也。吾聞古之士，遭治世不避其任，遇亂世不為苟存。今天下闇，周德衰⑪，其並乎周以塗⑫吾身也，不如避之以絜吾行。」二子北至於首陽之山⑬，遂餓而死焉。若伯夷叔齊者，其於富貴也，苟可得已，則必不賴⑭。高節戾行⑮，獨樂其志，不事於世，此二士之節也。

【註譯】

①孤竹：在遼東令支縣界（司馬彪說）；即今河北省遷安縣。

②岐陽：岐山之陽（成疏）；即岐山之南，為周文王所都之地。

③叔旦：周公名旦，武王弟弟。

④與之盟：「之」字原缺。世德堂本「與」下有「之」字，文意較完（王叔岷校釋）。

⑤加富二等：加祿二級（成疏）。

⑥就官一列：任官一級。

⑦血牲而埋之：以牲血塗於盟書而埋藏。

⑧不祈喜：不求福。呂氏春秋誠廉篇作「不祈福」。俞樾說：「『喜』當作『禧』。爾雅釋詁：『禧，福也。』不祈禧者，不祈福也。」

⑨上謀而行貨：「行」上原衍「下」字。據高山寺本無「下」字（王叔岷、王孝魚校），並依王念孫之說删去。王念孫說：「『上謀而下行貨』，『下』字後人所加也。『上』與『尚』同。『上謀而行貨，阻兵而保威』，句法正相對。後人誤讀為『上』為上下之上，故加『下』字耳。呂氏春秋誠廉篇正作『上謀而行貨，阻兵而保威』。」（讀書雜志餘編）

⑩阻兵而保威：「阻」，依（見呂氏春秋誠廉篇高誘註）；與「恃」同義（福永光司說）。

⑪周德衰：陳碧虛闕誤引江南古藏本「周」作「殷」，疑淺人所改，「周德衰」對上文「昔周之興」而言，文理甚明。呂氏春秋誠廉篇亦作「周」（王叔岷校釋）。按：上文「上謀而行貨」至「殺伐以要利，是推亂以易暴也」正是描述「周德衰」的景象，作「殷」為誤。

⑫塗：污。

⑬首陽之山：說法不一，說文謂在遼西，水經註說在河南，有說在今山西永濟縣。

⑭賴：取（章炳麟據方言解）。

⑮高節戾行：「戾」，亢（林希逸說）。「戾行」者，與俗不合（劉鳳苞說）。

【今譯】

從前周朝興起的時候，有兩個賢士住在孤竹，叫做伯夷和叔齊。兩人商量說：「我聽說西方有個人，像是有道的人，我們去看看。」到了岐陽，武王聽到，派叔旦去看他們，和他們立盟說：「加祿二級，任官一等。」用牲血塗在盟書上而埋藏地下。

兩人相望而笑說：「嘻，奇怪呀！這不是我所謂的道。從前神農治理天下，四時祭祀十分誠敬，但是自己並不求福；對於百姓，忠信盡力為民服務，但是自己沒有他求。樂於從政的就讓他來從政，樂於參與治理的就讓他來參與治理，不因人的失敗而自顯成功，不因人的卑微而自視長大，不因逢時機而自圖利益。現在周朝看見殷朝混亂便急速奪取政權，崇尚謀略而求取貨利，依恃兵力而炫耀威勢，殺牲立盟作為信誓，宣揚自己的行為來爭取羣衆，屠殺攻伐來獲取利益，這是製造禍亂來代替暴虐。我聽說古時的賢士，遇到治世不逃避責任，遇到亂世不苟且偷生。現在天下黑暗，周德衰敗，哪能和周併存來塗污我們，不如避開以保持我們行為的潔淨。」他們向北到了首陽山上，就餓死在了那裏。像伯夷叔齊這樣的人，對於富貴，即使可得到，但也不獲取。高尚的節操，與俗不合的行為，獨樂己志，不逐世事，這是兩位隱士的節操。

盜跖

盜跖篇，主旨在於抨擊儒家禮教規範及俗儒富貴顯達的觀念，主張尊重自然的情性。「盜跖」，名叫跖的大盜，本篇主要部分為借盜跖而評孔子的對話，因取盜跖之名為篇名。

全篇分三個部分，一是孔子拜訪盜跖的對話，二是子張和滿苟得的對話，三是無足和知和的對話，都是藉寓言的形式談問題。其要點是：第一部分，寫孔子往勸盜跖，盜跖則批評儒者「作言造語，妄稱文武」，「不耕而食，不織而衣」，使得天下學士不返本業，還「妄作孝悌」來僥倖求得封侯富貴。進而說：「湯放其主，武王殺紂，自是以後，以強淩弱，以衆暴寡」，指責「湯武以來，皆亂人之徒」。並評儒家聖王，自堯舜至武王，「皆以利惑其真，而強反其情性。」接着指出歷代忠臣多不得好死。最後認為人生短促，當「說其志意，養其壽命」，輕利全真。第二部分，子張和滿苟得對話。子張講仁義禮信，倡貴賤倫序，以求顯榮利達。滿苟得則主張士人的行為，順着自然的本性。批評「田成子常殺君竊國而孔子受幣。論則賤之，行則下之」。指出儒者言行常相違，說的是一套，做的又是另一套。並說：「堯殺長子，舜流母弟，疏戚有倫乎？」這是對儒家等級倫常思想的批評。第三部分，無足與知和的對話，無足是富貴權勢的崇拜者，認為人生但求聲色之樂。知和的生活，則恬怡適和，批評縱慾之弊，指出貪求爭奪的為害，認為人生除吃喝玩樂之外，當有更重要的東西，當求更崇高的理想。

出自本篇的成語有：搖唇鼓舌、縫衣淺帶、止暴禁非、無病自灸等。

一

孔子與柳下季[1]為友，柳下季之弟，名曰盜跖[2]。盜跖從卒九千人，橫行天下，侵暴諸侯，穴室樞户③，驅人牛馬，取人婦女，貪得忘親，不顧父母兄弟，不祭先祖。所過之邑，大國守城，小國入保④，萬民苦之。孔子謂柳下季曰：「夫為人父者，必能詔其子；為人兄者，必能教其弟。若父不能詔其子，兄不能教其弟，則無貴父子兄弟之親矣。今先生，世之才士也，弟為盜跖，為天下害，而弗能教也，丘竊為先生羞之。丘請為先生往說之。」

柳下季曰：「先生言為人父者必能詔其子，為人兄者必能教其弟，若子不聽父之詔，弟不受兄之教，雖今先生之辯，將奈之何哉！且跖之為人也，心如湧泉，意如飄風，強足以距⑤敵，辯足以飾非，順其心則喜，逆其心則怒，易辱人以言。先生必無往。」

孔子不聽，顏回為馭，子貢為右，往見盜跖。盜跖乃方休卒徒於太山之陽⑥，膾人肝而餔⑦之。孔子下車而前，見謁者曰：「魯人孔丘，聞將軍高義，敬再拜謁者。」謁者入通，盜跖聞之大怒，目如明星，髮上指冠，曰：「此夫魯國之巧僞人孔丘非邪？為我告之：『爾作言造語，妄稱文武，冠枝木之冠⑧，帶死牛之脅⑨，多辭繆說，不耕而食，不織而衣，搖唇鼓舌，擅生是非，以迷天下之主，使天下學士不返其本，妄作孝弟⑩而僥倖於封侯富貴者也。子之罪大極重〔十一〕，疾走歸！不然，我將以子肝益晝餔之膳！』」

孔子復通曰：「丘得幸於季，願望履幕下⑫。」

謁者復通，盜跖曰：「使來前！」

孔子趨而進，避蓆返走，再拜盜跖。盜跖大怒，兩展其足[13]，案劍瞋目，聲如乳虎，曰：「丘來前！若所言，順吾意則生，逆吾心則死。」

孔子曰：「丘聞之，凡天下人[14]有三德：生而長大，美好無雙，少長貴賤見而皆說之，此上德也；知維天地[15]，能辯諸物[16]，此中德也；勇悍果敢，聚衆率兵，此下德也。凡人有此一德者，足以南面稱孤矣。今將軍兼此三者，身長八尺二寸，面目有光，脣如激丹[17]，齒如齊貝，音中黃鐘[18]，而名曰盜跖，丘竊為將軍恥不取焉。將軍有意聽臣；臣請南使吳越，北使齊魯，東使宋衞，西使晉楚，使為將軍造大城數百里，立數十萬戶之邑，尊將軍為諸侯，與天下更始，罷兵休卒，收養昆弟，共祭先祖[19]。此聖人才士之行，而天下之願也。」

盜跖大怒曰：「丘來前！夫可規[20]以利而可諫以言者，皆愚陋恆民[21]之謂耳。今長大美好，人見而悅之者，此吾父母之遺德也。丘雖不吾譽，吾獨不自知邪？

「且吾聞之，好面譽人者，亦好背而毀之。今丘告我以大城衆民，是欲規我以利而恆民畜我也，安可久長也！城之大者，莫大乎天下矣。堯舜有天下，子孫無置錐之地；湯武立為天子，而後世絕滅；非以其利大故邪？

「且吾聞之，古者禽獸多而人少，於是民皆巢居以避之，晝拾橡栗，暮棲木上，故命之曰有巢氏之民。古者民不知衣服，夏多積薪，冬則煬之，故命之曰知生之民。神農之世，臥則居居㉒，起則于于㉓，民知其母，不知其父，與麋鹿共處，耕而食，織而衣，無有相害之心，此至德之隆也。然而黃帝不能致德，與蚩尤戰於涿鹿之野，流血百里。堯舜作，立羣臣，湯放其主，武王殺紂。自是以後，以強陵弱，以衆暴寡。湯武以來，皆亂人之徒也。

「今子脩文武之道，掌天下之辯，以教後世，縫衣㉔淺帶，矯言僞行，以迷惑天下之主，而欲求富貴焉，盜莫大於子。天下何故不謂子為盜丘，而乃謂我為盜跖？子以甘辭說子路而使從之，使子路去其危冠㉕，解其長劍，而受教於子，天下皆曰孔丘能止暴禁非。其卒之也，子路欲殺衞君㉖而事不成，身菹㉗於衞東門之上，子教子路菹此患，上無以為身，下無以為人㉘，是子教之不至也。子自謂才士聖人邪？則再逐於魯，削跡於衞，窮於齊，圍於陳蔡，不容身於天下。子之道豈足貴邪？

「世之所高，莫若黃帝，黃帝尚不能全德，而戰涿鹿之野，流血百里。堯不慈㉙，舜不孝㉚，禹偏枯㉛，湯放其主，武王伐紂，此六子者㉜，世之所高也，孰論之，皆以利惑其真而強反其情性，其行乃甚可羞也。

「世之所謂賢士，莫若伯夷叔齊㉝。伯夷叔齊辭孤竹之君而餓死於首陽之山，骨肉不葬。鮑焦㉞飾行非世，抱木而死。申徒狄㉟諫而不聽，負石自投於河，為魚鼈所食。介子推[36]至忠也，自割其股以食文公，文公後背之，子推怒而去，抱木而燔死。尾生[37]與女子期於梁下，女子不來，水至不去，抱樑柱而死。此六子者，無異於磔犬[38]流豕[39]操瓢而乞者，皆離名[40]輕死，不念本養壽命者也。

「世之所謂忠臣者，莫若王子比干伍子胥。子胥沉江，比干剖心，此二子者，世謂忠臣也，然卒為天下笑。自上觀之，至於子胥比干，皆不足貴也。

「丘之所以說我者，若告我以鬼事，則我不能知也；若告我以人事者，不過此矣，皆吾所聞知也。

「今吾告子以人之情，目欲視色，耳欲聽聲，口欲察味，志氣欲盈[41]。人上壽百歲，中壽八十，下壽六十，除病瘐[42]死喪憂患，其中開口而笑者，一月之中不過四五日而已矣。天與地無窮，人死者有時，操有時之具而托於無窮之間，忽然無異騏驥之馳過隙也。不能說其志意，養其壽命者，皆非通道者也。

「丘之所言，皆吾之所棄也，亟去走歸，無復言之！子之道，狂狂汲汲[43]，詐巧虛僞事也，非可以全真也，奚足論哉！」

孔子再拜趨走，出門上車，執轡三失[44]，目芒然無見，色若死灰，據軾[45]低頭，不能出氣。歸到魯東門外，適遇柳下季。柳下季曰：「今者闕然數日不見，車馬有行色，得微[46]往見跖邪？」

孔子仰天而歎曰：「然。」

柳下季曰：「跖得無逆汝意若前乎㊼？」

孔子曰：「然。丘所謂無病而自灸也，疾走料㊽虎頭，編虎須㊾，幾不免虎口哉！」

【註譯】

①柳下季：即柳下惠，魯國的賢人。姓展，名獲，字季禽。一說：字子禽，居柳樹之下，因以為號。一說：名惠，死後的諡名。在論語的衛靈公篇和微子篇中，孔子極力稱讚柳下惠的賢能。陸德明說：「展禽是魯僖公時人，至孔子生八十餘年，若至子路之死百五六十歲，不得為友，是寄言也。」（釋文）

②盜跖：古時候的大盜。陸德明說：「李奇註漢書云：『跖，秦之大盜也。』」俞樾說：「史記伯夷傳正義又云：『蹠者，黃帝時大盜之名。』是跖之為何時人，竟無定說。孔子與柳下惠不同時，柳下惠與盜跖亦不同時，讀者勿以寓言為實也。」（莊子平議）

③穴室樞户：即穿室探户。「樞」通行本作「樞」。闕誤引劉得一本「樞」作「摳」（馬叙倫、王孝魚校）。按：「樞」為「摳」之誤。褚伯秀說：「『樞户』，義當是『樞』。」孫詒讓說：「『樞』當為『摳』。」

④保：同堡。

陸德明說：「鄭註禮記曰：『小城曰保。』」

⑤距：同拒。世德堂本作「拒」（王孝魚校）。

⑥休卒徒於太山之陽：「於」字原缺。陳碧虛闕誤引江南古藏本「徒」有「於」字，文意較完（王叔岷校釋），因據補。「太山」，即泰山。

⑦餔（bū 晡）：食（成玄英疏）；日申時食（釋文引字林）。

⑧枝木之冠：冠多華飾，如木之枝繁（釋文引司馬彪說）；削木枝之皮以為冠（林希逸口義）。按：儒者好巧飾，審文義，當從司馬註，即形容冠帽的華麗。

馬叙倫說：「案『枝』疑為『枯』字之譌。『枯木』『死牛』對文。」（莊子義證）備一說。

⑨帶死牛之脅：取牛皮為大革帶（司馬說）。

⑩孝弟：音悌。本亦作「悌」（釋文）。趙諫議本「弟」作「悌」（王孝魚校）。「弟」與「悌」通，作「弟」是故書（王叔岷說）。

⑪罪大極重：「極」當做「殛」。爾雅釋言：「『殛，誅也。』言罪大而誅重也。『極』『殛』古字通。」（俞樾平議）

⑫願望履幕下：希望到帳幕下；即希望謁見跖面談。

⑬兩展其足：伸展兩腳（成疏）。

⑭凡天下人：闕誤引張君房本「下」字下有「人」字。案當依張君房本「天下」下補「人」字（馬叙倫說）。有「人」字文意較明（王叔岷說）。

⑮知維天地：和天道篇「知落天地」同義，指智識包羅天地。

馬敘倫說：「案『維』為『雒』誤。」按「知落天地」之「落」為「絡」的借字。「維」亦有「絡」義，故「維」字可通。

⑯能辯諸物：「辯」，通辨。

⑰激丹：鮮明的朱砂。「激」，皦，明。

章炳麟說：「『激』借為『敫』。說文：『敫，光景流也。』故司馬訓『明』。」（莊子解故）

⑱黃鐘：古樂中音律的名稱。已見駢拇篇。

⑲共祭先祖：「共」，音恭（釋文）；讀曰供（王先謙集解）。

⑳規：同諫。

㉑恆民：一本作「順民」（釋文）。

㉒居居：安靜之容（成疏）。

㉓于于：自得之貌（成疏）。

㉔縫衣：寬大衣服。

褚伯秀說：「縫衣，摓腋之衣，大袂禪衣也。」

郭慶藩說：「向秀註曰：『儒服寬而長大。』（見列子黃帝篇註）釋文『摓』，又作『縫』。『縫衣』，大衣也。」

㉕危冠：高冠。

李頤說：「『危』，高也。子路好勇，冠似雄雞形，背負豭斗，用表己強也。」

㉖衞君：衞莊公，名蒯。

㉗菹（zū 租）：古時一種酷烈的刑法叫菹醢（hǎi 海），將受刑者剁成肉醬。

㉘子教子路菹此患，上無以為身，下無以為人：這三句原在下文「圍於陳蔡，不容身於天下」句下，王先謙說：「疑有奪文。」馬叙倫說：「此三句當在『身菹於衞東門之上』下。」按：馬說甚是。這三句錯簡誤入下文，依馬說移此，文理通順。

㉙堯不慈：指堯殺長子丹朱。下文有「堯殺長子」之句。

㉚舜不孝：指舜放逐瞽瞍。韓非子忠孝篇有這樣的記載：「瞽瞍為舜父，而舜放之。」

㉛偏枯：即齊物論「偏死」，指半身不遂。列子楊子篇說禹「身體偏枯」。

㉜此六子者：此上原衍「文王拘羑里」一句，疑是後人妄加，當刪。「六子」即上文所說黃帝、堯、舜、禹、湯、武王六人。闕誤引江南古藏本「六」作「七」。而「六」字唐初本不作「七」。江南古藏本作「七」者，後人依有「文王」句而改（馬叙倫說）。李勉說：「自黃帝以至武王皆評其過失，文王被人所囚，非其本身之過，舉之，與上不倫不類。故此句疑後人所增，原作『六子』不誤，且此句依序亦應在『武王』句上。足見此句誤衍，當刪。」按：李說是。上文已出現「湯放其主，武王殺紂」句，謂「湯武以來，皆亂人之徒也」，其斥責湯武之意甚明，與此處前後相應。故當刪去「文王拘羑里」一句。

㉝世之所謂賢士，莫若伯夷叔齊：「莫若」二字原缺，依王叔岷之說補。王叔岷說：「案伯夷上當有『莫若』二字。上文『世之所高，莫若黃帝』，下文『世之所謂忠臣者，莫若王子比干伍子胥』，文例並同，今本脫『莫若』二字，則文意不完矣。」

㉞鮑焦：姓鮑，名焦，周時隱者。

成玄英疏：「〔鮑焦〕飾行非世，廉潔自守，荷擔採樵，拾橡充食，故無子胤，不臣天子，不友諸侯。子貢遇之，謂之曰：『吾聞非其政者，不履其地，汙其君者，不受其利。今子履其地，食其利，其可乎？』鮑樵曰：『吾聞廉士重進而輕退，賢人易愧而輕死。』遂抱木立枯焉。」

㉟申徒狄：姓申徒，名狄，殷商時人。已見於大宗師、外物篇。

㊱介子推：晉文公的忠臣。

成疏：「晉文公重耳也，遭驪姬之難，出奔他國，在路困乏，推割股肉以飴之。公後還三日，封於從者，遂忘子推。子推作龍蛇之歌，書其營門，怒而逃。公後慙謝，追子推於介山。子推隱避，公因放火燒山，庶其走出。火至，子推遂抱樹而焚死焉。」

㊲尾生：戰國策作尾生高，高誘以為魯人。

㊳磔（zhé折）犬：被屠宰的狗。「磔」，分裂牲畜的肢體以作祭儀。

㊴流豕：當為沉豕（孫詒讓說）；即沉河的豬。古時以豬為犧牲獻祭河神。

㊵離名：重名（成疏）。

林希逸說：「『離』，麗也。泥着於名也，故曰『離名』。」

王叔岷說：「陳碧虛闕誤引江南古藏本『離』作『利』。『離』與『利』通，荀子非十二子篇：『綦谿利跂。』註：『利與離同。』即其證。」

㊶欲盈：求滿足。

㊷瘐：今本筆誤為「瘦」，依王念孫之說改正。

王念孫說：「案『瘦』當為『瘐』，字之誤也。『瘐』，亦病也。病瘐為一類，死喪為一類，憂患

為一類。」（讀書雜志餘編）

㊸狂狂汲汲：「汲」，本亦作「伋」，音急（釋文）。「狂狂汲汲」，營求奔競的樣子。

㊹執轡三失：手上拿的馬韁繩掉落了三次，形容孔子的緊張失神。

㊺軾：車前橫木。

㊻微：同無。

㊼若前乎：意指如先前所說的。

㊽料：同撩。

㊾編虎須：「編」，借揙，撫。「須」，道藏成玄英疏本、褚伯秀義海纂微本，「須」並作「鬚」，「鬚」即須之俗（王叔岷校釋）。

【今譯】

孔子和柳下季是朋友，柳下季的弟弟，名叫盜跖。盜跖的部下有九千人，橫行天下，侵犯諸侯，穿室探户，搶人牛馬，擄劫婦女，貪利忘親，不顧父母兄弟，不祭祀祖先。他們所經過的地方，大國守着城池，小國避入堡中，萬民受苦。

孔子對柳下季說：「做父親的，必定能詔告他的兒子；做兄長的，必定能教導他的弟弟。如果父親不能詔告他的兒子，兄長不能教導他的弟弟，那麼父子兄弟的親情也沒有什麼可尊貴了。現在先生是當世的才士，弟弟是盜跖，為害天下，卻不能教導他，我暗地裏替先生感到羞恥。我願意替你去説服他。」

柳下季說：「先生說做父親的必定能詔告他的兒子，做兄長的必定能教導他的弟弟，假使兒子不聽從父親的詔告，弟弟不受兄長的教導，即使是先生這樣能辯，又能把他怎麼樣？而且跖的為人，心思如湧泉一般的源源不絕，意念如飄風一般的捉摸不定，強悍足以抗拒敵人，辯才足以粉飾過錯，順着他的心意他就高興，違背他的心意他就憤怒，他容易用語言侮辱人。先生千萬不要去。」

孔子不聽，叫顏回駕車，子貢坐在車的右邊，去看盜跖。盜跖正帶着部下在泰山南面休息，炒人肝而食。孔子下車向前走，見了傳達說：「魯國人孔丘，聽說將軍的高義，恭敬地來拜見。」

傳達進去通報，盜跖聽見大怒，目如明星，髮上衝冠，說：「這不就是魯國的那個巧偽人孔丘嗎？替我告訴他：『你搬弄語言，假託文武，戴着樹枝般的帽子，圍着牛皮的腰帶，繁辭謬說，不耕而食，不織而衣，搖唇鼓舌，無端製造是非，來迷惑天下的君主，使得天下的讀書人不返本業，假託孝悌之名來僥倖求得封侯富貴。你的罪孽重大，趕快回去！不然，我要拿你的肝當午餐！』」

孔子再請通報說：「我榮幸認識柳下季，希望能到帳幕下來拜見。」

傳達再去通報，盜跖說：「叫他到前面來！」

孔子快步走進去，避蓆退步，再拜盜跖。盜跖大怒，叉開兩腳，握劍瞪眼，聲音如乳虎，說：「孔丘過來！你所說的，順着我的心意你才能活，逆着我的心意就要你死。」

孔子說：「我聽說，天下的人有三種美德：生下長大，美好無雙，無論老少貴賤見了都喜歡他，這是上德；智識包羅天地，能分辨一切事物，這是中德；勇武果決，聚眾率兵，這是下德。凡是具有一種美德的人，就足以南面稱王了。現在將軍兼備了這三種美德，身高八尺二寸，面目炯炯有光，嘴唇如鮮明的朱砂，牙齒像整齊的珠貝，聲音合於黃鐘，卻名叫盜跖，我私下替將軍感到羞恥。將軍有意聽我的意見，我願往南出使吳越，向北出使齊魯，往東出使宋衛，向西出使晉楚，替將軍造一座周圍幾百里的大城，建立幾十萬户的都邑，尊奉將軍為諸侯，和天下人有一個新的開始，停戰休兵，收養兄弟，供祭祖先。這是聖人才士的行為，也是天下人的願望。」

盜跖大怒說：「孔丘過來！可以用利祿來誘導，可以用語言來規諫的，都是愚陋平民罷了。我現在高大美好，人見了就喜歡，這是我父母遺傳的德性。我雖然不讚美自己，我難道自己不知道嗎？

「而且我聽說，喜歡當面稱讚人的人，也喜歡背後譭謗人。現在你告訴我有大城衆民，這是想用利祿來引誘我，把我當做順民來收買，怎麼可以長久呢！最大的城市，也沒有比天下更大的了。堯舜擁有天下，而子孫卻沒有立錐的地方；湯武立為天子，而後代滅絕；這不正是因為他們有大利的緣故嗎？

「而且我聽說，古時候禽獸多而人民少，於是人民都在樹上築巢來躲避禽獸，白天撿拾橡栗，夜晚睡在樹上，所以叫做有巢氏的人民。古時候人民不知道穿衣服，夏天存積了很多木柴，冬天用來燃燒取暖，所以叫做知道生存的人民。神農的時代，睡臥時安然恬靜，起身時寬舒自適，人民只知道母親，不知道父親，和麋鹿生活在一起，耕田而食，織布而衣，沒有相害的意念，這是道德極盛的時代。然而黃帝不能達到這種德，和蚩尤交戰於涿鹿的郊野，血流百里。堯舜起來，設立羣臣，湯流放他的君主，武王殺害紂。從此以後，以強力欺凌弱小，以勢衆侵暴寡少。湯武以來，都是禍害人民之徒。

「現在你修習文王武王之道，掌握天下的言辯，來教化後世，寬衣淺帶，假言僞行，來迷惑天下的君主，而貪圖富貴，最大的盜賊莫過於你。天下人為什麼不叫你做盜丘，而叫我做盜跖呢？

「你用動聽的話讓子路喜歡而跟從你，使子路不戴高冠，解下長劍，來接受你的教誨，天下的人都說孔丘能够止暴禁非。弄到最後，子路要殺衛君而沒有成功，自身卻在衛國東門被剁成肉醬，你使子路遭受剁成肉醬的禍患，上不得保身，下不足為人，這是由於你的教導不成功。

「你自稱為才士聖人嗎？可是你兩次被魯國驅逐出境，在衛國被禁止居留，在齊國沒有出路，在陳蔡被圍困，到處都不能容身，你的道理哪裏有什麼可貴呢？

「世上所推崇的，莫過於黃帝，黃帝尚且不能德行完備，而戰於涿鹿的郊野，血流百里。堯不慈愛，舜不孝順，禹半身不遂，湯流放他的君主，武王攻伐紂，這六個人，世上所推崇的，仔細看來，都是因利而迷失了本真，強力違反了情性，他們的行為是非常可恥的。

「世上所謂的賢士，莫過於伯夷叔齊。伯夷叔齊辭讓孤竹的君位而餓死在首陽山上，屍體沒有埋葬。鮑焦行為高潔非議俗世，抱着樹木枯死。申徒狄諍諫而不被接納，揹石自投入河，為魚鼈所食。介子推最忠心，割下自己腿上的肉給晉文公吃，文公後來背棄他，子推忿怒離去，抱着樹木被燒死。尾生和女朋友相約在橋下見面，女朋友不來，洪水來了他不走，抱着橋樑而死。這六個人，無異於被屠的狗、沉河的豬、持瓢的乞丐，都是重於名而輕於死，不珍惜生命本根的人。

「世上所謂的忠臣，莫過於王子比干和伍子胥。子胥屍沉江中，比干剖心而死，這兩個人，世上所稱譽的忠臣，然而終為天下人譏笑。從以上看來，直到子胥比干，都不足為貴。

「你要勸說我的，如果告訴我關於鬼的事，我不知道；如果告訴我關於人的事，不過如此罷了，都是我已經聽過的。

「現在我告訴你人的性情，眼睛要看顏色，耳朵要聽聲音，嘴巴要嚐味道，心志要求滿足。人生上壽是一百歲，中壽是八十歲，下壽是六十歲，除了疾病、死喪、憂患以外，其中開口歡笑的，一個月之中不過四五天而已。天地的存在是無窮盡的，人的死生卻是有時限的，以有時限的生命而寄託在無窮盡的天地之間，和快馬迅速地閃過空隙一般。凡是不能夠暢適自己的意志，保養自己的壽命，都不是通達道理的人。

「你所說的，都是我所要拋棄的，趕快回去，不要再說了！你這套道理，鑽營求取，都是巧詐虛僞的事情，不是保全真性！哪裏值得討論呢？」

孔子拜了又拜快步急走，出門上車，手執轡繩不覺掉落了三次，眼睛茫然無見，面色有如死灰，扶着車軾低垂着頭，不能喘氣。回到魯國東門外，正好遇到柳下季。柳下季說：「最近好幾天沒有見面，車馬有外出的樣子，你是不是去見跖了呢？」

孔子仰天歎息說：「是的。」

柳下季說：「跖是不是像我以前所說的違逆了你的心意呢？」

孔子說：「是的。我是所謂沒有病而自己用艾葉來燒灼，莽撞地去撩虎頭，捋虎鬚，幾乎不能免於虎口啊！」

二

子張①問於滿苟得②曰：「盍不為行？無行則不信，不信則不任，不任則不利。故觀之名，計之利，而義真是也。若棄名利，反之於心③，則夫士之為行，不可一日不為乎！」

滿苟得曰：「無恥者富，多信④者顯。夫名利之大者，幾在無恥而信。故觀之名，計之利，而信真是也。若棄名利，反之於心，則夫士之為行，抱其天乎！」

子張曰：「昔者桀紂貴為天子，富有天下，今謂臧聚⑤曰，汝行如桀紂，則有怍色，有不服之心者，小人所賤也。仲尼墨翟，窮為匹夫，今謂宰相曰，子行如仲尼墨翟，則變容易色稱不足者，士誠貴也。故勢為天子，未必貴也；窮為匹夫，未必賤也；貴賤之分，在行之美惡。」

滿苟得曰：「小盜者拘，大盜者為諸侯，諸侯之門，仁義存焉⑥。昔者桓公小白殺兄入嫂，而管仲為臣；田成子常殺君竊國，而孔子受幣。論則賤之，行則下之⑦，則是言行之情悖戰於胸中也，不亦拂乎！故書曰：『孰惡孰美？成者為首，不成者為尾⑧。』」

子張曰：「子不為行，即將疏戚無倫，貴賤無義，長幼無序；五紀六位⑨，將何以為別乎？」

滿苟得曰：「堯殺長子，舜流母弟⑩，疏戚有倫乎？湯放桀，武王殺紂，貴賤有義乎？王季為適⑪，周公殺兄，長幼有序乎？儒者僞辭，墨者兼愛，五紀六位將有別乎？

「且子正為名，我正為利。名利之實，不順於理，不監⑫於道。吾日⑬與子訟於無約⑭曰：『小人殉財，君子殉名。其所以變其情，易其性，則異矣；乃至於棄其所為而殉其所不為，則一也。』故曰，無為小人，反殉而天⑮；無為君子，從天之理。若枉若直⑯，相而天極⑰；面觀四方⑱，與時消息。若是若非，執而圓機⑲；獨成而意，與道徘徊。無轉而行⑳，無成而義，將失而所為㉑。無赴而富，無殉而成，將棄而天。

「比干剖心，子胥抉眼，忠之禍也；直躬證父㉒，尾生溺死，信之患也；鮑子立乾㉓，申子自埋㉔，廉之害也；孔子不見母㉕，匡子㉖不見父，義之失也。此上世之所傳，下世之所語，以為士者正其言，必其行，故服其殃，離其患㉗也。」

【註譯】

①子張：孔子的弟子，姓顓孫，名師，字子張。論語有子張篇。

②滿苟得：假託為姓名，曰苟且貪得以滿其心，求利之人（成疏）。

③反之於心：即反省於心。「反」，通返。成疏謂「乖逆我心」，「反」作「乖逆」解，誤。

④多信：猶多言（成疏）。按：「多」當為「易」字之訛，形近而誤。儀禮燕禮：「多矣」，武威出土儀禮簡「多」作「易」。呂覽禁塞註「易，違也」，「易信」即背信（又：「易」是輕寡、稀少之義，則「易信」謂寡信）。下文「無恥而信」之「而」乃「不」字之訛。不與而篆文似。易筮註：「不合」，釋文云：「或作而合。」或本作「無恥而失信」可證。「無恥不信」呼應上面的「無恥」、「易信」。下文「而信真是也」，這個「信」字是「不信」的省文。唯譯文仍從成疏。

⑤臧聚：指奴隸馬夫。

孫詒讓說：「『聚』當讀『騶』。說文：『騶，廄御也。』『臧騶』皆僕隸賤役。」

⑥小盜者拘，大盜者為諸侯，諸侯之門，仁義存焉：文義與胠篋篇相同。「仁義」原作「義士」，依劉師培之說，據胠篋篇改。

劉師培說：「『諸侯之門，義士存焉』，『義士』當作『仁義』。胠篋篇云：『諸侯之門而仁義存焉。』史記遊俠傳云：『侯之門，仁義存。』此作『義士』，詞迴不符。……蓋『仁義』譌為『仕義』，校者知弗克通，因更易其文，倒字舛詞，冀通其句，幸有胠篋篇以正之。」（莊子斠補）

⑦論則賤之，行則下之：田成子常殺齊簡公，孔子沐浴而朝，受其幣帛。言議則以為鄙賤，情行則下而事之（成疏）。「之」指田成子殺君竊國。「下」，屈。指孔子嘴裏表示非議，行為又下屈於田成子，充分顯示出了言行的不一致。

⑧成者為首，不成者為尾：「首」、「尾」，和上、下同義。

⑨五紀六位：「五紀」，即五倫，指父子、君臣、夫婦、長幼、朋友的關係。「六位」，君、臣、父、子、夫、婦（釋文）。

俞樾說：「『五紀』，司馬云：『歲日月星辰曆數。』然與疏戚貴賤長幼之義不相應，殆非也。今案『五紀』即五倫也，『六位』即六紀也。白虎通三綱六紀篇曰：『六紀者，謂諸父、兄弟、族人、諸舅、師長、朋友也。』此皆所以為疏戚貴賤長幼之別。不曰『五倫』而曰『五紀』，不曰『六紀』而曰『六位』，古人之語異耳。家語入官篇：『羣僕之倫也。』王肅註曰：『倫，紀也。』然則『倫』『紀』得通稱矣。」

⑩舜流母弟：指舜流放同母兄弟象。

陸德明說：「『弟』，謂象也。『流』，放也。孟子云：『舜封象於有庳，不得有為於其國，天子使吏治其國，而納其貢稅焉。』故謂之放也。」

⑪適：同嫡。

⑫監：明，見（成疏）。本亦作「鑑」，同義（釋文）。

⑬曰：猶昔。陳碧虛闕誤引張君房本「日」作「昔」。

⑭訟於無約：「訟」，爭論。「無約」，寓託的人名。意指不受名利所約束。林雲銘說：「兩人不服，故訟於無約而請決也。『無約』，人名。」

⑮反殉而天：反己而求汝自然之道（王先謙說）；即反求自己的自然之道。成玄英說：「『而』，爾也。能率性歸根，合於自然之道。」

⑯若枉若直：「枉」「直」，曲直，即是非之意。

⑰相而天極：「相」，助。順自然之道（成疏）。李勉說：「『相而天極』，謂聽乎自然也。『相』，視也。天為極自然者，故謂之『天極』。言是非聽其自然，不必強分君子與小人。」

⑱面觀四方，與時消息：觀照四方，隨着時序而變化。

⑲圓機：環中（成疏）。李勉說：「『圓機』，言圓形之機件。圓形之機件能轉動不息，以喻是非相轉，無是非可言，亦猶齊物篇『得其環中，以應無窮』之意。『執而圓機』，謂執汝圓形之機件以相轉不息，忘去是非。」

⑳無轉而行：不要固執你的行為。「轉」，讀為「專」。

王念孫說：「『轉』讀為『專』。山木篇云：『一龍一蛇，與時俱化，而無肯專為。』即此所謂『無專而行』也。此承上文『與時消息』『與道徘徊』而言，言當隨時順道而不可專行仁義。」

㉑所為：真性（成疏）。

㉒直躬證父：爽直的兒子證實父親偷羊。「直躬」，直身而行（何晏論語集解引孔安國說）；即是行直道的意思。這裏作人名。事出論語子路篇：葉公語孔子曰：「吾黨有直躬者，其父攘羊而子證之。」

㉓鮑子立乾：即上文盜跖所說的「鮑焦抱木而死」。「乾」謂枯乾，即立而絕食枯乾以死。

㉔申子自埋：俗本作「申子不自理」。釋文所見一本作「申子自埋」。並依馬叙倫、王叔岷之說改。

馬叙倫說：「陸德明曰：『本又作申子自埋。或云：申狄抱甕之河也。』案當依一本作『申子自埋』，即申徒狄事。」

王叔岷說：「審文意，當作『申子自埋』為長。『申子自埋』與上句『鮑子立乾』文既相耦，事亦相類。」按：「申子自埋」，即上文盜跖所說：「申徒狄諫而不聽，負石自投於河。」上文鮑焦事與申徒狄事並提，與此相同。

㉕孔子不見母：孔子歷國應聘，其母臨終，孔子不見（成疏）。

俞樾說：「『孔子』疑仲子之誤，即所謂避兄離母之陳仲子也。」

李勉說：「俞樾之說不可取。案此明責孔子，上文言儒者虛僞巧飾可證。俞樾固執成見，以為孔子世之所謂聖人，此不當言孔子，然莊書責孔子之處多矣，豈獨此哉？」

㉖匡子：姓匡，名章，齊國人。見孟子離婁篇下。司馬彪說：「匡子，名章，齊人，諫其父，為父所逐，終身不見父。」

㉗離其患：罹其患（成疏）。「離」借為「罹」（劉文典說）。

【今譯】

子張問滿苟得說：「為什麼不修德行？沒有德行就不能取信，不能取信就不被任用，不被任用就不能獲利。所以從名來看，從利來算，仁義才是要緊的。如果拋棄名利，內心反省，那麼讀書人的行為，也不能一天不修仁義呀！」

滿苟得說：「無恥的人富有，誇言的人顯達。名利最大的，幾乎都由無恥誇言而來。所以從名來看，從利來算，誇言才是要緊的。如果拋棄名利，內心反省，那麼讀書人的行為，也只有守着自然的本性了！」

子張說：「從前桀紂貴為天子，富有天下，現在對僕隸役夫說，你的行為像桀紂，就面有愧色，有不服氣的樣子，這是小人都鄙視的。孔子墨翟，窮困的平民，現在對宰相說，你的行為像孔子墨翟，就改變容色說自己不够，讀書人真是可貴呀！所以權勢如天子，未必可貴；窮困做貧民，未必低賤；貴賤的分別，在於行為的好壞。」

滿苟得說：「小盜被拘捕，大盜變成諸侯，諸侯的門下，仁義就存在。從前齊桓公小白殺了哥哥娶嫂嫂，而管仲卻做他的臣子；田成子常殺了君主竊據國家，而孔子卻接受他的貨幣。評論起來就表示卑賤，實行起來自己卻又這樣去做，這就是嘴裏所說的和行為所做的在心裏交戰，豈不是很矛盾麼？所以書上說：『誰好誰壞？成功的就是好，不成功的就是壞。』」

子張說：「你不修飾行為，將會親疏沒有倫常，貴賤沒有儀則，長幼沒有順序；五倫六位，怎樣區別呢？」

滿苟得說：「堯殺害長子，舜流放母弟，親疏有倫常嗎？湯放逐桀，武王殺害紂，貴賤有儀則嗎？王季僭越嫡位，周公殺害兄長，長幼有順序嗎？儒者的虛僞言辭，墨者的兼愛，這樣五倫六位有區別嗎？

「而且你正在求名，我正在求利。名利的實情，都不順於理，也不明於道。我從前和你在無約面前爭辯說：『小人為財犧牲，君子為名犧牲。他們之所以改變真情，更易本性，雖然不同；但是導致他們捨棄了生命而追逐所不當為的東西，卻是一樣的。』所以說，不要從事小人所追逐的，反求你自己的本性；不要從事君子所追逐的，順從自然的道理。是曲是直，聽任自然；觀照四方，隨着時序而變化。或是或非，執守你的環中；獨自完成你自己的本意，和道共遊。不要固執你的行為，不要助成你的仁義，這會失掉你的真性。不要奔赴富貴，不要急求成功，這會捨棄你自然的天性。

「比干被剖心，子胥被挖眼，這是忠的禍害；直躬證實父親偷羊，尾生被水淹死，這是信的禍患；鮑子抱樹枯死，申子跳河自沉，這是廉的禍害；孔子不見母親，匡子不見父親，這是義的缺失。這些都是上世的傳聞，下代的議論，以為讀書人要語言正直，以行為去實踐，所以才遭災殃，受到禍患。」

三

無足問於知和①曰：「人卒②未有不興名就利者。彼富則人歸之，歸則下之，下則貴之。夫見下貴者，所以長生安體樂意之道也。今子獨無意焉，知不足邪，意③知而力不能行邪！故推正不忘邪④？」

知和曰：「今夫此人⑤以為與己同時而生，同鄉而處者，以為夫絕俗過世之士焉；是專無主正⑥，所以覽古今之時，是非之分也，與俗化。世去至重⑦，棄至尊⑧，以為其所為也；此其所以論長生安體樂意之道，不亦遠乎！慘怛⑨之疾，恬愉之安，不監於體；怵惕之恐，欣懽之喜，不監於心；知為為而不知所以為，是以貴為天子，富有天下，而不免於患也。」

無足曰：「夫富之於人，無所不利，窮美究勢，至人之所不得逮，賢人之所不能及，俠人之勇力⑩而以為威強，秉人之知謀以為明察，因人之德以為賢良，非享國而嚴若君父。且夫聲色滋味權勢之於人，心不待學而樂之，體不待象⑪而安之。夫欲惡避就⑫，固不待師，此人之性也。天下雖非我，孰能辭之！」

知和曰：「知者之為，故動以百姓⑬，不違其度，是以足而不爭，無以為故不求。不足故求之，爭四處而不自以為貪；有餘故辭之，棄天下而不自以為廉。廉貪之實，非以迫外也，反監之度⑭。勢為天子而不以貴驕人，富有天下而不以財戲人⑮。計其患，慮其反，以為害於性，故辭而不受也，非以要名譽也。堯舜為帝而雍⑯，非仁天下也，不以美害生也；善卷許由得帝而不受，非虛辭讓也，不以事害己。此皆就其利，辭其害，而天下稱賢焉，則可以有之，彼非以興名譽也。」

無足曰：「必持其名，苦體絕甘，約養⑰以持生，則亦猶久病長阨而不死者也⑱。」

知和曰：「平為福，有餘為害者，物莫不然，而財其甚者也。今富人，耳營於鐘鼓管籥之聲⑲，口嗛⑳於芻豢醪醴之味，以感其意，遺忘其業，可謂亂矣；侅溺於馮氣㉑，若負重行而上坂也㉒，可謂苦矣；貪財而取慰㉓，貪權而取竭㉔，靜居則溺㉕，體澤則馮㉖，可謂疾矣；為欲富就利，故滿若堵耳而不知避㉗，且馮而不舍㉘，可謂辱矣；財積而無用，服膺而不舍㉙，滿心戚醮㉚，求益而不止，可謂憂矣；內則疑劫請之賊㉛，外則畏寇盜之害，內周樓疏㉜，外不敢獨行，可謂畏矣。此六者㉝，天下之至害也，皆遺忘而不知察㉞，及其患至，求盡性竭財，單㉟以反一日之無故而不可得也。故觀之名則不見，求之利則不得，繚意絕體㊱而爭此，不亦惑乎！」

【註譯】

①無足問於知和：「無足」，不知足。「知和」，知和適。這裏寓託為人名。

成玄英說：「『無足』，謂貪婪之人，不止足者也。『知和』，謂體知中和之道，守分清廉之人也。假設二人以明貪廉之禍福也。」

②人卒：人衆。見天地、秋水、至樂各篇。

③意：語詞，讀若「抑」。「抑」「意」古字通（郭慶藩集釋）。

④故推正不忘邪：「故」，同「固」，一味地。「推正」，即推求正道。成玄英說：「故推於正理，志念不忘，以遣貪求之心而不取邪。」

⑤此人：即上興名就利之人（王先謙說）。

⑥專無主正：「主正」，基準、主體之義（福永光司說）。這句話是說內心沒有指導的原則。

⑦至重：生（成疏），即生命。

⑧至尊：道（成疏），自己的本性（福永光司說）。

⑨慘怛（dá 答）：悲（成疏），悲痛。

⑩俠人之勇力：「俠」當為「夾」。說文曰：「夾，持也。」（馬叙倫說）「俠人之勇力」，即夾持人的勇力。

⑪象：法象（成疏），規範（福永光司說）。

⑫欲惡避就：指欲求、憎惡、避去、趨就。

⑬動以百姓：以百姓心為心（成疏）。

⑭非以迫外也，反監之度：不是由於外物的影響，而是由於各人內心的稟性不同（黃錦鋐今譯）。成玄英說：「非遇迫於外物，而反照於內心，各稟度量不同。」

⑮不以財戲人：「戲」，或借為「詡」（馬敘倫義證）。

⑯堯舜為帝而雍：「雍」，疑當為推，形近而誤（孫詒讓說）。

⑰約養：窮約攝養（成疏）；儉以自奉（林希逸口義）；即過着樸素的衣食生活（福永光司說）。

⑱則亦猶久病長阨而不死者也：「猶」字今本缺，陳碧虛闕誤引江南古藏本「亦」下有「猶」字，文意較完，據補（馬叙倫、劉文典、王叔岷校）。

⑲今富人，耳營於鐘鼓管籥之聲：按：「於」字原缺，「營」下當有「於」字，與下文「口嗛於芻豢醪醴之味」一律（王叔岷校釋）。「管籥」，簫笛類樂器。

⑳嗛：稱適（成疏）；快（郭慶藩說）；即快意。

㉑侅（gāi 該）溺於馮氣：「溺」，猶言沉溺之深（郭嵩燾說）。「馮氣」，盛氣。

王念孫說：「釋文曰：『馮氣，馮音憤，憤滿也。言憤畜不通之氣也。』案『馮氣』，盛氣也。昭五年左傳：『今君奮焉震電馮怒。』杜註曰：『馮，盛也。』楚辭離騷：『馮不厭乎求索。』王註曰：『馮，滿也。』楚人名『滿』曰『馮』。是『馮』為盛滿之義。」

㉒若負重行而上坂（bǎn 板）也：「坂」字今本缺。按：陳碧虛闕誤引張君房本「上」下有「坂」字，當從之。疏：「猶如負重上阪而行。」是成本「上」下有「阪」字，「阪」與「坂」同，今本脫「坂」字，則文意不完（王叔岷校釋）。「坂」，斜坡地。

㉓貪財而取慰：「取慰」，一說取病（郭慶藩說），一說取怨（章炳麟、馬叙倫說）。成疏則作常義解，謂：「以慰其心。」陳碧虛闕誤引張君房本「慰」作「辱」（王孝魚校）。

郭慶藩說：「案『慰』當與『蔚』通。淮南子俶真訓：『五藏無蔚氣。』高註曰：『蔚，病也。』

繆稱篇：『侏儒瞽師，人之困慰者也』。高注曰：『慰，病也。』是『蔚』『慰』二字，古訓通用。」
章炳麟說：「詩小雅傳：『慰，怨也。』『貪財而取慰』，猶言放於利而行多怨。」
馬叙倫說：「案『慰』借為『愠』。詩車舝：『以慰我心。』韓詩：『慰作愠。』是其例證。說文：『愠，怨也。』」按：今譯姑從章、馬之說。
㉔貪權而取竭：「取竭」，消耗精力。
成玄英說：「誘諂威權以竭情慮。」
㉕靜居則溺：閑居則沉溺於嗜慾。
成玄英說：「安靜閑居則其體沉溺。」
林希逸說：「言不耐閑而自沒溺於嗜慾。」
㉖體澤則馮：身體充盈則意態驕滿。
林希逸說：「其身充肥悅澤則馮滿有驕漲之意。」
㉗滿若堵耳而不知避：「堵」，牆（成疏）。意指積財高於牆而不知足。
林希逸說：「『滿若堵』，言積財而高於堵，所謂阿堵物是。『不知避』，不知足，趨求而未已。」
㉘馮而不舍：貪求不捨（李鍾豫今譯）。「馮」，即「憑」。
林希逸說：「『馮』，恃。恃此以為誇而不能捨。」
㉙服膺而不舍：念念不忘（林希逸說）；即上文「馮而不捨」之義（郭慶藩說）。「服膺」，固守之意（福永光司說）。
㉚戚醮：煩惱（成疏）。

㉛內則疑劫請之賊：在家裏就擔心小偷竊賊。

林希逸說：「『劫請』，劫取。藏於屋內者恐有劫盜。」

㉜樓疏：「疏」，窗。樓牆上之樓（林希逸說）；望樓（福永光司說）。按：指建樓牆以嚴防盜賊。

㉝六者：謂亂、苦、疾、辱、憂、畏（成疏）。

㉞皆遺忘而不知察：言皆失檢點而不自覺（林希逸說）。

㉟單：獨，但（林希逸說）。

郭嵩燾說：「『單』當作『亶』。『單』『亶』字通。漢書『但』字多作『亶』。……『單以反一日之無故』，猶言但以反一日之無故。」

㊱繚意絕體：纏縛其身心（林希逸說）。「繚」，纏繞（成疏）。

李勉說：「『繚意』，謂其意纏繞不釋。『絕體』，謂犧牲身體。」

【今譯】

無足問知和說：「衆人沒有不願建立名聲追求名利的。如果他富有，人就歸向他，歸向就對他謙下，謙下就對他尊崇。受人謙下尊崇，是長壽、安體、快意之道。現在你竟然沒有這種意念，是智慧不足呢？還是知道而力量不能做到，一味地思念正道而不忘懷呢？」

知和說：「現在假定有這樣一個（與名求利的）人，自以為和自己同時代生，同鄉共處，就認為是個絕俗超世的人；其實是內心沒有指導的原則，這樣去看古今的時代，是非的分際，（不過）與俗同化罷了。世人捨去最重要的生命，拋棄最尊貴的大道，去追求他所欲求的；這樣來論長壽、安體、快意之道，不是距離太遠了麼？悲痛的疾病，恬愉的安樂，不由形體顯現出來，驚惕的恐懼，歡欣的喜悅，不由心靈顯現出來；你知道你所做的而不知道你為什麼這樣做，所以貴為天子，富有天下，卻不免於禍患。」

無足說：「財富對於人，無所不利，享盡天下的善美威勢，至人也不能得到，賢人也不能企及，夾持別人的勇力而為自己的威勢，掌握別人的智謀以為自己是明察，藉着別人的德行以為自己是賢良，雖然不曾享有國土而尊嚴卻像君父。而且聲色、滋味，權勢對於人，不必學習心裏就愛好它，不必模仿身體就感到安適。欲求、憎惡、避去、趨就，本來不必教導就會，這是人的本性。天下人雖然非議我，誰又不要富貴美色呢？」

知和說：「智者所為，依百姓的需要而行事，不違反大衆的原則，因此知足而不侵犯，順任自然所以不貪求。不知足所以貪求，四處爭奪而不自以為貪圖；知足所以才辭讓，捨棄天下的財物而不自以為清廉。清廉和貪得的實質，並不是受外物的迫使，反觀內在稟性所導致。權勢如天子而不以尊貴驕傲於人，富有天下而不以財貨自詡於人。權衡禍患，反覆思慮，認為有害於本性，所以推辭而不接受，並不是邀取名譽。堯舜做帝王而推辭，並不是對天下仁愛，而是不以華美而危害生命；善卷許由得到帝位卻不接受，並不是假意辭讓，而是不以政事損害自己。這些都是取他們所利的，捨棄他們所害的，而天下稱讚他們賢明，這種稱譽是可以當之無愧的，但他們並不是為了樹立名聲的。」

無足說：「如果一定要固守名聲，苦累形體棄絕甘美，儉約奉養來保持生命，這也就是長久病困而不死罷了。」

知和說：「平均是福，多餘是害，凡物沒有不這樣的，而財貨更甚。現在的富人，充耳的是鐘鼓管簫的聲音，饜足於牛羊美酒的滋味，以刺激他的情意，遺忘他的事業，可以說是迷亂了；沉溺於盛氣好像負重走上山坡，可以說是勞苦了；貪財而取怨，貪權而耗費精思，閑散則沉溺於嗜慾，身體充盈則意態驕滿，可以說是疾病了；為了求富逐利，所以積財高於牆而不知足，並且貪求而不捨，可以說是取辱了；聚積財貨而無所用，專意營求而不捨，滿心煩惱，希求增多而不知止，可以說是憂慮了；在家裏就擔心小偷的竊賊，到外面就畏懼盜寇的傷害，裏面樓房嚴閉，外面不敢獨行，可以說是畏懼了；這六種，是天下的大害，大家都遺忘而不知省察，等到禍患來臨，想用盡心思竭盡錢財，只求一天的無事也不可得。所以從名來說看不到，從利來說得不着，纏繞身心去爭求，豈不是迷惑麼？」

說劍

說劍篇，寫趙文王好劍，莊子往說之，論劍有三種：天子之劍，諸侯之劍，庶人之劍。勸文王當好天子之劍。本篇與莊子思想不相干，一般學者疑是縱横家所作。林希逸、韓愈、王夫之等都認為本篇是戰國策士遊談。沈一貫莊子通說：「說劍一篇，全無意況，學非莊子學，文非莊子文。」所評甚是。羅根澤諸子考索謂：「這明是縱横家託之莊子而造出故事，編莊子書的只見是莊子的故事，遂拉來了。」羅說可信。按讓王、盜跖、說劍、漁父四篇，自宋以來，多疑是贗品。然張成秋說：「此四篇之中，除說劍外，多有可與莊子思想相發明者，未可一概斥之為僞。」（莊子篇目考）張說為是。盜跖篇和胠篋篇頗相近，文風潑辣，語態激憤，批判性強烈，只是盜跖篇筆尖直指孔子，蘇東坡等儒者讀了受不了，所以特別挑剔出來。其實盜跖篇和胠篋篇一樣，不是出於莊子本人之手，是莊子後學所作，所以仍屬莊子學派的作品。漁父篇是莊派之作，讓王篇可能是莊子後學所作（從文風和文義看來，盜跖與讓王由不同的人所寫），也可能是楊朱學派的作品。說劍篇則恐非莊子學派的作品。

一

昔趙文王①喜劍，劍士夾門②而客三千餘人，日夜相擊於前，死傷者歲百餘人，好之不厭。如是三年，國衰，諸侯謀之。

太子悝③患之，募左右曰：「孰能說④王之意止劍士者，賜之千金。」左右曰：「莊子當能。」

太子乃使人以千金奉莊子。莊子弗受，與使者俱，往見太子曰：「太子何以教周，賜周千金？」

太子曰：「聞夫子明聖，謹奉千金以幣從者⑤。夫子弗受，悝尚何敢言！」

莊子曰：「聞太子所欲用周者，欲絕王之喜好也。使臣上說大王而逆王意，下不當太子，則身刑而死，周尚安所事金乎？使臣上說大王，下當太子，趙國何求而不得也！」

太子曰：「然。吾王所見，唯劍士也。」

莊子曰：「諾。周善為劍。」

太子曰：「然吾王所見劍士，皆蓬頭突鬢⑥垂冠⑦，曼胡之纓⑧，短後之衣，瞋目而語難⑨，王乃說之。今夫子必儒服而見王，事必大逆。」

莊子曰：「請治劍服。」治劍服三日，乃見太子。太子乃與見王，王脫白刃待之。莊子入殿門不趨，見王不拜。王曰：「子欲何以教寡人，使太子先焉⑩？」曰：「臣聞大王喜劍，故以劍見王。」

王曰：「子之劍何能禁制⑪？」

曰：「臣之劍，十步一人，千里不留行⑫！」

王大悅之，曰：「天下無敵矣！」

莊子曰：「夫為劍者，示之以虛，開之以利⑬，後之以發，先之以至。願得試之。」

王曰：「夫子休就舍，待命設戲⑭請夫子。」

王乃校⑮劍士七日，死傷者六十餘人，得五六人，使奉劍於殿下，乃召莊子。王曰：「今日試使士敦劍⑯。」

莊子曰：「望之久矣。」

王曰：「夫子所御杖⑰，長短何如？」

曰：「臣之所奉皆可。然臣有三劍，唯王所用，請先言而後試。」

王曰：「願聞三劍。」

曰：「有天子之劍，有諸侯之劍，有庶人之劍⑱。」

【註譯】

①趙文王：惠文王，名何，武靈王子（釋文引司馬彪說）。

馬敘倫說：「趙惠文王元年，為宋康王三十一年，是得與莊子相值。」（莊子義證）

②夾門：擁門（林希逸口義）

③太子悝：惠文王之後為孝成王丹，則此太子蓋不立（俞樾說）。按：這是寓說，不必求史實。

④說：通悅。

⑤幣從者：「幣」，贈的意思。「從者」，指僕從。

宋人林希逸說：「『以幣從者』，言以此為從者之奉也。猶今言犒從也。」

李鍾豫說：「贈人金帛，謂為犒賞僕從，是謙遜語。」（語體莊子）

⑥突鬢：鬢毛突出（成疏）。

⑦垂冠：低垂帽子，做出要戰鬥的樣子。

⑧曼胡之纓：粗實的冠纓。「曼」，借為縵。古書註多引「曼」作「縵」（見馬叙倫義證、劉文典補註、王叔岷校釋。「胡」，與「粗」聲近義通，司馬訓為「粗」可證（李勉莊子分篇評註）。「曼胡」，堅固之意（吳汝綸莊子點勘）。

胡懷琛說：「竊以為『曼』即今『鬘』字，『胡』即今『鬍』字。謂其纓如髻如鬍也。」（莊子集解補正）按：胡解可供參考。

⑨語難：有二說：一說語言困難，如陸德明說：「勇士憤氣積於心胸，言不流利。」（釋文）一說語言相詰難，如林希逸說：「欲鬥之時，以語相詰難。」當從後說。

近人陶鴻慶說：「『語難』者，相語以所難也。孟子離婁篇：『責難於君謂之恭。』趙註：『責以難為之事，使君勉之。』……此云『語難』，與責難文法同。」（讀莊札記）

⑩使太子先焉：「焉」字原缺。御覽三四四引「先」下有「焉」字，文意較完，當從之（王叔岷校釋）。

⑪禁制：指禁暴制敵。

⑫十步一人，千里不留行：「千里不留行」，指所向無敵，行千里而不被阻留。李白俠客行：「十步殺一人，千里不留行。」即用此文。

⑬開之以利：顯示人以可乘之機。

⑭待命設戲：待設劍戲（成疏）。「戲」，比賽武術之會（胡懷琛說）。「命」下衍「令」字，當刪。

張君房本無「令」字（王孝魚點校）。

⑮校：同「較」。指較量劍術以決勝負。

⑯敦劍：即治劍之義，亦即兩相比較之義（郭嵩燾說）。「敦」，借為「對」（馬叙倫義證）。高亨訓「敦」為「比」，甚是。

⑰御杖：「御」，用（成疏），持（王先謙說）。「杖」，指劍。

⑱有天子之劍，有諸侯之劍，有庶人之劍：三「之」字原缺。高山寺本三「劍」字上均有「之」字（王孝魚點校）。有「之」字文意較完，且與下文「天子之劍」、「諸侯之劍」、「庶人之劍」一律（王叔岷校釋），當據補。

【今譯】

從前趙文王喜歡劍術，聚集在門下為客的劍士有三千多人，他們日夜在面前擊劍，一年死傷百多人，依然喜好不厭。這樣下去有三年，國勢衰落，諸侯圖謀攻取它。

太子悝感到憂慮，召募左右的人說：「誰能說服國王使他停止劍術的，我賜他千金。」左右說：「莊子可以做到。」

太子於是派人帶千金進奉給莊子，莊子不接受，和使者一起去見太子說：「太子有什麽指教，賜我千金？」

太子說：「聽說先生聖明，誠謹地進奉千金贈給先生的僕從。先生不接受，我怎敢說？」

莊子說：「聽說太子要用我是想斷絕國王的喜好。假使我向上勸說大王而違逆了他的心意，下又不合太子的旨意，那就會遭刑戮而死，我要千金有什麼用呢？假使我上能說服大王，下能合意太子，那麼我向趙國要求什麼會得不到呢？」

太子說：「對的，我的國王所接見的，只有劍士。」

莊子說：「好的。我很會使劍。」

太子說：「但是我國王所見的劍士，都是蓬頭突髮低垂帽子，粗實的冠纓，短後的上衣，怒目而視且出口相互責難，國王才喜歡他。現在先生一定要穿儒服去見國王，事情就大不妥當。」

莊子說：「請準備劍士的服裝。」三天後劍服準備好，去見太子。太子就和他去見國王，國王抽出劍來等待他。莊子進殿門不急走，見國王不下拜。國王說：「你有什麼可以指教我，讓太子先作介紹呢？」

莊子回說：「我聽說大王喜歡劍，所以用劍術來見大王。」

國王說：「你的劍法怎樣禁制敵手？」

莊子回說：「我的劍，十步取一人，千里無阻當。」

國王非常高興，說：「天下無敵了！」

莊子說：「用劍之道，先示人以虛空，給予可乘之機，發動在後，搶先擊至。希望試試。」

國王說：「先生到館舍休息，等我安排好擊劍比賽，再來請先生。」

於是國王使劍士較量技術七天，死傷了六十多人，選出五六個人，讓他們奉劍侍立在殿下，然後召請莊子，國王說：「今天請和劍士對劍。」

莊子說：「我盼望很久了。」

國王說：「先生所用的劍，長短怎麼樣？」

莊子回說：「我所用的長短都可以。但是我有三種劍，任王選用，請先說然後再試。」

國王說：「希望聽聽那三種劍。」

莊子回說：「有天子的劍，有諸侯的劍，有庶人的劍。」

二

王曰：「天子之劍何如？」

曰：「天子之劍，以燕谿石城為鋒[①]，齊岱為鍔[②]，晉衛為脊[③]，周宋為鐔[④]，韓魏為夾[⑤]；包以四夷，裹以四時，繞以渤海，帶以恆山[⑥]；制以五行，論以刑德；開以陰陽，持以春夏，行以秋冬。此劍，直之無前，舉之無上，案之無下，運之無旁，上決浮雲，下絕地紀[⑦]。此劍一用，匡諸侯，天下服矣。此天子之劍也。」

文王芒然自失，曰：「諸侯之劍何如？」

曰：「諸侯之劍，以知勇士為鋒，以清廉士為鍔，以賢良士為脊，以忠聖士為鐔，以豪桀士為夾。此劍，直之亦無前，舉之亦無上，案之亦無下，運之亦無旁；上法圓天以順三光[⑧]，下法方地以順四時，中和民意以安四鄉[⑨]。此劍一用，如雷霆之震也，四封之內，無不賓服而聽從君命者矣。此諸侯之劍也。」

王曰：「庶人之劍何如？」

曰：「庶人之劍，蓬頭突鬢垂冠，曼胡之纓，短後之衣，瞋目而語難。相擊於前，上斬頸領，下決肝肺。此庶人之劍，無異於鬭雞，一旦命已絕矣，無所用於國事。今大王有天子之位而好庶人之劍，臣竊為大王薄之。」

王乃牽而上殿。宰人上食，王三環之⑩。莊子曰：「大王安坐定氣，劍事已畢奏矣。」

於是文王不出宮三月，劍士皆服斃其處也。

【註譯】

①以燕谿石城為鋒：「燕谿」，地名，在燕國。「石城」，在塞外（釋文）。「鋒」，指劍端。

②齊岱為鍔：「齊岱」，齊國岱山，即泰山。「鍔」，劍刃（司馬彪說）。

③晉衞為脊：「衞」，各本作「魏」。下既言「韓魏」，此不得言「晉魏」。韓、趙、魏分晉，尤不當晉、魏併稱。碧虛子南華真經章句音義校本，高山寺古鈔本，併作「晉衞」。書鈔百二十二、類聚軍器部、御覽三百四十四引同，今據音義本正（劉文典莊子補正）。按：馬叙倫義證、于省吾新證、王叔岷校釋均引證「魏」當作「衞」。「脊」，劍背。

④鐔：劍口（釋文）。

⑤夾：劍把。一本作「鋏」（釋文）。「夾」，即「鋏」之借（王叔岷說）。

⑥帶以恆山：俗本作「常山」。羅勉道循本「常」作「恆」，當從之。作「常」者，漢人避孝文帝諱改（王叔岷說）。

⑦地紀：地基。「紀」借為「基」（馬叙倫說）。

⑧三光：指日、月、星三者之光。

⑨四鄉：即四向，同四方。

⑩三環之：繞了三圈。林希逸說：「三環者，不坐而行，環所食之地三帀也。皆愧之意也。」

【今譯】

趙王說：「天子的劍是怎麼樣？」

莊子回說：「天子的劍，以燕谿石城作劍端，齊國泰山作劍刃，晉國衛國作劍背，周朝宋國作劍口，韓國魏國作劍把，用四夷包着，用四時圍着；以渤海為環繞，以恆山作繫帶；用五行來制衡，用刑德來論斷；以陰陽為開合，以春夏來扶持，以秋冬來運作。這種劍，直往便沒有東西可在它前面，舉起便沒有東西可在它上面，按低便沒有東西可在它下面，揮動便沒有東西可在它近旁，在上可斷浮雲，在下可絕地基。這種劍一旦使用，就可匡正諸侯，天下順服。這是天子的劍。」

文王茫然失神，說：「諸侯的劍怎麼樣？」

莊子回說：「諸侯的劍，以知勇之士作劍端，以清廉之士作劍刃，以賢良之士作劍背，以忠賢之士作劍口，以豪傑之士作劍把。這種劍，直往也沒有東西可在它前面，舉起也沒有東西可在它上面，按低也沒有東西可在它下面，揮動也沒有東西可在它近旁；在上效法圓天來順應三光，在下效法方地來順應四時，中間和睦民意來安頓四鄉。這種劍一旦使用，像雷霆的震撼，四境之內，沒有不歸服而聽從君主的命令的。這是諸侯的劍。」

國王說：「庶人的劍怎麼樣？」

莊子回說：「庶人的劍，蓬頭突髮低垂帽子，粗實的纓冠，短後的上衣，怒目而出語責難。在前面互相擊鬥，上斬頸項，下刺肝肺。這是庶人的劍，和鬥雞沒有什麼不同，一旦喪命了，對國事就沒有用處。現在大王擁有天子的位子卻喜好庶人的劍，我替大王感到不值得。」

國王於是牽着他上殿，命廚子上菜，國王繞着他走了三圈。莊子說：「大王安靜坐下平定氣息，關於劍的事我已經奏講完了。」

於是文王三個月不出宮，劍士都氣憤自殺在那裏。

漁父

漁父篇，主旨闡揚「保真」思想，並批評儒家禮樂人倫的觀念。孔子坐在林中杏壇，見一白眉披髮漁父，漁父斥孔子「擅飾禮樂，選人倫」，指責他「苦心勞形以危其真」，教導孔子要謹慎修身，保持本真，使人與物各還歸自然。漁父，為一隱逸型的有道者，取此二字作為篇名。

出自本篇的成語有：同類相從、同聲相應、不拘於俗、分庭抗（伉）禮等。

一

孔子遊乎緇帷之林①，休坐乎杏壇②之上。弟子讀書，孔子絃歌鼓琴，奏曲未半。

有漁父者，下船而來，須眉交白③，披髮揄袂④，行原以上⑤，距⑥陸而止，左手據膝，右手持頤以聽。曲終而招子貢子路，二人俱對。

客指孔子曰：「彼何為者也？」

子路對曰：「魯之君子也。」

客問其族。子路對曰：「族⑦孔氏。」

客曰：「孔氏者何治也？」

子路未應，子貢對曰：「孔氏者，性服忠信，身行仁義，飾禮樂，選人倫⑧，上以忠於世主，下以化於齊民⑨，將以利天下。此孔氏之所治也。」

又問曰：「有土之君與？」

子貢曰：「非也。」

「侯王之佐與？」

子貢曰：「非也。」

客乃笑而還，行言曰：「仁則仁矣，恐不免其身；苦心勞形以危其真。嗚呼，遠哉其分於道⑩也！」

子貢還，報孔子。孔子推琴而起曰：「其聖人與！」乃下求之，至於澤畔，方將杖拏⑪而引其船，顧見孔子，還鄉⑫而立。孔子反走⑬，再拜而進。

客曰：「子將何求？」

孔子曰：「曩者先生有緒言⑭而去，丘不肖，未知所謂，竊待於下風⑮，幸聞咳唾之音⑯以卒相⑰丘也。」

客曰：「嘻！甚矣子之好學也！」

孔子再拜而起曰：「丘少而脩學，以至於今，六十九歲矣，無所得聞至教，敢不虛心！」

客曰：「同類相從，同聲相應，固天之理也。吾請釋吾之所有而經子之所以⑱。子之所以者，人事也。天子諸侯大夫庶人，此四者自正⑲，治之美也，四者離位而亂莫大焉。官治其職，人處其事⑳，乃無所陵㉑。故田荒室露，衣食不足，徵賦不屬㉒，妻妾不和，長少無序，庶人之憂也；能不勝任，官事不治，行不清白，羣下荒怠，功美不有，爵祿不持，大夫之憂也；廷㉓無忠臣，國家昏亂，工技不巧，貢職不美，春秋後倫㉔，不順天子，諸侯之憂也；陰陽不和，寒暑不時，以傷庶物，諸侯暴亂，擅相攘伐，以殘民人，禮樂不節，財用窮匱，人倫不飭，百姓淫亂，天子之憂也㉕。今子既上無君侯有司之勢，而下無大臣職事之官，而擅飾禮樂，選人倫，以化齊民，不亦泰多事乎㉖。

「且人有八疵，事有四患，不可不察也。非其事而事之，謂之摠㉗；莫之顧而進之，謂之佞；希意道言，謂之諂；不擇是非而言，謂之諛；好言人之惡，謂之讒；析交離親，謂之賊；稱譽詐僞以敗惡人，謂之慝；不擇善否，兩容頰適㉘，偷拔㉙其所欲，謂之險。此八疵者，外以亂人，內以傷身，君子不友，明君不臣。所謂四患者：好經大事㉚，變更易常，以挂功名㉛，謂之叨㉜；專知擅事，侵人自用，謂之貪；見過不更，聞諫愈甚，謂之很㉝；人同於己則可，不同於己，雖善不善，謂之矜。此四患也。能去八疵，無行四患，而始可教已。」

【註譯】

①緇帷之林：黑林名（釋文引司馬彪說）「緇帷」，即黑帷，假託為地名。

②杏壇：澤中高處（司馬說）；杏木多生高台（福永光司說）。

③須眉交白：「須」，本亦作「鬚」（釋文）。「鬚」是「須」的俗字。「交」，一本作「皎」（釋文）。

闕誤引張君房本「交」作「皎」（王孝魚點校）。

④揄袂：揚袖。

⑤行原以上：溯水岸而上。

⑥距：至。

⑦族：姓氏。

⑧選人倫：「選」，序，謂序列（李勉說）。

⑨齊民：齊等之民（釋文引許慎說）；猶平民（釋文引如淳說）。

⑩分於道：離於道。

⑪拏：橈，音餘（司馬彪說）；船篙（林希逸口義）。按：即搖船的櫓。

⑫還鄉：「還」，音旋，迴舟。「鄉」，音向，對面（劉鳳苞說）。

⑬反走：退行數步而後進（林希逸說）。語見盜跖篇。

⑭緒言：餘言，不盡之言（俞樾莊子平議）。

清人劉鳳苞說：「發其端曰『緒』，蓋未竟其言而去也。」（南華雪心編）

⑮下風：訓下方。語見在宥、天地、天運篇。

⑯咳唾之音：「咳唾」，與徐无鬼篇「謦欬」同義，喻言笑。

⑰卒相：終以教助（林希逸說）。「卒」，終。「相」，助。

⑱經子之所以：「經」，經營。「所以」，所做的事。論語為政篇：「視其所以。」「以」，朱註：「為」。

⑲自正：各任其職（林希逸說）。

⑳人處其事：「處」，通行本作「憂」。依于省吾之說，據高山寺本改正。于省吾說：「高山寺卷子本『憂』作『處』。按作『處』者是也。今本作『憂』者，涉下『庶人之憂也』而誤。禮記檀弓：『何以處我。』註：『處，猶安也。』上言『官治其職』，與『人處其事』，相對為文。」

㉑陵：亂；侵犯。

㉒徵賦不屬：「不屬」，不繼。

㉓廷：高山寺本作「朝」（王孝魚點校）。

㉔春秋後倫：朝覲失序（林希逸說）；春秋二季朝覲天子之禮不及序（李勉說）。按：「後」疑本作「愎」。愎倫，即乖序。

㉕天子之憂也：「天子」下原衍「有司」二字，依馬叙倫之說删去。馬叙倫說：「『有司』，涉下句而誤羨。」（莊子義證）

㉖不亦泰多事乎：「亦」字據高山寺本補，文意較完（劉文典、王叔岷校）。

㉗摠：濫（成疏）。

㉘兩容頰適：指善惡兩容均感適意。「頰」，借為「兼」（章炳麟解故）。近人陶鴻慶說：「『頰』當讀為『夾』。『夾』亦『兩』也。說文：『夾，持也，大鋏二人。』穆天子傳：『左右夾佩。』註：『左右兩佩也。』是『夾』有兩義。『夾適』與『兩容』義同。」

㉙偷拔：盜取（福永光司說）；「偷」，暗。「拔」，取（李勉說）。

㉚好經大事：喜經理國家大事（林希逸說）。

㉛以挂功名：「挂」，與「卦」、「畫」本字同。「挂功名」者，圖功名，規畫功名（章炳麟說）。
㉜叨：為「饕」之重文（馬叙倫說）。
㉝很：言不聽從（郭慶藩引說文）。

【今譯】

孔子到緇帷樹林去遊玩，坐在杏壇上休息。弟子在讀書，孔子唱歌彈琴，曲子彈不到一半。有個漁父，撐船下來，鬚眉潔白，披髮揚袖，溯岸而上，到陸地停住，左手按着膝蓋，右手托着下顎來聽歌，曲子終了便招呼子貢子路，兩人回應。

來客指着孔子說：「他是做什麼的？」

子路回答說：「他是魯國的君子。」

來客問何姓氏。子路回答說：「孔氏。」

來客說：「孔氏研習什麼？」

子路沒有回應，子貢回答說：「孔氏這人，性守忠信，實行仁義，修飾禮樂，整治人倫，對上效忠世主，對下敦化平民，作利於天下。這就是孔氏所研習的。」

來客又問說：「是有土地的君主嗎？」

子貢說：「不是。」

來客問說：「是侯王的輔佐嗎？」

子貢說：「不是。」

來客笑着往回走，邊走邊說：「說仁算是仁，恐怕不能免於自身的禍患；勞苦心形以危害生命的本真。唉！他離道實在太遠了！」

子貢回來，告訴孔子。孔子推開琴起身說：「豈不是聖人麼？」就走下去找他，到了河岸，漁父正拿着船篙撐開船，回頭見到孔子，轉身對面站着。孔子退行，再拜前進。

客人說：「你有什麼事？」

孔子說：「剛才先生話沒說完，我不聰敏，不能了解它的意思，我恭敬地在這裏等着，希望聽到高言美音，有助於我。」

客人說：「唉！你真是太好學了。」

孔子再拜起身說：「我自小就學習，直到現在，已經六十九歲了，沒有聽到過大道理，怎敢不虛心？」

客人說：「凡物同類便互相聚集，同聲便互相應和，這是自然的道理。我願意告訴我所知道的來幫助你所從事的。你所從事的，是人事。天子、諸侯、大夫、庶人，這四種人如果能各盡本分，這是治道的完美，這四種人離開本位就會產生莫大的混亂。官吏自任其職，人民各處其事，不相侵犯。所以田園荒蕪，房屋破漏，衣食不足用，徵賦沒有繳納，妻妾不和睦，長幼沒有秩序，這是庶人的憂慮；能力不能勝任，官事不能辦好，行為弄不清白，部下疏荒怠惰，功績沒有，爵祿不保，這是大夫的憂慮；朝廷沒有忠臣，國家昏亂，工技不精巧，貢品不完美，春秋朝覲失序，不順天子意，這是諸侯的憂慮；陰陽不調和，寒暑不順時，傷害衆物，諸侯暴亂，擅自互相攻伐，殘害人民，禮樂沒有節度，財用窮困匱乏，人倫不整飭，百姓淫亂，這是天子的憂慮。現在你既然在上沒有君侯執政的權勢，在下又沒有大臣主事的官職，而擅自修飾禮樂，整治人倫，以教化人民，不是太多事了麼！

「而且人有八種毛病，事有四種患害，不可以不明察。不是他該做的事去做，叫做『摠』；人不理會而竊竊進言，叫做『佞』；迎合別人心意而引言，叫做『諂』，不辨是非來說話，叫做『諛』；喜歡說人的壞話，叫做『讒』；離間親友，叫做『賊』；詐僞稱譽而詆毀人，叫做『慝』；不辨善惡，兩者兼容而適意，暗中盜取他所要的，叫做『險』。這八種毛病，對外擾亂別人，對內傷害自身，君子不和他做朋友，明君不用他做臣子。所謂四種患害是：喜歡辦理大事，改變常理常情，以圖功名，叫做『叨』；自恃聰明、擅自行事，侵犯他人而師心自用，叫做『貪』；見過不改，聽人勸說更加為過，叫做『很』；別人的意見和自己相同就可以，如果和自己不相同，則意見雖好也以為不好，叫做『矜』。這是四種憂慮。能够去除八種毛病，不做四種患害，才可以受教。」

二

孔子愀然而歎，再拜而起曰：「丘再逐於魯，削跡於衛，伐樹於宋，圍於陳蔡。丘不知所失，而離[①]此四謗者何也？」

客悽然變容曰：「甚矣子之難悟也！人有畏影惡跡而去之走者，舉足愈數[②]而跡愈多，走愈疾而影不離身，自以為尚遲，疾走不休，絕力而死。不知處陰以休影，處靜以息跡，愚亦甚矣！子審仁義之間，察同異之際，觀動靜之變，適受與之度，理好惡之情，和喜怒之節，而幾於不免矣。謹脩而身，慎守其真，還以物與人③，則無所累矣。今不脩之身而求之人，不亦外乎！」

孔子愀然曰：「請問何謂真？」

客曰：「真者，精誠之至也。不精不誠，不能動人。故強哭者雖悲不哀，強怒者雖嚴不威，強親者雖笑不和。真悲無聲而哀，真怒未發而威，真親未笑而和。真在內者，神動於外，是所以貴真也。其用於人理也，事親則慈孝，事君則忠貞，飲酒則歡樂，處喪則悲哀。忠貞以功為主，飲酒以樂為主，處喪以哀為主，事親以適為主，功成之美，無一其跡矣。事親以適，不論所以矣；飲酒以樂，不選其具矣；處喪以哀，無問其禮矣。禮者，世俗之所為也；真者，所以受於天也，自然不可易也。故聖人法天貴真，不拘於俗。愚者反此。不能法天而恤於人，不知貴真，祿祿④而受變於俗，故不足。惜哉，子之蚤湛⑤於人僞而晚聞大道也。」

孔子又再拜而起曰：「今者丘得遇也，若天幸然。先生不羞而比之服役⑥，而身教之。敢問舍所在，請因受業而卒學大道。」

客曰：「吾聞之，可與往者與之，至於妙道；不可與往者，不知其道，慎勿與之，身乃無咎。子勉之！吾去子矣，吾去子矣！」乃刺船⑦而去，延緣葦間⑧。

顏淵還車，子路授綏，孔子不顧，待水波定，不聞拏音而後敢乘。

子路旁車而問曰：「由得為役久矣，未嘗見夫子遇人如此其威也。萬乘之主，千乘之君，見夫子未嘗不分庭伉禮，夫子猶有倨傲之容。今漁父杖拏逆立⑨，而夫子曲要磬折⑩，言拜而應，得無太甚乎？門人皆怪夫子矣，漁人何以得此乎？」

孔子伏軾⑪而歎曰：「甚矣由之難化也！湛於禮義有間矣，而樸鄙之心至今未去。進，吾語汝！夫遇長不敬，失禮也；見賢不尊，不仁也。彼非至人，不能下人，下人不精，不得其真，故長傷身。惜哉！不仁之於人也，禍莫大焉，而由獨擅之。且道者，萬物之所由也，庶物失之者死，得之者生，為事逆之則敗，順之則成。故道之所在，聖人尊之。今漁父之於道，可謂有矣，吾敢不敬乎！」

【註譯】

①離：即「罹」，遭。成本作「罹」。

②數：借為「速」。

③還以物與人：言以外物還之於人，而一歸之自然（林希逸說）。即以物與人還之自然。

④祿祿：有數解：（一）作碌碌（宣穎說）。（二）當為「拘」誼，顯示拘象之詞。成疏以「祿祿」為「貴貌」，誤之甚（詳見劉師培莊子斠補）。（三）隨從之貌。「祿」借為「娽」，說文曰：「娽，隨從也。」（奚侗說）茲從（一）說。

⑤湛：同沈，耽。
⑥比之服役：言比之之子（林希逸口義），指比作服役的弟子。
⑦刺船：撐船。
⑧延緣葦間：「延」，借為沿（馬叙倫說）。「緣」，通沿。指沿着蘆葦的河岸。
⑨逆立：對面立（林希逸說）。
⑩曲要磬折：彎腰鞠躬。「要」，通腰。道藏成玄英疏本作「腰」（王叔岷說）。李勉說：「『磬折』，喻其恭敬之態。磬成彎曲形，『磬折』其鞠躬如磬之彎。」
⑪軾：車前橫木。

【今譯】

孔子面有愧色而歎息，再拜而起說：「我兩次被驅逐魯國，在衞國被禁止居留，在宋國遭受伐樹的侮辱，被圍困在陳蔡。我不知犯有什麼樣的過失，為什麼會遭受到這四種毀辱？」

客人悲傷變容說：「你真是太難覺悟了！有人畏懼影子、憎惡腳跡想拋棄它而走，跑得越多而腳跡越多，跑得越快卻影不離身，自以為還慢，快跑不停，弄得氣力盡絕而死。不知道到陰暗的地方影子自然消失，靜止下來腳跡自然沒有，真愚昧呀！你留神於仁義之間，明辨同異的分際，觀察動靜的變化，均衡取捨的適度，疏導好惡的情感，調和喜怒的節度，你幾乎不免於禍了。你要謹慎修身，保持你的本真，使人與物各還歸自然，那就沒有累害了。現在你不修己身而求責別人，不是很疏陋麼？」

孔子悲傷地說：「請問什麼是本真？」

客人說：「本真乃是精誠的極至。不精不誠，就不能感動人。所以勉強哭泣的人雖然悲痛卻不哀傷，勉強發怒的人雖然嚴厲卻沒有威勢，勉強表示親愛的人雖然笑臉卻不感到和悅。真正的悲痛沒有聲音而哀傷，真正的憤怒沒有發作而威嚴，真正的親愛沒有笑容而和悅。真性存於內心，使神色表現在外，這就是本真的可貴。將它用在人理上，事奉雙親則孝慈，事奉君主則忠貞，飲酒便歡樂，處喪便悲哀。忠貞以功名為主，飲酒以歡樂為主，處哀以悲哀為主，事親以適意為主，功績與成就在於效果圓滿，而不必拘泥於具體事蹟。事親求安適，不問用什麼方法；飲酒求歡樂，不挑選酒菜杯具；處喪為盡哀，不講究禮儀。禮節是世俗所為的，真性是稟受於自然的，自然是不可以改變的。所以聖人效法自然珍貴本真，不拘於世俗。愚昧的人卻相反。不能夠效法自然而憂慮人事，就不知道珍貴本真，庸庸碌碌隨世俗變遷，所以不能知足。可惜呀！你沉溺於人世的偽詐太早而聽聞大道太晚了。」

孔子又再拜而起說：「我現在遇到先生，就像上天寵幸了我。先生不以為羞把我當作弟子，而親身來教導。請問您住在哪裏，讓我受業來學完大道。」

客人說：「我聽說，可以共適大道的就結交他，終至體會妙道；不可與共適大道的，是不知其中的道理，那就不必與他交往，自身才沒有過失。你自己勉勵吧！我離開你了，我離開你了！」於是沿着蘆葦的河岸撐船而去。

顏淵倒轉車子，子路交給車繩，孔子不看，直等到水面波紋定了，聽不到搖船的聲音才敢上車。

子路在車旁問說：「我在門下侍候很久了，從來沒有見過先生對人這樣尊敬。萬乘的君主，千乘的國王，看到先生沒有不平起平坐的，先生還有高傲的容色。現在漁父拿着船篙站在對面，而先生彎腰鞠躬，說話時先拜再回應，不是太過分了嗎？弟子們都怪先生了，漁人怎麼值得這樣對待呢？」

孔子扶着車軾感歎說：「子由真是難以教化啊！沉緬於禮義有一段時間了，可是粗鄙的心理到現在還沒有去掉。過來，我告訴你！見到長者不恭敬，這是失禮；見到賢者不尊重，這是不仁。他要不是至人，就不能使人謙下，對人謙下不精誠，就不能保有本真，所以才會常常傷害自己。可惜啊！人要是不仁，禍患沒有比這更大的了，而子由偏偏這樣。而且大道乃是萬物遵循的依據，衆物失去它便死亡，獲得它便生存，做事違逆它就會失敗，順應它就能成功。所以道的所在，聖人尊重它。現在漁父對於道，可以說體悟了，我敢不敬麼？」

列禦寇

列禦寇篇，由十二章文字雜纂而成。各節間極其散亂，意義不相關聯。「列禦寇」，即列子。取篇首三字為篇名。

本篇第一章，伯昏瞀人與列禦寇對話，告誡列子不可炫智，勿「以外鎮人心」。第二章，儒者緩的故事，評儒者的自以為是，讚有道之士的淳素自然。第三章，朱泙漫學屠龍而無所用其巧，至人則純任自然，不用智巧。本章共三段，似各不相連。朱泙漫技成而無所用其巧，這則故事餘文恐脫漏。後文「聖人以必不必」一段，另有所說，「以必不必」，指不固執一定的成見。「以不必必之」，是固執己見，為導致紛爭的根源。「小夫之知……而不知大寧」一段，寫小知不識大道。第四章，譏曹商卑己求祿，寫莊子織屨為生，恬淡志遠，有所不為。第五章，魯哀公問顏闔，評孔子喜歡雕琢文飾，以支節為主旨，矯飾性情以誇示於民。第六章，「施於人而不忘」一小段，評施人望報的觀念。第七章，「為外刑者」一小段，寫真人能免於內外刑罰。第八章，寫人心的變化多端。第九章，「正考父」一段，寫態度的謙虛。「賊莫大乎德有心」一段，寫用心機的是賊之大者，並批評「中德」。「窮有八極」一段，寫人的窮困和通達之成因。第十章，有人向莊子炫耀得君主的賞賜，莊子警告他這如同龍頷取珠，總有遭殃的一日。第十一章，寫莊子不仕。第十二章，記莊子將死，反對厚葬。

出自本篇的成語有：能者多勞、槁項黃馘、吮癰舐痔、國之貞幹、厚貌深情、探驪得珠等。

一

列禦寇之齊，中道而返，遇伯昏瞀人①。伯昏瞀人曰：「奚方而返②？」

曰：「吾驚焉。」

曰：「惡乎驚？」

曰：「吾嘗於十饗③，而五饗先饋。」

伯昏瞀人曰：「若是，則汝何為驚已④？」

曰：「夫內誠不解⑤，形諜成光⑥，以外鎮⑦人心，使人輕乎貴老⑧，而齍其所患⑨。夫饗人特為食羹之貨，無多餘之贏⑩，其為利也薄，其為權也輕，而猶若是，而況於萬乘之主乎！身勞於國而知盡於事，彼將任我以事而效我以功，吾是以驚。」

伯昏瞀人曰：「善哉觀乎⑪！汝處已⑫，人將保女矣⑬！」

無幾何而往，則户外之屨滿矣。伯昏瞀人北面而立，敦杖蹙之乎頤⑭，立有間，不言而出。

賓者⑮以告列子，列子提屨，跣⑯而走，暨乎門，曰：「先生既來，曾不發藥⑰乎？」

曰：「已矣，吾固告汝曰人將保汝，果保汝矣。非汝能使人保汝，而汝不能使人無保汝也，而焉用之感豫出異也⑱！必且有感搖而本才⑲，又無謂也。與汝遊者又莫汝告也，彼所小言，盡人毒也。莫覺莫悟，何相孰也⑳！巧者勞而知者憂，無能者無所求，飽食而敖遊，汎若不繫之舟，虛而遨遊者也。」

【註譯】

①伯昏瞀人：德充符篇作「伯昏無人」。

②奚方而返：「方」字有數解：(一)「方」，道（釋文引李頤說）。問其所由中途返意（成玄英疏）；言在何所而回（林希逸口義）。(二)「方」，事、故。如金其源說：「易復卦：『后不省方』，註：『方，事也。』」（錢穆纂箋引）宣穎說：「猶何故。」（南華真經）(三)「方」為「妨」省。說文：「妨，害也。」（馬叙倫義證）按：後兩說均可通。

③十𩟄：「𩟄」，讀曰「漿」，十家並賣漿（釋文引司馬彪說）。趙諫議本「𩟄」作「漿」，下同（王孝魚點校）。

④已：同也、邪。

⑤內誠不解：「誠」為「情」之假借字（丁展成莊子音義釋）。內心情慾不紓解。

⑥形諜成光：「諜」，動：「形諜」，形容舉動。「成光」，有光儀（林希逸口義）。孫詒讓說：「『諜』，當為『渫』之假字。『內誠不解』，謂誠積於中。『形渫成光』，謂形宣渫於外有光儀也。」（莊子札迻）

⑦鎮：服（成疏）。

⑧使人輕乎貴老：謂重禦寇過於老人（釋文）。

⑨𩐈其所患：指招來禍患。清人宣穎說：「『𩐈』，俗『韲』字。循本云：『猶釀也。』言炫燿如此，乃釀禍之本也。」（南華真經）王先謙說：「宣云：『𩐈有釀意。』一說：『𩐈』與『齎』同，猶『致』也。並通。」（莊子集解）

⑩無多餘之贏：列子「多」字上有「無」字，今從之。言本錢有限所貨之物甚微（劉鳳苞南華雪心編）。「無」字原缺，依闕誤引江南古藏本及文如海、張君房本補，據成疏亦當有「無」字（王孝魚點校）。按：俞樾、馬叙倫、王叔岷均以為不得有「無」字，皆誤。「無多餘之贏」，言其贏利所餘無多（林希逸註列子），正是下文「其為利也薄」的意思。當補「無」字為是。

⑪善哉觀乎：好呀！會觀察。宣穎說：「讚其能反觀。」

⑫汝處已：「已」，音矣（劉鳳苞說）。闕誤引江南古藏本及李氏本俱音「紀」（王孝魚點校）。成本「已」作人已之「已」，非是（馬叙倫說）。「汝處已」，意思是你安處吧！近人劉文典說：「此當以『女處已』絕句。列子黄帝篇襲用此文，亦作『汝處已』。江南李氏本非，今不從。」（莊子補正）按：劉鳳苞、馬叙倫、劉文典之說可從。

⑬人將保女矣：「保」，聚守（郭象註）；附（司馬彪說）。「女」，汝。

⑭敦杖蹙之乎頤：豎着杖抵着下巴。「敦」，豎（司馬彪說）。林希逸說：「豎立其杖而拄之於頤。『蹙』，拄。」

⑮賓者：一本亦作「儐」。謂通客之人（釋文）。

⑯跣：赤足。

⑰發藥：指啓導以藥石之言（林希逸說）。

⑱而焉用之感豫出異也：你何必這樣引人歡心而表現得與衆不同。宣穎說：「『而』，爾。『之』，此。何用此感人懽心自為表異乎。」

⑲必且有感搖而本才：「感」讀「撼」。（于省吾新證）。「而」，汝。「才」，一本作「性」（釋文）。列子黃帝篇作「且必有感也，搖而本身」。

許維遹說：「『且必有感也』，『必』當『心』，形近致訛。緣心與本身相輔而行，心有所感，則必搖動其本身（本身猶言本性）。故上文謂『以外鎮人心而其所患』。所謂患者，即心為物所感，則本身遂有搖動之患。莊子列禦寇誤與此同。」（楊伯峻列子校釋引手鈔本）

楊伯峻說：「案：王（重民）說『本身猶本性』，是也。但莊子作『本才』，亦非誤字。『才』讀為孟子告子上『非天之降才爾殊也』之『才』亦『性』也。」（列子校釋）

⑳何相孰也：「孰」，為「熟」之本字（陶鴻慶札記）。相習熟的意思。

【今譯】

列禦寇到齊國，中途回來，遇見伯昏瞀人。伯昏瞀人問：「因什麼事情回來？」

回說：「我感到驚駭。」

問說：「為什麼驚駭？」

回說：「我曾在十家賣漿店飲食，而有五家先送給我吃。」

伯昏瞀人說：「這樣，那你為什麼驚駭呢？」

回說：「心中情慾不紓解，形容舉動便有光儀，以這外貌鎮服人心，使人對我比老者還要尊重，而招來禍患。賣漿人只是做些飲食買賣，沒有多餘的贏利，所得的也很少，權勢也輕微，還這樣對待我，何況是萬乘的君主呢？身體勞瘁於國事而知能耗盡於政事，他要我擔任職事而求我達成功效，所以我感到驚駭。」

伯昏瞀人說：「你真會觀察呀！你等着吧，人們會歸向你了！」

伯昏瞀人不多時去看，列子門外的鞋子都擺滿了。伯昏瞀人面北站着，豎着杖抵着下巴，站了一會兒，沒有説話就走了。

接待賓客的人告訴列子，列子提起鞋，赤腳走出來，到了門口，說：「先生既然來了，還不啓導我嗎？」

伯昏瞀人回說：「算了，我已經告訴你說人們要歸向你，果然歸向你了。不是你能使人歸向你，而是你不能使人不歸向你，你何必這樣招人歡心而表現得與衆不同呢？必定有什麼搖動了你的本性，這又是沒有辦法的事。和你在一起的人又不告訴你，他們那小巧的言語，盡是毒害人的。不能覺悟，怎能相習熟呢？智巧的人憂勞，不用智巧的人無所求，飽食而遨遊，飄然像無所繫的船隻，虛心而遨遊。」

二

鄭人緩①也呻吟於②裘氏③之地。只三年而緩為儒，河潤九里④，澤及三族⑤，使其弟墨⑥。儒墨相與辯，其父助翟⑦。十年而緩自殺。其父夢之曰：「使而子為墨者予也。闔嘗視其良⑧，既為秋柏之實矣？」

夫造物者之報⑨人也，不報其人而報其人之天⑩。彼故使彼⑪。夫人⑫以己為有以異於人以賤其親，齊人之井飲者相捽也⑬。故曰今之世皆緩也。自是，有德者以不知也⑭，而況有道者乎！古者謂之遁天之刑。

聖人安其所安，不安其所不安[15]；衆人安其所不安，不安其所安。

莊子曰：「知道易，勿言難。知而不言，所以之天也；知而言之，所以之人也；古之至人[16]，天而不人。」

【註譯】

①緩：人名。

福永光司說：「『緩』，儒者的象徵（儒有緩的意味）。」（莊子雜篇）

②呻吟於：「呻吟」，即誦讀之聲。「於」字原缺。道藏褚伯秀義海纂微本有「於」字，文意較完（王叔岷說），據補。

③裘氏：地名。「裘」，儒服（釋文引崔譔說）。

④河潤九里：形容澤人廣遠。

⑤三族：指父族、母族、妻族。

⑥使其弟墨：使他的弟弟學墨學。

⑦翟：緩弟名。「翟」，為墨翟的象徵（福永光司說）。

⑧闔嘗視其良：「良」，或作「垠」，音浪，冢（釋文）。「闔」下原衍「胡」字，闕誤引文如海、成玄英、江南李氏本無「胡」字（馬叙倫義證）。當據刪。

馬叙倫說：「案成玄英疏曰：『闔，何不也。』是成本無『胡』字。無者是。蓋有一本作『胡』者，讀者旁註『闔』下，傳寫誤入正文也。」

王叔岷說：「陳碧虛闕誤引文如海、成玄英、李氏諸本，並無『胡』字，當從之。『胡』猶『闔』也，疑一本『闔』作『胡』，傳寫因併混入耳。」

⑨報：猶成（宣穎說）；猶賦與。

⑩不報其人而報其人之天：不是賦與他人為，而是賦與他天性。

⑪彼故使彼：他的本性使他發展成為這樣。「彼」是指本性或內在所具備的條件。

成玄英說：「彼翟者先有墨性，故成墨。」

林雲銘說：「彼為墨者，亦本有為墨之根氣，故為墨而墨成。」（莊子因）

⑫夫人：指緩（林希逸說）。

⑬齊人之井飲者相捽也：「齊人」，一作齊人（成疏），一作齊民，衆人（林雲銘說）。「捽」，相爭扭（林希逸說）。

陸德明說：「言穿井之人，為己有造泉之功而捽飲者，不知泉之天然也。喻緩不知翟天然之墨而忿之。」（釋文）

⑭自是，有德者以不知也：自以為是，在有德者看來是不智的。「不知」即不智。

⑮安其所安，不安其所不安：「所安」，自然之理。「所不安」，人為（林希逸說）。意指安於自然，不安於人為。

⑯古之至人：「至」字原缺。陳碧虛闕誤引張君房本「古之」下有「至」字。當據補。

劉文典說：「張本是也。莊子每言『古之至人』，下文『彼至人者，歸精神乎無始』，亦言『至人』。」

【今譯】

有個名緩的鄭國人在裘氏的地方讀書。只有三年便成了儒者。施惠九里，澤及三族，讓他的弟弟翟學墨學，以儒墨的主張互相辯論，他的父親幫助翟。十年後緩自殺了。他父親夢見他說：「讓你的兒子成為墨者的是我。為什麼不到我的墳墓去看看？上面種的秋柏已經結果子了。」造物者賦與人，不是賦與他人為而是賦與他天性。他的天性使他發展成為這樣。緩卻以為自己和別人不同而輕侮他父親，就像齊人掘井飲水（以為自造泉水）而互相爭扭一樣。這樣看來現在的人都像緩之流了。自以為是，在有德的人看來是不智的，何況在有道的人眼中呢？古時候認為這是違背自然的刑罰。

聖人安於自然，不安於人為；眾人安於人為，不安於自然。

莊子說：「知道容易，不說出來困難。知道而不說，這是合於自然；知道而說出來，這是合於人為；古時候的至人，體合自然而不以人為擾民。」

三

朱泙漫①學屠龍於支離益②，單③千金之家，三年技成而無所用其巧。

聖人以必不必④，故無兵；眾人以不必必之，故多兵；順於兵，故行有求⑤。兵，恃之則亡⑥。

小夫⑦之知，不離苞苴竿牘⑧，敝精神乎蹇淺⑨，而欲兼濟道物⑩，太一形虛。若是者，迷惑於宇宙⑪，形累不知太初。彼至人者，歸精神乎無始而甘瞑⑫乎無何有之鄉。水流乎無形，發泄乎太清⑬。悲哉乎！汝為知在毫毛⑭，而不知大寧⑮！

【註譯】

①朱泙漫：姓朱泙，名漫。

②支離益：姓支離，名益（成疏）。姓名疑是虛構。

俞樾說：「支離，複姓，說在人間世篇。朱泙，亦複姓。廣韻十虞朱字註：『莊子有朱泙漫，郭註：「朱泙，姓也。」』今象註無此文。」

③單：為「殫」省（馬叙倫說）。疏：「殫，盡也。」是成本正作「殫」。「單」即「殫」之借（王叔岷說）。

④以必不必：把必然的事視為不必然。說明心態的開放、不固執。

⑤順於兵，故行有求：順着紛爭，所以有貪求的行為。「求」，心有貪求（成疏）。

劉鳳苞說：「偏向爭一邊，動即營私。」

⑥兵，恃之則亡：老子三十一章有「兵者不祥之器」句。

⑦小夫：猶匹夫（成疏）。

⑧苞苴竿牘：應酬交際（李鍾豫今譯）。

成玄英說：「『苞苴』，香草也。『竿牘』，竹簡也。夫搴芳草以相贈，折簡牘以相向者，斯蓋俗中細務。」
林希逸說：「『苞苴』，饋遺。『竿牘』，往來相問勞。」
⑨蹇淺：淺近。「蹇」，亦淺意。
⑩兼濟道物：「道」，趙諫議本作「導」（王孝魚校）。
⑪迷惑於宇宙：為宇宙的形象所迷惑（李鍾豫今譯）。
⑫瞑：眠，古今字（俞樾說）。釋文所出本、世德堂本「瞑」並作「冥」。「冥」乃「瞑」之借，「瞑」即古眠字（王叔岷說）。
⑬發泄乎太清：謂至人之精神發源於太清（李勉說）。
⑭知在毫毛：言所見者小（林希逸說）。
王先謙說：「喻至人之自然流行。」
⑮大寧：大安，即無為自然之理（林希逸說）。

【今譯】

朱泙漫向支離益學屠龍，耗盡千金的家產，三年學成技術卻沒有機會表現。

聖人以必然的事而視為不必然，所以沒有紛爭；衆人以不必然而視為必然，所以多紛爭；順着這紛爭，所以有貪求的行為。紛爭，依恃着它就會喪亡。

凡夫的心智，離不開應酬交際，勞弊精神於淺陋的事，還想要普濟羣生引導衆物，以達到太一形虛的境界。像這樣，卻是為宇宙形象所迷惑，勞累形軀而不認識太初的境況。像那至人，精神歸向於無始而沉緬於無何有之鄉。就像水流於無形，動作純任自然。可悲啊！你的心智拘泥在毫毛的小事上，而不知道大寧的境界。

四

宋人有曹商①者，為宋王②使秦。其往也，得車數乘；王說之③，益車百乘。反於宋，見莊子曰：「夫處窮閭阨巷④，困窘織屨⑤，槁項黃馘⑥者，商之所短也；一悟萬乘之主而從車百乘者，商之所長也。」

莊子曰：「秦王有病召醫，破癰⑦潰痤⑧者得車一乘，舐痔者得車五乘，所治愈下，得車愈多。子豈治其痔邪，何得車之多也？子行矣！」

【註譯】

①曹商：姓曹，名商。

②宋王：指宋偃王（司馬註）。

③王說之：「王」，指秦王。「說」，音悅（釋文）。「王說之」上當有「秦」字（陶鴻慶札記）。

④窮閭阨巷：「窮閭」，偏僻的里巷。「阨」，同隘，狹窄。福永光司說：「即貧民街。」

⑤困窘織屨（jù 具）：言貧匱而自織屨（林希逸說）。「屨」，麻鞋。

⑥槁項黃馘（guó 國）：「槁」，乾枯。「項」，脖子。「馘」，這裏指臉。這句是形容人面黃肌瘦的樣子（王力古代漢語）。

陸德明釋文引：「『項』，李云：『槁項，羸瘦貌。』司馬云：『項槁立也。』『黃馘』，司馬云：『謂面黃熟也。』」

林雲銘說：「『槁項』者，項枯槁無肉。『黃馘』者，面黃悴消削。」

奚侗說：「『馘』，疑『顑』之誤字。說文曰：『顑，食不飽面黃起行也。』」（莊子補註）

⑦癰（yōng 擁）：紅腫出膿的毒瘡。

⑧痤：御覽七三三引作「疽」（馬叙倫說）。

【今譯】

宋國有個叫曹商的，替宋王出使秦國。當他去時，獲得車輛數乘，秦王喜歡他，增加車輛百乘。回到宋國，見了莊子說：「住在窮里陋巷，窘困地織鞋度日，面黃肌瘦的樣子，這是我所不及的；一旦見到萬乘君主而隨從車馬百輛之多的，這是我的長處。」

莊子說：「秦王有病召請醫生，能够使毒瘡潰散的可獲得一乘車，舐痔瘡的可獲得五乘車，所醫治的愈卑下，可得車輛愈多。你難道是醫治痔瘡嗎？為什麼得到這麼多車輛呢？你去吧！」

五

魯哀公問乎顏闔曰：「吾以仲尼為貞幹①，國其有瘳乎？」曰：「殆哉圾乎②！仲尼方且飾羽而畫③，從事華辭，以支為旨④，忍性以視民而不知不信⑤，受乎心，宰乎神⑥，夫何足以上民！彼宜女與？予頤與⑦？誤而可矣⑧。今使民離實學僞，非所以視民也，為後世慮，不若休之。難治也⑨。」

【註譯】

①貞幹：猶云棟樑（林雲銘說）。
②圾乎：「圾」，通「岌」，危。
③仲尼方且飾羽而畫：指孔子好文飾。
④以支為旨：以支節為主旨。
⑤忍性以視民而不知不信：矯飾性情以誇示於民而不知道自己不信實。林雲銘說：「『忍性』，猶云矯性。『視』，猶示。言矯飾其自然之性，而不自知其無實。」
⑥受乎心，宰乎神：承受於心，主宰於神。承上文忍性而不知不信，指以此而受於心、主於神。
⑦彼宜女與？予頤與：「彼」，指仲尼。「與」，歟。「頤」，養。這句話是說：他適宜於你嗎？讓他安養人民嗎？

⑧誤而可矣：猶誤而已矣；言必至於誤（丁展成說）。
⑨難治也：指用孔子則難以圖治。

【今譯】

魯哀公問顏闔說：「我把孔子當作棟樑，國家有救嗎？」
顏闔回答說：「危險啊！孔子喜歡雕琢文飾，從事華麗的文辭，以支節為主旨，矯飾性情以誇示於民而不知道自己不信實，這樣承受在內心，主宰着精神，怎能領導人民呢？他適合於你嗎？讓他安養人民嗎？那就一定要誤人了。現在使人民脫離樸實而學虛僞，這不足以教示人民，替後世設想，不如算了。難以圖治。」

六

施於人而不忘①，非天佈②也。商賈不齒，雖以事齒之，神者弗齒。

【註譯】

①施於人而不忘：有心於施政教（林希逸說）。
②非天佈：不是自然的佈施。

【今譯】

惠施於人而不忘回報，這不是自然的佈施。商賈都看輕他，雖然偶爾因事談論到，神人卻不齒。

七

為外刑者，金與木①也；為內刑者，動與過②也。宵人③之離④外刑者，金木訊⑤之；離內刑者，陰陽食之⑥。夫免乎外內之刑者，唯真人能之。

【註譯】

①金與木：「金」，謂刀鋸斧鉞；「木」，謂捶楚桎梏（郭註）。
②動與過：「動」，謂心之搖作；「過」，謂事之悔尤（林雲銘說）。
③宵人：猶小人（俞樾說）。
④離：罹。
⑤訊：問罪。
⑥陰陽食之：指陰陽兩氣交錯而剝蝕他。

【今譯】

作為體外的刑罰，是刀斧和桎梏；內心的刑罰，是躁動和自責。小人遭受外刑，用刀斧桎梏來問罪；遭受內刑的，陰陽交錯而剝蝕他。能够避免內外刑罰的，只有真人才可以做到。

八

孔子曰：「凡人心險於山川，難於知天；天猶有春秋冬夏旦暮之期，人者厚貌深情。故有貌愿而益①，有長若不肖，有順懁而達②，有堅而縵③，有緩而釬④。故其就義若渴者，其去義若熱。故君子遠使之而觀其忠，近使之而觀其敬，煩使之而觀其能，卒然問焉而觀其知，急與之期而觀其信⑤，委之以財而觀其仁，告之以危而觀其節，醉之以酒而觀其則⑥，雜之以處而觀其色。九徵至，不肖人得矣。」

【註譯】

①貌愿而益：「愿」，謹厚。「益」，通「溢」，驕溢。

②順懁而達：外貌圓順而內心直達。

李勉說：「『懁』，與『環』通；環，圓。順圓，謂圓順隨從。『達』，伸，直。言有外貌圓順之人而內心則又剛直。」

③縵：「慢」之假借字（俞樾說）。

④釬：急（釋文）；「悍」之假借字（俞樾說）。

⑤急與之期而觀其信：給他急促的期限來觀察他的信用。

⑥醉之以酒而觀其則：「則」，儀則（林希逸說）。釋文所出本作「側」，謂「或作則」。林希逸本正作「則」。

俞樾說：「釋文云：『側，或作則。』當從之。『則』者，法則也。國語周語曰：『威儀有則。』既醉之後，威儀反反，威儀怭怭，是無則矣。故曰『醉之以酒而觀其則』。」

郭嵩燾說：「『側』，當為『則』。詩曰：『飲酒孔嘉，維其令儀。』所謂『則』也。」（郭慶藩莊子集釋引）

【今譯】

孔子說：「人心比山川還要險惡，比知天還要困難；天還有春夏秋冬早晚的一定時期，人卻是容貌淳厚心情深沉。所以有外貌謹厚而行為驕溢的，有貌似長者而其實不肖的，有外貌圓順而內心剛直的，有看似堅實而內心怠慢的，有看似舒緩而內心急躁的。所以他趨義急如飢渴，棄義急如避熱。所以君子要讓他到遠處來觀察他的忠誠，讓他在近旁來觀察他的敬慎，給他繁難的事情來觀察他的才能，向他突然提出問題來觀察他的心智，給他急促的期限來觀察他的信用，將錢財委託給他來觀察他的廉潔，告訴他危險的事來觀察他的節操，讓他酒醉來觀察他的儀態，混雜相處來觀察他的色態。九種徵驗得到驗證，不肖的人就可以看得出來了。」

九

正考父①一命而傴，再命而僂，三命而俯②，循牆而走，孰敢不軌③！如而夫④者，一命而呂鉅⑤，再命而於車上儛⑥，三命而名諸父⑦，孰協唐許⑧！

賊莫大乎德有心⑨而心有睫⑩，及其有睫也而內視，內視而敗矣。凶德有五⑪，中德⑫為首。何謂中德？中德也者，有以自好⑬也而吡⑭其所不為者也。

窮有八極⑮，達有三必⑯，形有六府。美髯長大壯麗勇敢，八者俱過人也，因以是窮。緣循⑰，偃佒⑱，困畏不若人⑲，三者俱通達。智慧外通，勇動多怨，仁義多責。達生之情者傀⑳，達於知者肖㉑；達大命者隨㉒，達小命者遭㉓。

【註譯】

①正考父：宋大夫。

成玄英說：「『考』，成。『父』，大。有考成大德而履正道，故號正考父。」

②一命而傴，再命而僂，三命而俯：古時以一命為士，二命為大夫，三命為卿。「傴」，背曲；「僂」，腰曲；「俯」，身伏於地。言爵愈高而身愈下（林希逸口義）。

③循牆而走，孰敢不軌：「循牆而走」，沿着牆走，形容行為謙虛。「孰敢不軌」，人孰敢不以為法（林希逸說）。按：左傳載正考父鼎銘曰：「一命而僂，再命而傴，三命而俯，循牆而走，莫余敢侮。」（馬叙倫說）

④而夫：謂凡夫（郭註）。

⑤呂鉅：驕矜之貌（林希逸說）。

郭嵩燾說：「釋文：『呂鉅，矯貌。』疑不當為矯。方言：『㢠、呂，長也；東齊曰㢠，宋魯曰呂。』說文：『鉅，大剛也。』亦通作『巨』，大也。『呂鉅』，謂自高大，當為矜張之意。」

馬叙倫說：「後漢書馬援傳：『黠欲旅距。』『旅』為『膂』省，『呂』、『膂』古今字。李賢註曰：『旅距，不從之貌。』……『鉅』，借為倨。」

⑥儛：說文作「舞」。

⑦名諸父：「諸父」，叔伯（成疏）。「名諸父」，稱呼叔伯的名號。

⑧孰協唐許：「協」，同。「唐」，唐堯；「許」，許由。這話是說誰能同於唐堯許由的謙讓。

⑨賊莫大乎德有心：最壞的事莫過於有心為德。

成玄英說：「役智勞慮，有心為德，此賊害之甚。」

⑩心有睫：謂以心為睫（俞樾說）；按：指心開如眼目。

林希逸說：「於其有心之中而又有思前算後之意，喻如心又開一眼。」

⑪凶德有五：謂心耳眼舌鼻。曰此五根，禍因此得，謂凶德（成疏）。

⑫中德：指心。

⑬自好：心中所好者自以為是（成疏）；是非好惡的價值偏見（福永光司說）。
⑭呲：訾（郭註）。
⑮八極：指下文美、髯、長、大、壯、麗、勇、敢八端。
⑯三必：指下文緣循、偃佒、困畏三項。
⑰緣循：指緣物而順其自然。
⑱偃佒：當為偃仰，猶言俯仰從人（郭嵩燾說）。
⑲困畏不若人：指濡弱謙下。
⑳傀：偉（說文）；大。
㉑肖：小。
㉒隨：順之聽自然（林希逸說）。
㉓遭：遇。指所遇安適。

【今譯】

正考父一命為士而曲着背，再命為大夫而彎着腰，三命為卿而俯着身子，沿牆走路，像這樣誰敢不效法？要是凡夫的話，一命為士就會自大起來，再命為大夫就會在車上舞蹈起來，三命為卿就要人稱呼叔伯的名號了，誰能够做到唐堯許由的謙遜呢？

最壞的事莫過於有心為德而心開如眼目，到了心開如眼目而內心多思慮就敗壞了。凶德有五種，以中德為首。什麼叫做中德？所謂中德，便是自以為是而排斥他所認為不是的。

窮困有八種極端，通達有三項必然，形體有六個腑臟。美姿、有鬍、身長、高大、強壯、華麗、勇邁、果敢，這八種都超過人，因受役使而窮困。順物自然，隨從人意，濡弱謙下，這三項都可遇事通達。智慧外露，勇猛浮動則多招怨，仁義則多責難。通達生命實情的就心胸廣大，精通智巧的就心境狹小；通達大命的就是順任自然，精通小命的就是隨遇而安。

一〇

人有見宋王者，錫①車十乘，以其十乘驕稺②莊子。

莊子曰：「河上有家貧恃緯蕭③而食者，其子沒於淵，得千金之珠。其父謂其子曰：『取石來鍛之④！夫千金之珠，必在九重之淵而驪龍⑤頷下，子能得珠者，必遭其睡也。使驪龍而寤，子尚奚微之有哉⑥！』今宋國之深，非直九重之淵也；宋王之猛，非直驪龍也；子能得車者，必遭其睡也。使宋王而寤，子為虀粉矣！」

【註譯】

①錫：借為賜。

②稺：驕。

郭慶藩說：「案『稺』亦驕也。（集韻：『稺，自驕矜貌。』）管子軍令篇：『工以雕文刻鏤相稺。』

君知章註：『穉，驕也。』王引之經義述聞云：『詩載馳篇：「衆穉且狂。」謂既驕且狂也。』」

③緯蕭：編織蘆葦。「緯」，織；本或作「葦」。「蕭」，荻蒿（釋文）。

④鍛之：打碎它。

⑤驪龍：黑龍。

⑥尚奚微之有哉：意即要被殘食無遺。

【今譯】

有人拜見宋王，賞賜車子十輛，他以這十輛車子向莊子誇耀。

莊子說：「河邊有家貧窮人靠編織蘆葦過生活，他的兒子潛入深淵裏，得到千金的珠子。父親對兒子說：『拿石頭來碰碎它！這千金的珠子，一定是在九重深淵驪龍頷下，你能得到這珠子，一定是龍正在睡覺。等到龍醒來，你就要被殘食無遺了！』現在宋國的深，不止於九重的深淵；宋王的兇猛，不止於驪龍；你能够得車子，一定是正逢他睡覺的時候。等到宋王醒來，你就要粉身碎骨了！」

一一

或聘於莊子。莊子應其使曰：「子見夫犧牛①乎？衣以文繡，食以芻菽②，及其牽而入於大廟，雖欲為孤犢③，其可得乎！」

【註譯】

①犧牛：祭祀用的牛。

②芻菽：草、豆。

③犢：小牛。

【今譯】

有人來聘請莊子。莊子回答使者說：「你見過那祭祀的牛嗎？披着紋彩錦繡，吃着芻草大豆，等到一朝被牽入太廟裏去，要想做隻孤單的小牛，辦得到麼？」

一二

莊子將死，弟子欲厚葬之。莊子曰：「吾以天地為棺槨，以日月為連璧，星辰為珠璣，萬物為齎送①。吾葬具豈不備邪？何以加此！」弟子曰：「吾恐烏鳶之食夫子也。」莊子曰：「在上為烏鳶食，在下為螻蟻食，奪彼與此，何其偏也！」以不平平②，其平也不平；以不徵徵，其徵也不徵。明者唯為之使③，神者徵之。夫明之不勝神也久矣，而愚者恃其所見入於人，其功外④也，不亦悲乎！

【註譯】

①齎送：贈物。「齎」，音資。本或作「濟」（釋文）。

②以不平平：以不平的方式來平等各物。

③明者唯為之使：自炫已明的被人支使。

成玄英說：「自炫其明，為物驅使。」

④外：猶疏。至樂「其為形也外矣」，又云「其為形也疏矣」，外、疏互文，外猶疏也（王叔岷莊子校詮）。

【今譯】

莊子快要死的時候，弟子們想厚葬他。莊子說：「我用天地做棺槨，用日月做雙璧，星辰做珠璣，萬物做殉葬。我的葬禮還不够嗎？還有什麼比這更好的？」

弟子說：「我怕烏鴉老鷹吃了你呀！」

莊子說：「露天讓烏鴉老鷹吃，土埋被螞蟻吃，從烏鴉嘴裏搶來給螞蟻，為什麼這樣偏心呢？」

用不平均的方式來平均，這種平均還是不能平均；用不徵驗的東西來作徵驗，這種徵驗也不能算作徵驗。自炫已明的被人役使，神全的人可以應合自然。炫耀明智的人早就不如神全的人了，而愚昧的人還依恃他的偏見沉溺於世俗，他的效果是背離原意的，不是可悲嗎？

天下

天下篇，為最早的一篇中國學術史；批評先秦各家學派的論著，以這一篇為最古。本篇保存了許多佚說，像宋鈃、慎到、惠施、公孫龍等人的學說，從這裏可以得到一個概略的了解。尤其是惠施的思想，他的著作已全無存留，幸賴本篇的評述保存了一些可貴的資料。

本篇一開頭就標示了最高的學問乃是探討宇宙、人生本原的學問（「道術」）。「內聖外王」為理想的人格形態。所謂「道術」，就是對於宇宙人生作全面性、整體性的把握的學問。所謂「天人」、「神人」、「至人」、「聖人」，就是能對宇宙人生的變化及其根源意義作全面性、整體性體認的人。「天下之治方術者多矣」，各家各派各以所好而提出的意見，只是宇宙人生的局部，亦即是只見片面之真。「神人」「至人」是能體認道的根本原理的人，而「君子」、鄒魯之士、搢紳先生則只是得道之餘緒（宣穎說：「君子止是道之餘緒。」蔣錫昌說：「君子謂儒家中有標準人格之人。」）「以仁為恩，以義為理，以禮為行，以樂為和，薰然慈仁，謂之君子。」「其明而在數度者，舊法世傳之史尚多有之。其在於詩書禮樂者，鄒魯之士、搢紳先生多能明之。」這是論述儒家的部分。（梁啓超說：「此論儒家也。道之本體，非言辭書冊所能傳，其所衍之條理，即『明而在數度者』，則史官記焉而鄒魯之儒傳之。」）其後乃對墨翟、禽滑釐、宋鈃、尹文、田駢、慎到、關尹、老聃、莊周、惠施各家觀點，一一作評述。第二章，論墨翟、禽滑釐部分，叙述墨子提倡平等之愛，勤儉力行、利他精神，反對戰爭，反對王室的樂，反對貴賤上下等級的禮，以及提出薄葬的主張。讚墨子為救世能士，批評墨子學說太過嚴苛，難以實行。墨子的非樂、反厚葬，都是針對當時貴族奢侈靡費民財而發的，這裏的批評，未能體會墨子的原義。第三章，論宋鈃、尹文的部分，說他們提倡人類生活平等，要人去蔽、忍辱，反對戰爭，主張「禁攻寢兵」，強調過着「情慾寡淺」——寡慾平和的生活。他們為求天下的安寧，日夜不休，和墨子一樣是「救世之士」。第四章，論彭蒙、田駢、慎到部分。在荀子非十二子篇上說慎到、田駢「尚法」，側重了他們具有法家思想的一面，這裏則着重在叙述他們具有道家思想的一面。

說他們以齊同萬物為首要，這是無差別的平等主義思想，站在萬物平等的立場，他們排除主觀的知見活動。他們既然主張「齊萬物以為首」，說大道能包涵萬物而無分辨，認識到對於萬物的價值判斷的相對性，而且去除自我中心、捨去主觀是非之見，而「與物宛轉」，這種學說和道家是相通的。所以說他們還「聽聞過道的概要」。然而接着又批評他們不明大道。這顯然是從莊周學派的觀點所作的評點。慎到的「去己」、「塊不失道」以及這一派的貴齊思想，和莊周思想是有距離的。莊子的「齊物」，是承認各人各物、各家各派都有同等的發言權，可涵容不同的價值內容（他所反對的是各家的自我中心及排他性）。而慎到、田駢一派的「齊物」，乃是建立一個客觀標準的均齊，這個作為客觀標準的道，自然也可能化為客觀標準的法。這一客觀標準的道或法的形式意義漸被注重，則成為一塊然的存在。這是批評慎到之道為「非生人之行而至死人之理」的原理。既然有一個客觀標準的道（或法）以資遵循，則個人的主觀性必須去除，這就是慎到之所以要主張「棄知去己」。慎到的「去己」，和莊子的「無己」、「喪我」卻不一樣，莊子的「無己」或「喪我」，乃是去除形骸、智巧、嗜慾所困住的小我，揚棄世俗價值所拘繫的小我，使自己從狹窄的局限性中提升出來，而成其為與廣大宇宙相通的大我。這是莊周與慎到、田駢一派思想的差別處。第五章，論關尹、老聃的部分。論述這派「道」的哲學，認為他們能體認宇宙人生的根本原則，所以稱讚他們為古之博大真人。叙述他們的人生哲學時，強調了他們濡弱謙下的處世態度，讚美了他們「常寬於物，不削於人」的涵容心態。第六章，論述莊周的部分。寫莊周「獨與天地精神往來」，描繪了他那茫忽恣縱的心態，奔放不羈的性格，以及自由自在的精神生活。篇末一章，論惠施辯者部分。叙述惠施的「歷物十事」與「辯者二十一事」。惠施認為萬物流變不息，任何東西都不可能是永恆固定的狀態，所以他由此得出「日方中方睨，物方生方死」等命題。他又認為任何東西都是相對的，事物之間沒有絕對的區別，他強調萬物有基本的相同點，掌握這相同點，誇張了這相同點，而得出「天與地卑，山與澤平」等命題。

出自本篇的成語有：萬變不離其宗、一曲之士、內聖外王、櫛風沐雨、強聒不捨、椎拍輐斷、其應若響、變化無常、學富五車、大同小異等。特別是「內聖外王」的理想，由本篇首次提出。其後，這一崇高的人格為歷代哲學家所追述，並普遍內化於歷代中國知識分子。

一

天下之治方術①者多矣，皆以其有②為不可加矣。古之所謂道術③者，果惡乎在？曰：「無乎不在。」曰：「神何由降？明何由出④？」「聖有所生，王有所成，皆原於一⑤。」

不離於宗，謂之天人。不離於精，謂之神人。不離於真，謂之至人。以天為宗，以德為本，以道為門，兆⑥於變化，謂之聖人。以仁為恩，以義為理，以禮為行，以樂為和⑦，薰然慈仁，謂之君子。以法為分，以名為表，以參為驗，以稽為決⑧，其數一二三四是也⑨，百官以此相齒⑩，以事為常⑪，以衣食為主，以蕃息畜藏為意⑫，老弱孤寡皆有以養，民之理也。

古之人其備⑬乎！配神明⑭，醇天地⑮，育萬物，和天下，澤及百姓，明於本數⑯，繫於末度⑰，六通四辟⑱，小大精粗，其運無乎不在。其⑲明而在數度⑳者，舊法世傳之史，尚多有之。其在於詩書禮樂者，鄒魯之士㉑搢紳㉒先生，多能明之：——詩以道志，書以道事，禮以道行，樂以道和，易以道陰陽，春秋以道名分㉓。——其數散於天下而設於中國者，百家之學時或稱而道之。

天下大亂，賢聖不明，道德不一，天下多㉔得一察㉕焉以自好。譬如耳目鼻口，皆有所明，不能相通。猶百家衆技也，皆有所長，時有所用。雖然，不該不遍㉖，一曲㉗之士也。判天地之美，析萬物之理，察古人之全，寡能備於天地之美，稱神明之容。是故內聖外王之道㉘，闇而不明，鬱而不發，天下之人各為其所欲焉以自為方。悲夫，百家往而不反，必不合矣！後世之學者，不幸不見天地之純，古人之大體，道術將為天下裂。

【註譯】

①方術：指特定的學問，為道術的一部分。

林希逸說：「方術，學術也。」（南華真經口義）

蔣錫昌說：「『方術』者，乃莊子指曲士一察之道而言；如墨翟、宋鈃、惠施、公孫龍等所治之道，是也。」（莊子哲學天下校釋）

②其有：謂所學（宣穎南華經解）。「有」，謂攻治所得（蔣錫昌說）。

③道術：指洞悉宇宙人生本原的學問。

④神何由降？明何由出：「神」，靈妙。「明」，智慧。

林雲銘說：「『神』者，明之藏。『明』者，神之發。言道術之極也。」（莊子因）

梁啓超說：「神明猶言智慧。」（諸子考釋內莊子天下篇釋義）

唐君毅說：「以神明言靈台靈府之心，尤莊子之所擅長。神與明之異，唯在『神』乃自其為心所直發而說，『明』則要在自其能照物而說，故明亦在神中。」（中國哲學原論四七頁）

⑤一：即道。

⑥兆：徵兆，預端。

⑦以仁為恩，以義為理，以禮為行，以樂為和：以仁來施行恩惠，以義來建立條理，以禮來規範行動，以樂來調和性情（中國哲學史資料選輯莊子天下譯文）。

曹礎基說：「『以仁為恩』這以下六句說的『君子』，指的是儒家。」（莊子淺註）

⑧以法為分，以名為表，以參為驗，以稽為決：以法度為分守，以名號作標誌，以比較為徵驗，以考稽作判斷。

蔣錫昌說：「『分』即『分守』，亦即職守，謂自己職分所當守也。『以法為分』，言『百官』當以法制為自己職分之所當守也。『表』借為『標』，『以名為表』，言『百官』以所陳之言論為自己做事之標準，俾使名實相符也。『參』借為『三』，『三』乃虛數，用為多義，『以參為驗』，言『百官』治事，以多為驗，所謂『孤證不信』也。『以稽為決』，言『百官』治事，以考為定也。天道：『禮法，度數，形名，比詳，治之末也。』『以參為驗』即為『比』之解釋；蓋『比』者，亦即以多數事物比而驗之也。『以稽為決』即為『詳』之解釋；蓋『詳』者，亦即以嚴密考慮審而決之也。『以法為分，以名為表』，言『百官』所辨之事；『以參為驗，以稽為決』，言『百官』辨事之法。」

曹礎基說：「『以法為分』這以下六句說的，反映了法家的主張。」

⑨其數一二三四是也：好像數一二三四那樣明白。「其」，猶若，如。「數」，等級之數。

馬叙倫說：「案『其』猶若也。詳見經傳釋詞。」（莊子義證）

林希逸說：「其數一二三四，言纖悉歷歷明備也。」

⑩百官以此相齒：百官依這樣相列序位。「齒」，序列。

蔣錫昌說：「所謂『百官』，即荀子所謂『官人百吏』，乃各種小官之統稱。」

⑪以事為常：以職事為常務。

曹礎基說：「『以事為常』這以下六句寫的是平民的事。」

⑫以蕃息畜藏為意：「蕃息」，即繁殖。「畜藏」，即蓄藏，「畜」，同「蓄」。「以」字原缺，「為意」兩字原在「老弱孤寡」下，據陶鴻慶等之說移上。

陶鴻慶說：「自『蕃息』以下，文有錯亂。當云：『以蕃息畜藏為意，老弱孤寡皆有養，民之理也。』『為意』二字，及『以』字，皆脫誤在下。」（讀老莊札記）

武延緒說：「按『蕃』上疑亦當有『以』字。」（莊子札記）

蔣錫昌說：「『為意』二字，當在『藏』字之下。此言『百官』所為之事，當以民之衣食為主，蕃息蓄藏為意。」

按：陶鴻慶等之說可從。日本高山寺藏古寫本在「老弱孤寡」下正無「為意」二字，當依上兩句文例改為「以蕃息畜藏為意」。

⑬備：完備。

蔣錫昌說：「『備』，謂備有道術之全，而不限於一曲。」

⑭配神明：配合天地造化的靈妙。

蔣錫昌說：「『神明』者，即自然之稱。言古之道人與自然為配合、與天地為一體。」

⑮醇天地：取法天地。「醇」，借為「準」。

章炳麟說：「『醇』借為『準』。地官質人，壹其淳制。釋文：『淳，音準。』是其例。易曰：『易與天地準。』配神明，準天地，二句意同。」（莊子解故）

⑯本數：本原，指道的根本。

褚伯秀說：「本數，即所謂『一』。」（南華真經義海纂微）

蔣錫昌說：「本數者，猶言度數之本，即天地是也。」

⑰末度：指法度，為道的末節。

⑱六通四辟：六合通達四時順暢。「六」，指六合，即四方上下。「四」，指四時；一指空間，一指時間。「辟」，同「闢」。「六通四辟」已見於天道篇。

⑲其：指上「古之所謂道術」而言（蔣錫昌說）。

⑳數度：指典章制度。

㉑鄒魯之士：指儒士。

蔣錫昌說：「鄒魯之士，蓋統指儒家而言。」

馬叙倫說：「陸德明曰：『鄒，孔子父所封邑。』倫案說文曰：『聊，魯下邑，孔子之鄉。』則『鄒』借為『聊』，音同照紐。……或曰：史記孟子列傳：孟子騶人也。『騶』為『鄒』之借字。

此『鄒』謂孟子生邑，則非也。」

㉒搢紳：「搢」，笏。「紳」，大帶（成疏）。「搢紳」，亦指儒士。

蔣錫昌說：「『搢紳』蓋即『儒服』之一種。『搢紳先生』稱儒家也。『搢紳先生』即『鄒魯之士』，『鄒魯之士』即上文『薰然慈仁，謂之君子』之『君子』，皆儒家之稱也。」

㉓詩以道志，書以道事，禮以道行，樂以道和，易以道陰陽，春秋以道名分：這六句馬叙倫疑是古之註文。

馬叙倫說：「『詩以道志』以下六句，疑古註文，傳寫誤為正文。」

楊柳橋說：「馬氏疑為註文，甚有理，但不妨文義，亦未據删。」

㉔多：一說作「各」。

嚴靈峯先生說：「按：『多』字疑當作『各』，形近誤也。下文『天下之人各為其所欲焉以自為方』，與此同意；下云：『耳、目、鼻、口，皆有所明，不能相通。』正明『各得一察』之義；故云：『不該，不遍，一曲之士也。』郭註：『各信其偏見，而不能都舉。』是郭所見本原亦作『各』也。」姑備一說。

㉕一察：一端之見。

王念孫說：「郭象斷『天下多得一』為句。釋文曰：『得一，偏得一術。』案：『天下得一察焉以自好』，當作一句讀。下文云『天下之人各為其所欲焉以自為方』，句法正與此同。『察』，謂察其一端而不知其全體。下文云：『譬如耳目鼻口，皆有所明，不能相通。』即所謂『一察』也。」（讀書雜志餘編）

俞樾說：「今案郭讀文不成義，當從王讀。惟以『一察』為『察其一端』，義亦未安。『察』當讀為『際』，一際，猶一邊也。廣雅釋詁：際、邊並訓方，是際與邊同義。同其一際，即得其一邊，正不知全體之謂。」（諸子平議內莊子平議）梁啓超說：「案：俞說是。中庸：『言其上下察也。』即上下際。下文『察古人之全』亦當讀為『際』。『察』字與『判』字『析』字併舉，皆言割裂天地之美萬物之理古人之全，而僅得其一體。」

㉖不該不遍：「該」，兼備。「遍」，同「遍」。

㉗一曲：偏於一端，與上文「一察」同義，指只知道一端而不明道的全體。

㉘內聖外王之道：梁啓超說：「『內聖外王之道』一語，包舉中國學術之全部，其旨歸在於內足以資修養而外足以經世。」

【今譯】

天下研究方術的人很多了，都認為自己所學的是無以復加、再好不過了。古時所謂的道術，到底在哪裏？答說：「無所不在。」問說：「（造化的）靈妙從哪裏降下？（人類的）智慧從哪裏出現？」答說：「聖有所生，王有所成，都導源於『一』。」

不離於宗本，稱為天人。不離於精微，稱為神人。不離於真質，稱為至人。以天然為宗主，以德為根本，以道為門徑，預見變化的徵兆，稱為聖人。以仁來施行恩惠，以義來建立條理，以禮來規範行動，以樂來調和性情，表現溫和仁慈，稱為君子。以法度為分守，以名號作標準，以比較為徵驗，以考稽作決定，好像數一二三四那樣明白，百官以這樣相列序位，以職事為常務，以衣食為主要，以生產儲藏為意念，使老弱孤寡都能得到撫養，這是養民的道理。

古時的聖人不是很完備嗎？配合造化的靈妙，取法天地，養育萬物，均調天下，澤及百姓，明白道的根本，貫通於法度，六合通達四時順暢，大小精粗的事物都無所不在地存在着它的作用。古代道術顯明在典章制度的，舊時的法規、世代相傳的史書上，還保存着很多。古時道術存在於詩、書、禮、樂的，鄒魯的學者和士紳先生們，大多能明曉——詩是用來表達心意的，書是用來傳達政事的，禮是用來規範行為的，樂是用來調和性情的，易是用來探討陰陽變化的，春秋是用來講解名分的。——那些典章數度散佈在天下而設施於中國的，百家學說時常稱述它。

天下大亂的時候，聖賢隱晦，道德分歧，天下的人多各執一端以自耀。譬如耳目鼻口，都有它的功能，卻不能互相通用。猶如百家衆技一樣，都有所長，時有所用。雖然這樣，但不兼備又不周遍，只是偏於一端的人。他們割裂天地的純美，離析萬物的常理，分割古人道術的整體，很少能具備天地的純美，相稱神明的盛容。所以內聖外王之道，暗淡不明，抑鬱不發，天下的人各盡所欲而自為方術。可悲啊！百家往而不返，必定和道術不能相合了！後世的學者，不幸不能見到一種天地的純美，古人道術的全貌，將要為天下所割裂。

二

不侈於後世，不靡①於萬物，不暉於數度②，以繩墨自矯③，而備世之急；古之道術有在於是者。墨翟[4]禽滑釐[5]聞其風而說之。為之大過，已之大循[6]。作為非樂，命之曰節用；生不歌，死無服。墨子氾愛兼利而非鬭，其道不怒；又好學而博，不異[7]，不與先王同，毀古之禮樂。

黃帝有咸池[8]，堯有大章，舜有大韶，禹有大夏，湯有大濩，文王有辟雍之樂，武王周公作武。古之喪禮，貴賤有儀，上下有等，天子棺槨七重，諸侯五重，大夫三重，士再重。今墨子獨生不歌，死不服，桐棺三寸而無槨，以為法式。以此教人，恐不愛人；以此自行，固不愛己。未敗墨子道[9]，雖然，歌而非歌，哭而非哭，樂而非樂，是果類乎[10]？其生也勤，其死也薄，其道大觳[11]；使人憂，使人悲，其行難為也，恐其不可以為聖人之道，反天下之心，天下不堪。墨子雖獨能任，奈天下何！離於天下，其去王也遠矣。

墨子稱道曰：「昔者禹之湮[12]洪水，決江河而通四夷九州也，名川三百[13]，支川三千[14]，小者無數。禹親自操橐耜[15]而九雜[16]天下之川；腓無胈[17]，脛[18]無毛，沐甚雨[19]，櫛疾風，置萬國。禹大聖也，而形勞天下也如此。」使後世之墨者，多以裘褐[20]為衣，以跂蹻[21]為服[22]，日夜不休，以自苦為極，曰：「不能如此，非禹之道也，不足謂墨。」

相里勤[23]之弟子，五侯[24]之徒，南方之墨者苦獲、已齒[25]、鄧陵子之屬，俱誦墨經[26]，而倍譎[27]不同，相謂別墨[28]；以堅白同異之辯相訾[29]，以觭偶[30]不仵[31]之辭相應；以巨子[32]為聖人，皆願為之尸[33]，冀得為其後世，至今不決。

墨翟、禽滑釐之意則是，其行則非也。將使後世之墨者，必自苦以腓無胈脛無毛，相進㉞而已矣。亂之上也，治之下也㉟。雖然，墨子真天下之好㊱也，將求之不得也，雖枯槁不舍也，才士也夫！

【註譯】

①靡：同「糜」，浪費。

②不暉於數度：不炫耀禮法。「暉」，同「輝」。

③以繩墨自矯：用規矩來勉勵自己。「矯」，厲（郭註）。

④墨翟：姓墨，魯國人，稍後於孔子，提倡非攻、兼愛、非樂、節用的主張。淮南子要略：「墨子學儒者之業，受孔子之術，以為其禮煩擾而不說，厚葬靡財而貧民。」墨子學說站在平民的立場上發言，打破差別、等級、特權。今存墨子一書，共五十三篇，為墨子及其學派所作。

⑤禽滑釐：墨子弟子（見墨子公輸般篇），初受業於子夏（見史記儒林傳），後學於墨子（見呂氏春秋當染篇）。

⑥已之大循：「大」，通「太」。「循」，世德堂本作「順」。「循」「順」古通。這句話有二解：（一）「已」，讀作「已」，已之大順，即太順於已。（二）「已」，即止。「大順」，作「太甚」解。已之太順，即節止太甚。

林希逸說：「抑遏過甚，故曰：『已之大循。』『已』者，抑遏之意也。」

林雲銘說：「大循，一作大順，猶太甚也。」

梁啓超說：「『已』，止也，即下文『明之不如其已』之「已」。『大順』即太甚之意，『順』『甚』音近可通也。言應做之事做得太過分，應節止之事亦節止得太過分也。郭註云：『不復度衆所能。』成疏云：『適用己身自順。』將『已』字讀成『己』字，失之。」

⑦好學而博不異：有兩種讀法：一讀「好學，而博不異」，一讀「好學而博，不異」。（一）以「博不異」為句。如林希逸說：「博不異者，尚同。推廣其說，以為博而主於尚同也。」如梁啓超說：「博，普遍也。言一律平等無別異。」（二）以「好學而博，不異」為句。如章炳麟說：「『又好學而博』為句，『不異』為句。言墨子不苟於立異。」王敔註：「不異，多喜庸衆之言。」（見王夫之莊子解內）林雲銘說：「不異，言不求異於人也。」

按：墨子貴義篇說：「子墨子南遊使衞，關中載書甚多。」可見墨子的「好學而博」。

⑧咸池：古樂名。下文大章、大韶、大夏、大濩（hù互）、辟雍、武，都是各代古樂名。

⑨未敗墨子道：有兩種解釋：（一）「敗」，作「毀」（釋文）。指批評者（即天下篇作者）並無意敗毀墨子學說。如宣穎說：「言我固論之如此，亦不足遂廢其教也。」如章炳麟、馬叙倫、蔣錫昌都持同一說法。（二）無敗於墨子之道，指墨道雖苛，仍盛行於世不受影響。如馬其昶說：「墨子薄葬，非人情，彼視人己一致，故未至遽敗其道。」（莊子故）如王先謙說：「今墨之道，尚未敗也。」（莊子集解）又如梁啓超說：「『未敗墨子道』者，言墨家者流，持之有故，言之成理，就墨言墨，誠不足以敗其所道。」今譯從（二）。

⑩果類乎：果真合於人情嗎？

林希逸說：「類，近也。言如此果與人情相近乎。」

⑪觳（què 確）：薄，苛刻。

郭嵩燾說：「觳者，薄也。史記始皇本紀：『雖監門之養，不觳於此矣。』言不薄於此也。墨子之道，自處以薄。郭象註：『觳，無潤也。』解似迂曲。」（見郭慶藩莊子集釋引）

⑫湮：塞，沒（釋文）。

⑬名川三百：世德堂本「川」誤作「山」。據趙諫議本改正。

俞樾說：「『名山』當作『名川』，字之誤也。『名川』『支川』，猶言大水小水。下文曰：『禹親自操橐耜而九雜天下之川。』可見此文專以『川』言，不當言『山』也。」

⑭支川三千：「支川」，本或作支流（釋文）。「三千」，與上文「三百」同，形容多數。

⑮橐（tuó 駝）耜（sì 肆）：「橐」，盛土器。「耜」，鍬，鋤。

⑯九雜：匯合的意思。「九」，音鳩，本亦作「鳩」，即聚（見釋文）。「雜」作「集」。

章炳麟說：「『九』，當從別本『鳩』字之義，然作『九』者是故書。『雜』，借為『集』。」

蔣錫昌說：「『九』借為『句』，說文：『聚也。』段註：莊子作『九』，今字則『鳩』行，而『句』廢矣。說文：『雜，五采相合也。』段註：『亦借為聚集字。』據此，則『九雜』即聚集。」

⑰腓（féi 肥）無胈（bá 拔）：「腓」，小腿後面突出的筋肉，俗稱腿肚子。「胈」，白肉。御覽八二引「腓」作「股」。

⑱脛（jìng 靜）：從腳跟到膝的部分。

⑲甚雨：驟雨。崔譔本「甚」作「湛」，音淫。

郭慶藩說：「案崔本『甚』作『湛』，是也。『湛』與『淫』同。論衡明雩篇：『久雨為湛。』『湛』即淫也。」

王叔岷先生說：「疏：『賴驟雨而灑髮』，疑成本作『驟雨』。劉子新論知人篇：『櫛奔風，沐驟雨。』即本此文，亦作『驟雨』。」（莊子校釋）按：今譯作「驟雨」，與下句「疾風」相對為文。

⑳裘褐：粗衣。

㉑跂蹻：「跂」，同「屐」。「蹻」，草鞋。

㉒服：用（林希逸說）。

㉓相里勤：姓相里，名勤，為南方墨派一首領。韓非子顯學篇說：「自墨子之死也，有相里氏之墨，有相夫氏之墨，有鄧陵氏之墨……墨離為三，取捨相反不同。」下文鄧陵子即韓非所說鄧陵氏。

㉔五侯：人名。「五」，同「伍」。

孫詒讓說：「『五侯』，蓋姓『五』。『五』與『伍』同。古書伍子胥多作『五』，非五人也。」

㉕苦獲、已齒：人名。二人都是南方墨者重要人物。

㉖墨經：現存墨子書卷十有經上經下兩篇。

㉗倍譎：背異。「倍」「背」古通。

㉘相謂別墨：互相抵斥以為非墨家正統（梁啓超說）。

蔣錫昌說：「『相』者，乃各人互相之意。『相謂』者，乃各人互相謂各人之意。……『相謂』二字，胡適解為：『他們自己相稱「別墨」。』推胡之意，似謂各『別墨』自己稱自己；……非也。

『別墨』猶言背墨，言與真墨分別相背之墨也。『別墨』二字本會有相非之意，故下文云：『以「堅」「白」「異」之辯相訾。』胡適謂『「別墨」猶言「新墨」』，亦非。『相謂別墨』，言相里勤等互相斥他人為背墨也。」

嚴靈峯先生說：「唐鉞曰：『墨家三派，既然自稱為「真墨」，當然呼他派為「別墨」。』蔣、唐二說並是也。按：韓非子顯學篇：『孔、墨之後，儒分為八，墨離為三，取捨相反而不同，而皆自謂真孔、墨。』『取捨相反而不同』即此處之『倍譎不同』，『相訾』，如秋水篇：『堯、桀之自然而相非。』『相謂別墨』，即互相攻訐對方為背師，……『別墨』因為『背墨』之義無疑。胡說不可從。」

按：梁啓超、蔣錫昌等之說為是，今人多從胡適之說，實誤。

㉙以堅白同異之辯相訾：「訾」，詆譭。「堅白」「同異」為當時常辯論的主題。

梁啓超說：「蓋舉當時常用之三個辯論題為例：一堅白問題，二同異問題，三奇偶問題。此三問題為戰國中葉以後學者所最樂道，而其源皆出墨經。經上云：『堅白不相外也。』經下云：『不堅白，說在無久與宇，堅白，說在因。』經說下：『無堅得白，必相盈也。』此墨經中之堅白說也。經上云：『同，異而俱之於一也。』又云：『同異交得知有無。』此墨經中之同異說也。經下云：『一偏去而二。』經說下云：『二與一亡，不與一在。』此墨經中奇偶說也。後世之墨者，罕復厝意於節用非攻諸教理，但摭拾墨經中此類問題以相訾嗷，以致倍譎不同。」

㉚觭偶：即奇偶，亦為當時常辯論的主題。

㉛不仵：不合。「仵」，同（釋文）；按：「仵」與「伍」同（陶鴻慶說）。

㉜巨子：向秀、崔譔本作「鉅子」。「鉅子」，即墨派團體的首領。梁啓超說：「鉅子姓名見於故書者有三：一、孟勝，二、田襄子，俱見呂氏春秋上德篇。三、腹，見呂氏春秋去私篇。」

㉝尸：同「主」。

㉞相進：相尚，相競。

㉟亂之上也，治之下也：言亂天下之罪多，治天下之功少（宣穎說）。林希逸說：「言傳墨子之道者，相尚為自苦之事，欲以此治天下，未見其治，必先能召亂也，故曰『亂之上也』。」

㊱天下之好：天下最美善的人。「好」，含有特別讚美之意（蔣錫昌說）。

【今譯】

不使後世奢侈，不浪費萬物，不炫耀禮儀法度，用規矩來勉勵自己，以備擔當世間的急難；古來的道術有屬於這方面的。墨翟、禽滑釐聽到這種風尚就喜好。實行得太過分，節止得也太過分。作非樂，講說節用；生時不作樂，死後無服飾。墨子主張博愛兼利而反對戰爭，他教人不恨怒；他又好學博聞，不求立異，也不和先王相同，毀棄古代的禮樂。

黃帝有咸池樂章，堯有大章樂章，舜有大韶樂章，禹有大夏樂章，湯有大濩樂章，文王有辟雍樂章，武王、周公作武樂。古代的喪禮，貴賤有儀則，上下有等差，天子的棺槨有七層，諸侯有五層，大夫有三層，士有兩層。現在墨子獨自主張生時不詠歌，死後無服飾，只用三寸的桐棺而沒有外槨，做為標榜。用這個來教人，恐怕不是愛人的道理；用這個來自己實行，也實在不算是愛自己。雖然這樣，但是並不影響墨子的學說，然而，當歌唱時卻反對歌唱，當哭泣時卻反對哭泣，當奏樂時卻反對奏樂，這樣果真合於人情嗎？他生時勤勞，死後菲薄，他的學說太苛刻了；使人憂苦，使人悲愁，他的主張難以實行，實行起來很困難，恐怕不能成為聖人之道，違反了天下人的心願，天下的人不堪忍受。墨子雖然獨自能擔當，奈何天下人不能履行！背離了天下的人，距離王道也遠了。

墨子稱說：「從前禹的堵塞洪水，疏導江河而溝通四夷九州，大川三百，支流三千，小溪無數。禹親自拿着盛土器和鋤頭而匯合天下的河川；腿肚子沒有肉，小腿上沒有毛，驟雨淋身，強風梳髮，設置了萬國。禹是大聖人，而為了天下，這般地勞苦。」所以後代的墨者，多用羊皮粗布做衣裳，穿上木屐草鞋，日夜不息，以自苦為原則，說：「不能這樣，就不是禹的道，不足稱墨者。」相里勤的弟子，伍侯的門徒，南方的墨者苦獲、己齒、鄧陵子一派，都誦讀墨經，卻背異不相同，互相斥稱對方是「別墨」，用「堅白」「同異」的辯論互相詆毀，用「奇偶」不合的言辭互相對應；以鉅子當作聖人，都願意奉他為主師，希望繼承他的事業，到現在還紛爭不決。

墨翟、禽滑釐的心意是很好的，他們的作法卻太過分了。這會使得後世的墨者，必定要勞苦自己到腿肚子沒有肉、小腿上沒有毛，以此互相競逐罷了。這是擾亂天下的罪多，治理天下的功少。雖然這樣，墨子真算是天下最美善的人了，這種人實在求不可得，他縱使弄得形容枯槁也不放棄自己的主張，真是救世才能之士啊！

三

不累於俗，不飾於物，不苛於人①，不忮於衆②，願天下之安寧以活民命，人我之養畢足而止，以此白心③，古之道術有在於是者。宋鈃④尹文⑤聞其風而悅之。作為華山之冠⑥以自表，接萬物以別宥⑦為始；語心之容，命之曰心之行⑧，以聏合驩⑨，以調海內，請欲置之以為主⑩。見侮不辱，救民之鬭，禁攻寢兵，救世之戰。以此周行天下，上說下教，雖天下不取，強聒而不舍⑪者也，故曰上下見厭而強見也⑫。

雖然，其為人太多，其自為太少；曰：「請欲固⑬置五升之飯足矣。」先生恐不得飽，弟子雖飢，不忘天下⑭。日夜不休，曰：「我必得活哉⑮！」圖傲乎⑯救世之士哉！曰：「君子不為苛察，不以身假物⑰。」以為無益於天下者，明之不如已也。以禁攻寢兵為外，以情慾寡淺⑱為內，其小大精粗⑲，其行適至是而止。

【註譯】

①不苛於人：「苛」，今本誤為「苟」，據章炳麟之說改正。章炳麟說：「『苟』者，『苛』之誤。說文叙言『苛之字止句』，是漢時俗書『苛』『苟』相亂。下言『苛察』一本作『苟察』，亦其例也。」劉師培說：「『不苟於人，不忮於衆』，『苟』『忮』併文，『苟』當作『苛』。下云『君子不為苛

察』，旨與『不苛』適符。」（見劉著莊子斠補）

蔣錫昌說：「『苟』為『苛』譌，當正。人懷『為人』『救世』之志，即可『不苛於人，不忮於衆』矣。」

②不忮於衆：不咈人情（林希逸說）。「忮」，逆。

③白心：明白其心（崔譔註）；表白心願。

④宋鈃（xíng 形）：姓宋名鈃，孟子作宋牼（見告子篇）。齊宣王時人，遊稷下。孟子趙註、荀子楊註說是宋人。「牼」「鈃」古通，莊子作宋榮子。漢書藝文志有宋子十八篇，今宋子已失傳。荀子正論：「子宋子曰：明見侮之不辱，使人不鬥。」正是宋鈃的一種主張。

⑤尹文：姓尹名文，齊人，與宋鈃俱遊稷下（顏師古註引劉向說），曾遊說齊湣王（見呂氏春秋正名篇）。漢書藝文志名家有尹文子上下篇。尹文子大道上：「見侮不辱，見推不矜，禁暴息兵，救世之鬥。」正是這學派的主張。

⑥華山之冠：以華山作為冠名。

陸德明說：「華山上下均平，作冠象之，表己心均平也。」

蔣錫昌說：「宋鈃以華山之冠自表，似有提倡人類生活平等之意。」

梁啓超說：「戰國時人好作奇服以寄象徵，如鶡冠子及屈原所謂『高余冠之岌岌』皆是。」

⑦別宥：即「去囿」，去除隔蔽。「宥」與「囿」通。

蔣錫昌說：「凡有所隔蔽而不能全見者曰『囿』。『宥』乃指各人智識上有所隔蔽而言。『別宥』之義，蓋與荀子『解蔽』，呂氏春秋『去宥』並同。『接萬物以別宥為始』者，謂欲接近萬物而識其真相，須以去蔽為始也。」

馮友蘭說：「『接萬物以別宥為始』。『別宥』就是呂氏春秋所說的『去宥』。『宥』同『囿』，就是有成見、偏見。呂氏春秋有去宥篇，其內容可能就是宋鈃、尹文在這一方面的思想，甚至可能就是從宋鈃的著作宋子中抄下來的。」（中國哲學史新編第二冊）

⑧語心之容，命之曰心之行：稱心的寬容，名之為心的行為。「容」，即寬容。「命」，名。「心之行」，心的活動。

張岱年說：「『語心之容』。『容』是寬容的意思，過去解為狀況，不符合原意。韓非說宋榮子的一個特點，就是寬容，『宋榮之寬』（韓非子顯學）。」（中國哲學史史料學）

蔣錫昌說：「宋鈃於心之問題，頗為注重。（一）心為行之主，故欲為正當之行，必先存正當之心，如上文所謂『以此白心』是也。（二）行為心之表，故欲明正當之心，必先有正當之行，如上文所謂『作為華山之冠以自表』是也。（三）行之正當與否，決於心之正當與否；而心之正當與否，又決於『別宥』之能否得當，故『接萬物以別宥為始』也。」

⑨以聏（ér兒）合驩：「聏」，作柔和，親暱稱。以柔和（的態度）合（他人的）歡心。

章炳麟說：「『聏』借為『而』。訓『而』為『黏』，其本字則當作『暱』。」

⑩請欲置之以為主：請求（大家）以心容萬物為主導。「之」，指心之容。「為主」，為主導思想（曹礎基說）。

宣穎說：「欲人皆以此心為上。」

馬其昶說：「置之以為主，置合驩之心以為行道之主也。」

徐復觀先生說：「按『置之』的『之』，指上述『心之行』而言。『置』，安也。要求（請）安於心的容受萬物之行，以為自己行為之主。」

⑪強聒而不舍：說個不停。

⑫上下見厭而強見也：人皆厭之，猶強欲自表現（宣穎說）。按：「強見」，即強現，勉力表露其觀點。

⑬固：借為「姑」（章炳麟說）。

⑭先生恐不得飽，弟子雖飢，不忘天下：「先生」，指宋鈃、尹文。「弟子」，指宋、尹的弟子。郭註：「宋鈃尹文稱天下為先生，自稱為弟子也。」誤。這三句是天下篇作者對宋尹學派的評介，郭象誤以為這三句話也是宋尹的主張（即誤以為在上文「曰」的語句中）。

蔣錫昌說：「此言以僅置五升之飯，非特先生宋鈃恐不得飽，即其弟子亦常在飢餓之中。」

⑮我必得活哉：「我」，泛稱。

蔣錫昌說：「上文：『願天下之安寧以活民命。』此文即據該文而來。此宋鈃自謂我民之命必得生活，蓋彼勇於自信，以為天下如行其道，民命必活也。」

⑯圖傲乎：高大之貌（郭註）。

馬叙倫說：「『圖』本作『啚』。『啚』為『喬』字之譌。讀者少見『啚』字，因改為『圖』。『喬』為『獻』省，即驕傲字。」

⑰不為苛察，不以身假物：不求苛刻計較，不以己身為外物所役。

林希逸說：「『不為苛察』，『苛察』則非『別宥』矣，言不當有爾我之辯也。」

梁啓超說：「不以身假物者，謂不肯將此身假借外物，猶言不為物役也。」

蔣錫昌說：「此即上文『不苛於人』，『不飾外物』之意。惟其不為苛察，故能不鬥不戰。惟其不以身假物，故能情慾寡淺，而共天下人我之養也。」

⑱情慾寡淺：「情慾寡淺」之說，乃對少數有財之人而發，非對多數無財之人而發。蓋天下多數無財之人，不患情慾滋多，特患衣食不足；天下少數有財之人，不患衣食不足，特患情慾滋多。為君者情慾滋多，故外侵他國之地，內奪人民之財。為官吏富豪者情慾滋多，故皆剝削人民之利益，以供自己之享樂。其結果，則天下不得安寧，「人我之養」不得「畢足」。故「情慾寡淺」，乃謂少數王公大人以及一切官吏富豪聲色飲食宮室狗馬等之情慾，當使寡淺；非謂多數窮苦人民粗衣淡飯之情慾，再使寡淺，以至凍餓而死也。由此觀之，宋鈃「情慾寡淺」，即老子「無慾」之義，亦即墨子「節用」之義（蔣錫昌說）。

⑲小大精粗：「小」，按指一身而言。「大」，按指其救世之戰而言。「精」，按指心而言。「粗」，按指行為而言（徐復觀說）。

【今譯】

不為世俗所牽累，不用外物來矯飾，不苛求於人，不違逆衆情，希望天下安寧以保全人民的性命，供給我的奉養滿足就夠了，以這種觀點來表白自己的心意，古來的道術有屬於這方面的。宋鈃、尹文聽到這種風尚就喜好。製作一種上下均平像華山那樣的帽子來表示提倡人類生活的平等，應接萬物以去除隔蔽為先；稱道心的寬容，名之為心的活動，以柔和的態度投合他人的歡心，藉以調和海內，請求大家以這種主張作為主導思想。受到欺侮不以為辱，解救人民的爭鬥，禁防攻伐平息干戈用兵，解救世間的戰爭。本着這種意旨來周行天下，對上勸說諸侯，對下教育百姓，雖然天下的人並不接受，但他依然勸說不停，所以說：上上下下的人都厭煩但他們仍勉力宣揚自己的觀點。

然而，他們為別人做得太多，替自己打算太少。他們說：「我們只請求有五升米的飯就够了。」不僅宋、尹先生們不得飽，弟子們也常在飢餓中，可是他們仍不忘天下人。他們日夜不休地為人民，他們說：「我們大家必得活命呀！」高大的救世之士啊！他們說：「君子不求苛刻計較，不使自己為外物所役。」認為對天下沒有益處的，不如乾脆停止不做。他們以禁攻息兵為對外活動，以情慾寡淺為內在修養，他們學說的小大精粗，及其所行所為如此而已。

四

公而不黨，易而無私①，決然無主②，趣物而不兩③，不顧於慮，不謀於知，於物無擇，與之俱往，古之道術有在於是者。彭蒙④田駢⑤慎到⑥聞其風而悅之。齊萬物以為首⑦，曰：「天能覆之而不能載之，地能載之而不能覆之，大道能包之而不能辯之。」知萬物皆有所可，有所不可，故曰：「選則不遍，教則不至，道則無遺者矣⑧。」

是故慎到棄知去己，而緣不得已，泠汰⑨於物，以為道理，曰：「知不知，將薄知而後鄰傷之者也[10]。」謑髁無任[11]，而笑天下之尚賢也；縱脫無行，而非天下之大聖。椎拍輐斷[12]，與物宛轉，舍是與非，苟可以免。不師知慮，不知前後，魏然[13]而已矣。推而後行，曳而後往，若飄風之還，若落羽之旋[14]，若磨石之隧[15]，全而無非，動靜無過，未嘗有罪。是何故？夫無知之物，無建己之患[16]，無用知之累，動靜不離於理，是以終身無譽。故曰：「至於若無知之物而已，無用賢聖，夫塊不失道。」豪桀相與笑之曰：「慎到之道，非生人之行而至死人之理，適得怪焉。」

田駢亦然，學於彭蒙，得不教[17]焉。彭蒙之師曰：「古之道人，至於莫之是莫之非而已矣。其風窢然[18]，惡可而言？」常反人，不見觀[19]，而不免於魭斷[20]。其所謂道非道，而所言之韙[21]不免於非。彭蒙田駢慎到不知道。雖然，概乎皆嘗有聞者也。

【註譯】

①公而不黨，易而無私：公正而不阿黨，平易而無偏私（成疏）。

②決然無主：去私意而無所偏（林希逸說）；謂排除主觀的先入之見（梁啓超說）。「決然」，自然流動的樣子（曹礎基說）。

③趣物而不兩：隨物而趨，不起兩意。
蔣錫昌說：「趣物而不兩，即將萬物一視同仁，而不分別之意。」

④彭蒙：姓彭名蒙，齊之隱士，遊稷下（成疏）。下文說田駢學於彭蒙，有關他的事蹟已不可考。

⑤田駢：即陳駢，齊國人，漢書藝文志道家有田子二十五篇，今已失傳。呂氏春秋不二云：「陳駢貴齊」。

⑥慎到：趙國人，漢書藝文志有慎子四十二篇列在法家，今所傳慎子五篇為後人輯本。根據史記孟子荀卿列傳及田敬仲完世家所載，田駢慎到都是稷下學士，列第為上大夫。

⑦齊萬物以為首：言以齊物為根本義（梁啓超說）。

徐復觀先生說：「奚侗曰：『首借作道。』按奚說非是。上文述宋鈃尹文之思想時謂『接萬物以別有為始』，『為始』猶『為首』，蓋謂田駢慎到，以齊萬物為先之意。」

⑧選則不遍，教則不至，道則無遺者矣：選擇就不能普遍，教誨就不能周全，順道自然則無所遺漏。

蔣錫昌說：「由我見以選某物，則必有所棄而致不遍焉，如由我見以教某物，則必有所遺而致不至焉，唯道任自然，方可包括一切而無遺。」

⑨泠汰：聽放（郭註）。

林希逸說：「泠汰，灑脫也。泠然而疎汰，於物無拘礙也。」

⑩知不知，將薄知而後鄰傷之者也：〔強求〕知其所不知，勢將為知所迫而結果會損傷自己。「薄」，通「迫」。「後」，或說「復」字之誤。按：儀禮之「後」字，武威出土儀禮簡多作「復」字。「鄰」，為「蹸」字之誤。

林希逸說：「薄，迫也。」孫詒讓說：「『後』，疑當為『復』，形近而誤。」

武延緒說：「『後』疑『復』字之譌。註：『而又鄰傷焉。』『又』即訓『復』者，作後者，形近之譌。」

奚侗說：「『鄰』為『蹸』誤，『鄰』或書作『隣』，與『蹸』形近，猶馬蹄篇『跬』誤為『陸』也。說文：『蹸，轢也。』」

梁啓超說：「此二語頗難解，大概謂，自以為知者實則不知耳。『薄』，即『薄而觀之』之『薄』。『鄰』，讀為『磨而不磷』之『磷』。迫近一物欲求知之，適所以傷之而已。」

蔣錫昌說：「『鄰』為『蹸』假。此言人欲知所不知，勢將被知所迫，復被蹸傷；下文所謂『用知之累』也。」

⑪謑（xǐ喜）髁（kē棵）無任：「謑髁」，順隨的意思。「無任」，無所專任。

成玄英說：「『謑髁』，不定貌。隨物順情，無的任用，物各自得。」

⑫椎（chuí槌）拍輐斷：順隨旋轉的意思。

林雲銘說：「與物宛轉之意。」

郭嵩燾說：「釋文：『輐，圓也。』王云：『椎拍輐斷，皆刑截者所用。』疑王說非也。『輐斷』即下文『魭斷』，郭象云：『魭斷，無圭角也。』」

徐復觀先生說：「按釋名：『椎，推也。』『椎拍』猶言推附，即順隨之意。註家乃以刑罰之事釋之，大謬。」（中國人性論史四三五頁）

⑬魏然：古鈔卷子本「魏」作「巍」。「魏」即「巍」之隸省。陳碧虛音義所出本作「巍」（王叔岷說）。

⑭若落羽之旋：「落」字原闕。成疏：「如落羽之旋。」按：依疏「羽」上當有「落」字，「落羽」與上「飄風」，下「磨石」並文；因據成疏補（嚴靈峯道家四子新編八四三頁）。

⑮隧：音遂，回（釋文）；轉（成疏）。

⑯無建己之患：「建己」與「用知」文異義同，皆好用私知之意（蔣錫昌說）。

⑰得不教：不言之教（宣穎說）。

林希逸說：「『得不教』者，言其初學之時，自相契合，不待教之而後能也。」

⑱窢（xù 旭）然：「窢」，寂（林雲銘說）。

馬叙倫說：「『窢』借為『侐』。說文：『侐，靜也。』」

⑲常反人，不見觀：常違反人意，不為人稱賞。

蔣錫昌說：「『觀』疑『歡』字之誤。常反天下之心，不為天下所歡。」

于省吾說：「釋文『見』，一本作『聚』。高山寺卷子本作『取』。『觀』應讀作『懽』。『不聚觀』即不取懽也。」

⑳魭（yuán 元）斷：無圭角（郭註）。謂其與物宛轉（馬其昶說）。

㉑韙（wěi 偉）：是（郭註）。

【今譯】

公正而不阿黨，平易而沒有偏私，去除私意而沒有主見，隨物變化而不起兩意，不懷心思，不出智謀，對於事物不帶主觀選擇地順隨着，參與它的變化發展，古來的道術有屬於這方面的。彭蒙、田駢、慎到聽到這種風尚就喜好。以齊同萬物為首要，說：「天能覆蓋萬物卻不能承載，地能承載萬物卻不能覆蓋，大道能包涵萬物卻不能分辨，知道萬物都有它適宜的地方，有它不適宜的地方，所以說選擇就不能遍及，教誨就不能周全，順着大道就無所遺漏了。」

所以慎到摒棄智巧、拋開己見，乃是由於不得已。聽任於物，而作為他的道理，說：「強求知其所不知，就會為知所迫而結果損傷自己。」隨物順情無所專任，而譏笑天下的推崇賢能；放縱解脫不拘行跡，而非難天下的大聖。順隨旋轉，與物推移變化，捨去是是非非，或可以免於世俗的累患。不運用智謀，不瞻前顧後，巍然獨立罷了。推動而後前進，拖曳而後前往，像飄風的盤桓，像落羽的迴旋，像磨石的運轉，本性淳厚而不偏頗，動靜適度而沒有過失，這就不會有罪。這是為什麼？像那沒有知慮的東西，就沒有標榜自己的憂患；沒有利用智巧的繫累，動靜就不離開自然之理，因此終身沒有毀譽。所以說：「達到像沒有知慮的東西那樣罷了，不需要聖賢，那土塊也不失於道。」豪傑們互相譏笑他說：「慎到的學說，不是活人所能行而是死人的道理。適足使人覺得怪異罷了。」

田駢也是一樣，求學於彭蒙，學到不言之教。彭蒙的老師說：「古來得道的人，達到不受是和非所左右的境界罷了。他的風教寂靜無形，哪裏可以用語言表達出來呢？」常違反人意，不為人所稱賞，仍不免於隨物宛轉。他所說的道並不是真正的道，而所說的是不免於非。彭蒙、田駢、慎到並不真正明白大道。不過，他們都還聽聞過道的概要。

五

以本①為精，以物為粗，以有積為不足②，澹然獨與神明居，古之道術有在於是者。

毀萬物為實。

關尹[3]老聃[4]聞其風而悅之。建之以常無有[5]，主之以太一[6]，以濡弱[7]謙下為表，以空虛不毀萬物為實。

關尹曰：「在己無居[8]，形物自著[9]。其動若水，其靜若鏡，其應若響。芴乎若亡[10]，寂乎若清。同焉者和，得焉者失[11]。未嘗先人而常隨人。」

老聃曰：「知其雄，守其雌，為天下谿[12]；知其白，守其辱，為天下谷[13]。」人皆取先，己獨取後[14]，曰受天下之垢[15]；人皆取實，己獨取虛，無藏也故有餘[16]；其行身也，徐而不費，無為也而笑巧[17]；人皆求福，己獨曲全[18]，曰苟免於咎。以深為根，以約為紀，曰堅則毀矣，銳則挫矣[19]。常寬於物[20]，不削於人[21]。雖未至極[22]，關尹老聃乎！古之博大真人哉！

【註譯】

①本：道（林希逸說）。

②以有積為不足：以儲積為不足。

成玄英說：「貪而儲積，心常不足。」

③關尹：呂氏春秋不二篇稱：「老聃貴柔，關尹貴清。」漢書藝文志載道家關尹子九篇。隋書、唐書經籍志都不錄。這書已經失佚很久了。現存的關尹子九篇，篇名叫一宇、二桂、三極、四

符、五鑑、六匕、七釜、八篝、九藥。書裏很多類釋氏和神仙方技等家的說法，所用的語詞，並不是先秦道家所用的，顯然是後世假託之作。天下篇把關尹老聃相提併論。其中「以本為精」，「與神明居」，常無有，主太一，謙下空虛，是他們兩個人的共同特點。其單講關尹的部分，其重點在虛己接物，獨立清靜（陳榮捷戰國道家）。

④老聃：即今老子一書作者。

⑤常無有：即常「無」、常「有」。見於老子第一章及四十章。

⑥太一：指呂氏春秋大樂篇說：「道也者，至精也。不可為形，不可為名。強為之名，謂之『太一』。」

⑦濡弱：柔弱。「柔弱」一詞，見老子三十六章、七十六章、七十八章等。

⑧在己無居：無私主（林希逸說），即不偏執己意。

⑨形物自著：有形之物各自彰著。

⑩芴乎若亡：恍惚若無。「芴」與「惚」通。另一說「芴」，通「忽」。忽然，水快流的樣子。「亡」，無。這句形容「其動若水」（曹礎基說）。

⑪得焉者失：這句和老子四十四章「多藏必厚亡」，六十四章「執者失之」同義。「得」有貪得之意，宣穎以「自得」為註，不妥。

⑫知其雄，守其雌，為天下谿：見老子二十八章。

⑬知其白，守其辱，為天下谷：見老子二十八章。今本老子「知其白」句下「守其辱」句上，衍「守其黑，為天下式。為天下式，常德不忒，復歸於無極。知其榮」六句。這二十三個字為後人所

加，當刪去（詳見易順鼎讀老子札記、馬叙倫覈定老子）。「辱」，即「黷」。

⑭人皆取先，己獨取後：老子六十七章「不敢為天下先」之意。

⑮受天下之垢：老子七十八章有「受國之垢」句。

⑯無藏也故有餘：此下衍「巋然而有餘」句，依劉文典、李勉之說刪。

劉文典說：「案『無藏也故有餘』，與下句『巋然而有餘』，語意重複。」按：劉說是。然劉氏謂「無藏也故有餘」疑是下文「巋然而有餘」之註，則非。老子七章：「以其無私，故能成其私。」三十四章：「以其終不自為大，故能成其大。」句法相同。「無藏」即老子「知足」或「虛」觀念引申而來，正合老子思想。

李勉說：「『巋然而有餘』，係解釋上句之註辭，誤入正文。」按：李說是。今刪去「巋然而有餘」一句註，與上下文正以三句為一組而相對稱。

⑰笑巧：笑人之巧（林雲銘說）。「巧」，智巧；機巧。

⑱曲全：老子二十二章：「曲則全。」

⑲堅則毀矣，銳則挫矣：老子七十六章有「堅強者死之徒」句，九章有「揣而銳之，不可長保」句，與此義相近。

⑳常寬於物：「寬」下今本有「容」字。高山寺本無「容」（王孝魚校），並依于省吾之說刪。于省吾說：「高山寺本無『容』字。按無『容』字是也。此與下句『不削於人』對文成義。」

㉑不削於人：不侵削於人（成疏）。

㉒雖未至極：通行本作「可謂至極」，依高山寺本、陳碧虛莊子闕誤改。

王叔岷先生說：「王先謙云：『姚本「可謂」作「雖未」云：從李氏本改。』吳氏點勘從姚本改作『雖未』。案古鈔卷子本『可謂至極』，作『雖未至於極』。陳碧虛闕誤引江南李氏本、文如海本『可謂』亦並作『雖未』作『雖未』是。莊子之學出於老子，而不為老子所限，況關尹乎！關尹、老聃之道術雖博大，而偏重人事，尚有跡可尋，不可謂之至極。莊子道術，論人事而超人事，萬物畢羅，其理不竭，應化無方，無可歸屬。乃可謂至極也。今傳舊本『雖未』皆作『可謂』，疑唐人崇老子者所改。」

【今譯】

以根本的道為精微，以有形的物為粗雜，以儲積為不足，恬淡地獨與造化靈妙共處，古來道術有屬於這方面的。關尹、老聃聽到這種風尚就喜好。建立常無、常有的學說，歸本於最高的「太一」，以柔弱謙下為外表，以虛空成就萬物為實質。

關尹說：「不偏執己意，有形之物各自彰著。動時如流水，靜時如明鏡，反應如回響。恍惚如無有，寂靜如清虛。相同則和諧，貪得便有失。從不爭先而常順隨別人。」

老聃說：「認識雄強，持守雌柔，成為天下的溪澗；認識明亮，持守暗昧，成為天下的山谷。」人人都爭先，他獨自居後，說「承受天下的詬辱」；人人都求實際，他獨自守虛空，不斂藏反而有多餘。他立身行事，寬緩而不費損精神，自然無為而嗤笑機巧；人人都求福，他獨自委曲求全，說「但求免除禍害。」以精深為根本，以要約為綱紀，說「堅硬的就容易毀壞，鋭利的就容易挫折。」常寬容待物，不侵削別人。雖然沒有達到頂點，關尹、老聃，可算是古來博大真人呀！

六

芴漠①無形，變化無常，死與生與，天地並與，神明往與！茫乎何之，忽乎何適②，萬物畢羅，莫足以歸，古之道術有在於是者，莊周聞其風而悅之。以謬悠③之說，荒唐④之言，無端崖之辭，時恣縱而不儻⑤，不以觭見之也⑥。以天下為沈濁，不可與莊語⑦，以巵言⑧為曼衍⑨，以重言⑩為真，以寓言⑪為廣。獨與天地精神往來而不敖倪⑫於萬物，不譴是非⑬，以與世俗處。其書雖瓌瑋⑭而連犿⑮無傷也。其辭雖參差⑯而諔詭⑰可觀。彼其充實不可以已⑱，上與造物者遊，而下與外死生無終始者為友。其於本也，弘大而辟，深閎而肆⑲；其於宗也，可謂稠適而上遂⑳矣。雖然，其應於化而解於物也，其理不竭㉑，其來不蛻㉒，芒乎昧乎㉓，未之盡㉔者。

【註譯】

①芴漠：「芴」，通「惚」。恍惚茫昧之意。

②茫乎何之，忽乎何適：「茫乎」「忽乎」，同至樂篇「芒乎，芴乎」，形容恍惚茫昧的狀貌。「何之」「何適」，即何去何處。

林希逸說：「『何之』『何適』，動而無跡也。」

③謬悠：虛遠（成疏）。

④荒唐：謂廣大無域畔（釋文）。
⑤恣縱而不儻：「恣縱」，猶放縱。放任而不偏黨（成疏）。趙諫議本「儻」作「黨」（王叔岷校釋）。高亭謂「儻」借為「讜」，直言。
⑥不以觭見之也：其所見不主一端（林希逸口義）；不以一端自見（宣穎說）。道藏羅勉道循本「觭」作「畸」。「觭」「畸」並「奇」之借字（王叔岷校釋）。
⑦莊語：猶大言（成疏）；猶正論（王先謙集解）。陸德明說：「『莊語』，郭云：『莊，莊周也。』一云『莊，端正也。』一本作『壯』。」按：「莊」為嚴正之意，這裏不當莊周之名。
⑧卮言：喻無心之言。語見寓言篇。
⑨曼衍：同「漫衍」。散漫流衍，不拘常規之意。語見齊物論、寓言篇。
⑩重言：為人所重之言。見寓言篇。
⑪寓言：寄寓他人他物的言論。見寓言篇。
⑫敖倪：即傲睨（梁啓超說）；猶驕矜。
⑬不譴是非：是非無所泥（林希逸說）。
⑭瓌瑋：奇特（釋文）；弘壯（成疏）。
⑮連犿（fān 翻）：宛轉貌（釋文引李頤註）；和同混融之意（林希逸說）。
⑯參差：或虛或實（成疏）；或彼或此、或抑或揚，不可定（林希逸說）。
⑰諔（chù 觸）詭：奇異（李頤說）。與齊物論篇「弔詭」同。

⑱彼其充實不可以已：他內心之情飽滿，故禁不住而流露出來。「已」，止（曹礎基說）。
⑲肆：縱放（林希逸說）；形容廣闊無限制。
⑳稠適而上遂：「稠」，音調，本亦作「調」（釋文）。趙諫議本作「調」（王孝魚校）。「稠適」，和適之意。「遂」，達（成疏）。
㉑其理不竭：他的道理是不窮盡的。
㉒其來不蛻：「蛻」，通「脫」，離。「不蛻」，連綿不斷（曹礎基說）。
㉓芒乎昧乎：「芒昧」，猶窈冥。言莊子的書，窈窕深遠。
㉔未之盡：沒有窮盡。

【今譯】

恍惚芒昧而沒有形跡，變化而沒有常規，死呀生呀，與天地併存，與造化同往！茫茫昧昧到哪裏去，飄飄忽忽往哪裏走，包羅萬物，不知歸宿，古來道術有屬於這方面的，莊周聽到這種風尚就喜好它。以悠遠的論說，廣大的言論，沒有限制的言辭，常放任而不拘執，不持一端之見。認為天下沉濁，不能講嚴正的話，用無心之言來推衍，引用重言使人覺得真實，運用寓言來推廣道理。獨自和天地精神往來而不傲視萬物，不拘泥是非，和世俗相處。他的書雖然奇特卻宛轉敘說無傷道理。他的言辭雖然變化多端卻特異可觀。他內心之情飽滿而無止境地流露，上與造物者同遊，下與忘生死無終始分別的人做朋友。他以德為本，其精神領域弘大而開曠，深遠而廣闊；他以天為宗，其精神境界可謂和諧切適而上達於最高點。雖然這樣，他順應變化而解脫於物的束縛，他的道理是不窮盡的，來處連綿不斷，茫昧深遠，沒有窮盡。

七

惠施多方①，其書五車②，其道舛駁③，其言也不中④。麻物之意⑤，曰：「至大無外，謂之大一；至小無內，謂之小一⑥。無厚，不可積也，其大千里⑦。天與地卑，山與澤平⑧。日方中方睨，物方生方死⑨。大同而與小同異，此之謂小同異；萬物畢同畢異，此之謂大同異⑩。南方無窮而有窮⑪，今日適越而昔來⑫。連環可解也⑬。我知天下之中央，燕之北越之南是也⑭。氾愛萬物，天地一體也。」

【註譯】

①惠施多方：「多方」，即多方術，指惠施的學術廣博多方面。「惠施多方」以下的文字，有人疑是另屬一篇。

王叔岷先生說：「北齊書杜弼傳稱弼註莊子惠施篇，今考天下篇『惠施多方』以下一章，專論惠子之學說，與上文不必相連，舊必另為一篇，杜弼所註惠施篇，疑即指此，或存莊書之舊，今本蓋郭氏合之也。」（莊子校釋自序）按：葉國慶（莊子研究）、張成秋（莊子篇目考）等也認為「惠施多方」以下當別屬一篇。徐復觀持異議。

徐復觀先生說：「天下篇後面所述惠施一大段，今人每謂這應另為一篇。但只要想到莊子與惠施的交誼之厚；想到逍遙遊、德充符、秋水諸篇，皆以與惠施之問答終篇，則天下篇若為莊子一書的自叙，其以惠施終篇，並結以『悲夫』二字，以深致惋惜之情。」（中國人性論史三六〇頁）按：徐說有理。

②其書五車：「其書」，一說指他的藏書，另一說指惠施自己的著作（如林希逸說：「言其所著書」；劉鳳苞說：「著書極多」），茲從後說。「五車」是形容數量之多。

③舛（chuǎn 喘）駁：乖雜。「舛」，乖。「駁」，色雜不同。（文選左太沖魏都賦註引司馬彪說）。

④不中：指不當（林希逸說）。

⑤厤物之意：即究析事物之理。「厤」，古「歷」字。本亦作「歷」（釋文）。

梁啓超說：「『歷』，蓋含分析量度之意。『歷物之意』者，謂析數物理之大概。」

汪奠基說：「歷物之意是要把科學觀察的成果，提高到宇宙萬象變異的認識上來進一步辯說其世界意義的意思。」（中國邏輯思想史料分析第五章惠施的名辯思想）

⑥至大無外，謂之大一；至小無內，謂之小一：大到極點而沒有外圍的，叫做大一；小到極點而沒有內核的，叫做小一（中國哲學史資料選集莊子今譯）。「至大無外」，形容無窮大的整體空間。「至小無內」，指無窮小的空間單位。

蔣錫昌說：「『無外』，言無物可居其外。猶秋水篇所謂『至大不可圍也』。『無內』，言無物可居其內，適與『無外』相反。『大一』，即理想上最大之一個單位。此指『六合』或『宇』或今人所謂『空間』而言。『小一』，即理想上最小的一個單位。此指近於今人所謂『分子』之體積而言。」
郭沫若說：「『大一』是指無窮大的宇宙，然使細分以至於微末，終可以達到無可再分的一個微末的質點。『小一』便指這種質點而言。」（見其文集第十卷惠施的性格與思想）
馮友蘭說：「真正大的東西（『大一』）應該『無外』，即無限大；真正小的東西（『小一』）應該『無內』，即無限小。」（中國哲學史新編第十一章惠施公孫龍及其他辯者，下引同）

⑦無厚，不可積也，其大千里：「無厚」即形容面至薄，薄到無可再纍積於其上。由面而成體，則可擴展至於千里大。
林希逸說：「『無厚』，至薄也，不可積者，積則厚矣。積之不已，其大可至於千里。」
蔣錫昌說：「『不可積』者，言其體積薄至『小之微』；或僅有一粒『分子』之厚，不可再有一粒『分子』加積其上也。此意乃根據上條『至小無內，謂之小一』而來。『其大千里』，言由無數一粒『分子』之厚所成之平面，可展至其大千里也。」
郭沫若說：「無厚，便是沒有 dimension。但是這沒有 dimension 的說法，只是在分析而非聚積的狀態下所言，若使積聚，則雖『小一』也可至於無窮。」
汪奠基說：「『無厚』本鄧析的學說，惜其論證殘佚無傳。惠施距鄧析不及二百年，這種有關形數的科學論辯，可能還是很新鮮的。按題旨的本義看，惠施是從『小一』的概念存在，來肯定宇宙有『無厚』的存在。由於『小一』的定義的認識，所以推斷『無厚』的性質就是『不能堆積起來』的特徵。但是『小一』無限，它在宇宙裏是無窮無盡的，因此，『無厚』的東西，對於這種絕對無限的小一而言，當然是『其大千里』了。」

⑧天與地卑，山與澤平：荀子不苟篇作「山淵平，天地比」。這是由於立足點的不同，而得出不同的判斷。從我們常識世界來看，天與地、山與澤，有高低之分，但從一個無窮大的宇宙空間來看，則無甚分別。這命題要在說明高低只是相對的。

胡適說：「惠施空間，似乎含有地圓和地動的道理……如『天與地卑，山與澤平』，更明顯了。地圓旋轉，故上面有天，下面還有天；上面有澤，下面還有山。」（中國古代哲學史第八編第四章惠施，下引同）姑備一說。

嚴靈峯先生說：「如果從近代物理學的觀點看來，整個宇宙的空間中，高、低和上、下都是相對的。地球與太陽之均衡運動，原非日懸中天，地居天下。以幾何學之定理言之，兩點之間，可連一直綫；在山、澤之間連一直綫，則山、澤自平了。這也是說明同、異之相對性的。」（老莊研究丁編附錄惠施等辯者庥物命題試解）

郭沫若說：「天地山澤，在外形上雖有高低之分，就質點的『小一』而言，則同是『無厚』，所以山淵平而天地比。這條正破舊有觀念天尊地卑之說，所寓革命的精神非小！匡章說惠施之學『去尊』，而怪他王齊，荀子說他『不是禮義』，我們可以揣想惠施必是個無神論者或無治論者。」

按：郭說引申其哲學意義。

⑨日方中方睨（nì逆），物方生方死：這是從時間長流的觀點來看，無物不變、無時不動。蔣錫昌說：「按普通以為日之中與睨、物之生與死皆有一個停留之單位，而可分割為片斷。惠施則以為真正之時間是永在移動；真正之物體，是永在變動。故謂日方正中，便已西斜；物方生出，便已死去。」

馮友蘭說：「太陽剛才到正中，同時也就開始西斜，但是總有一個時候是中日。人的身體是經常在新陳代謝之中。在他的身體中，經常有死亡的東西，也有新生的東西，在他生存的時候，就伏有死亡的根源；但是總有一個時期，他是生存而不是死亡。惠施的好朋友莊子明確地說，既然事物經常在變動中，那就不可能有相對的穩定性；既然事物的性質都是相對的，事物之間也就沒有分別。惠施沒有明確地這樣說。但是惠施也沒有明確地肯定，事物的相對性中存在着絕對性。」按：馮說乃對惠施觀點作批評。

⑩大同而與小同異，此之謂小同異；萬物畢同畢異，此之謂大同異：大同和小同相差異，這個叫做小同異；萬物完全相同，也完全相異，這個叫做大同異（中國哲學史資料選輯今譯）。

胡適說：「惠施說：『大同而與小同異，此之謂小同異。』例如：松與柏是『大同』，松與薔薇花是『小同』，這都是『小同異』。一切科學的分類，只是這種『小同異』。從哲學一方面看來，便是惠施所說：『萬物畢同畢異。』怎麼說『萬物畢異』呢？原來萬物各有一個『自相』。例如：一個胎裏生不出兩個完全同樣的弟兄；一根樹上生不出兩朵完全一樣的花；一朵花上找不出兩片完全同樣的花瓣，一個模子裏鑄不出兩個完全同樣的銅錢。這便是萬物的『自相』。有自相所以『萬物畢異』。但是萬物雖然各有『自相』，卻又都有一些『共相』。例如：男女雖有別，卻同是人；人與禽獸雖有別，卻同是動物；動物與植物雖有別，卻同是生物；……這便是萬物的『共相』。有共相，故萬物可說『畢同』。畢同畢異，『此之謂大同異』。可見一切同異都不是絕對的區別。」

馮友蘭說：「惠施這個論斷，就邏輯的意義說，接觸到類和種屬的關係問題。每類事物都有共同的性質；這是『大同』。每類事物中不同的種屬又各有自己的共同的性質，這是『小同』。從類上推去，萬物同屬於一大類，都有共同的性質，所以說是『畢同』。從種屬下推去，以至於各個個體東西。各個東西又都有自己的特點，不能完全相同，所以說是『畢異』。這些論點，同樣表明事物之間的差別是相對的，不是絕對的，詞和概念之間的差別也是相對的，不是絕對的。照這樣解釋，這裏所謂的『同』是後期墨家所謂的『類同』。」

⑪南方無窮而有窮：這也是從空間的相對性而言的。

胡適說：「當時的學者，不但知道地是動的，並且知道地是圓的。如周髀算經說：『日運行處極北，北方日中，南方夜半。日在極東，東方日中，西方夜半。日在極南，南方日中，北方夜半。日在極西，西方日中，東方夜半。』這雖說日動而地不動，但似含有地圓的道理。又如：大戴禮記天員篇辯『天圓地方』之說，說：『如誠天圓而地方，則是四角之不揜也。』這分明是說地圓的。……說：『南方無窮而有窮。』因為地圓，所以南方可以說有窮，可以說無窮，是地的真形；南方有窮，是實際上的假定。」

范壽康先生說：「南方是無窮的，又是有窮的。從普通人的眼光講，這是無窮的。但從至大無外的觀點看，卻是有窮的。」（中國哲學史綱要第一編第五章名家）

汪奠基說：「『南方無窮』是古代辯者所持的一種辯論。墨子經說下有：『南者有窮則可盡，無窮則不可盡。』荀子正名篇亦有：『假之有人而欲南無多，而惡北無寡，豈為夫南者之不可盡也，離南行而北走也哉。』對於惠施來說，墨、荀兩解，只是從概念的單一名字作出答案，並沒有解決惠施的問題。惠施所立的辯題是『無窮而有窮』。這裏的連詞『而』字是辯題的本質所在。

同一南方，謂之無窮而又有窮，則其辯證意義是說：距離無限的可分性之畢異的存在，實有其不可分的有限性之畢同的多點存在。惠施自己的論證如何解釋，不得而知；但是就所謂合同異的邏輯推論來說……我們必須注意到惠施的推論，可能不自覺地運用了古代幾何學上所謂『窮舉法』，或類似『歸謬法』之類的推演方法；否則，所謂『無窮而有窮』的辯論，是不會使墨、荀諸家先後作為敵論來加以邏輯的反駁的。……由於戰國時代，特別是墨辯科學取盛的時代，學者對圓方平直等比的演算知識，早已大大推進了一步。例如差數可以取盡的古代數學思想，我們從惠施論空間觀念的辯題中，確已感到有些反映的跡象，這是值得我們注意的問題。如果能進一步找到某些論證的材料，對惠施歷物的科學認識，當更有其邏輯的歷史意義。」

⑫今日適越而昔來：今天到越地而昨天已來到。這是就時間的相對性而言的。

胡適說：「『今日適越而昔來』，即是周髀算經所說『東方日中，西於夜半；西方日中，東於夜半』的道理。我今天晚上到越，在四川西部的人便要說我『昨天』到越了。」

汪奠基說：「原論題的條件說法，基本上是符合當時天文科學的某些假設的。譬如任取一條以『日在西極』的論點來說，如果日在西極，則東方人今日適越，而在西方人即謂之昨日起程了。惠施在這裏正是要以時間的相對性來證明它與空間運動的相對性是必然聯繫的。今天雖然沒有得到惠施的直接解釋，但本題的科學意義則是可以肯定的。」按：胡汪兩說，乃從科學的觀點來作解釋。

蔣錫昌說：「真正之時間，永在移動，絕不可分割為『今日』之一段，使稍停留片刻。如吾人剛說『今日（上午十時十分）到越』，則此所謂『今日』者，已早成過去而為『昔來』矣。」

唐君毅說：「惠施十事中之『今日適越而昔來』，言今昔無異；……其理由何在，今不能詳考。蓋皆不外謂於同一之『實』，可以『今』說之者，換一觀點，亦可以『昔』說之；……緣此以觀一切萬物之差異，即亦皆屬天地之一體，同在大一中；而自此天地之一體或大一上看，則一切差異亦成無差異矣。」（中國哲學原論第一四九頁）

馮友蘭說：「『今日適越而昔來。』這一條辯論也必有當時科學知識的根據，但是無可考了。專從字面上講，這是說『今』、『昔』是相對的。今天所謂昔，正是昨天所謂今，今天所謂今，明天就成為昔。『今』、『昔』自身的同一都包涵有差別。因此今昔也是相對的；這兩個對立面是可以互相轉化的。這個命題，照另一種解釋，是說今昔是聯繫在一起的，沒有昔，也就沒有今，昔日不出發，今天也無從適越。」按：蔣、唐、馮諸說，乃從哲學的觀點來作解釋。

⑬連環可解也：連環可以解開，乃就事物變動長流觀點而立論的，這命題屬上文「物方生方死」一類。

蔣錫昌說：「連環成後，終有毀日。唯常人所見者，只見一旦之毀，不見逐漸之毀。吾人假定自連環初成之時，至一旦毀壞之時，總名此整個之過程為『解』（解即毀也）；是連環自成之後，即無時不在『解』之過程之中，故曰『可解』也。」

馮友蘭說：「連環是不可解的，但是當它毀壞的時候，自然就解了。事物自身的同一都包涵有差別。連環存在的時候，也就是它開始毀壞的時候，也就是它開始解的時候。當時有個有名的關於連環的故事。據說，有一個外國的使臣給齊威王后一個玉連環，請她解開。齊威王后拿了一把錘子，把玉連環打碎，向使臣說：連環解開了。惠施的這個辯論也說明，解與不可解也是相對的、有條件的。」

⑭我知天下之中央，燕之北越之南是也：這命題說明南的方位只是相對的，從無窮的太空來看，根本失去了定位的據點。

胡適說：「燕在北，越在南。因為地是圓的，所以無論哪一點，無論是北國之北，南國之南，都可說是中央。」

汪奠基說：「舊註司馬彪對本題解釋說：『燕之去越有數（限），而南北之遠無窮；由無窮觀有數，則燕、越之間未始有分也。天下無方，故所在為中；循環無端，故所在為始也。』這話是合於惠施相對的見解的；因為空間有無窮的方位的相對存在，所以中央點原無絕對的位置，從越、燕相襲與南北相對的無窮而有窮言之，則中央定點當有所在。惠施向稱博學多方者，他的辯察理想，在這裏的科學意義，似乎已超出了地平直綫的假設。戰國如鄒衍一派的大九洲之說，可能與惠施這類辯題都有過具體的分辯，惜兩說皆遺佚，今無可考者。歷史上論無窮分割的詭辯理論，對真正數學科學都發生過很大的作用。惠施的相對主義思想和無窮論的辯證，對於戰國或者秦、漢間的談天者，可能間接給了某些思想認識上的幫助。」

【今譯】

惠施的學術廣博多方面，他的著書有五車之多，他講的道理很駁雜，言辭也不當。究析事物之理，說：「大到極點而沒有外圍的，叫做『太一』；小到極點而沒有內核的，叫做『小一』。沒有厚度，不可纍積，但可擴展到千里大。天和地一樣低，山和澤一樣平。太陽剛正中就偏斜，萬物即起即滅。大同和小同相差異，這個叫做『小同異』；萬物完全相同也完全相異，這個叫做『大同異』。南方沒有窮盡卻有窮盡，今天到越地而昨天已來到。連環可以解開。我知道天下的中央，在燕的北方越的南方。普愛萬物，天地是一個整體。」

八

惠施以此為大，觀於天下而曉辯者，天下之辯者相與樂之。卵有毛①；雞三足②；郢有天下③；犬可以為羊④；馬有卵⑤；丁子有尾⑥；火不熱⑦；山出口⑧；輪不蹍地⑨；目不見⑩；指不至，至不絕⑪；龜長於蛇⑫；矩不方，規不可以為圓⑬；鑿不圍枘⑭；飛鳥之景未嘗動也⑮；鏃矢之疾而有不行不止之時⑯；狗非犬⑰；黃馬驪牛三⑱；白狗黑⑲；孤駒未嘗有母⑳；一尺之捶，日取其半，萬世不竭㉑。辯者以此與惠施相應，終身無窮。

桓團㉒公孫龍㉓辯者之徒，飾人之心，易人之意，能勝人之口，不能服人之心，辯者之囿也。惠施日以其知與人之辯，特與天下之辯者為怪㉔，此其柢也㉕。

然惠施之口談，自以為最賢，曰天地其壯乎！施存雄而無術。南方有倚人㉖焉曰黃繚㉗，問天地所以不墜不陷，風雨雷霆之故。惠施不辭而應，不慮而對，遍為萬物說，說而不休，多而無已，猶以為寡，益之以怪。以反人為實，而欲以勝人為名，是以與眾不適也。弱於德，強於物，其塗隩矣㉘。由天地之道觀惠施之能，其猶一蚊一虻之勞者也。其於物也何庸㉙！夫充一尚可，曰愈貴道，幾矣㉚！惠施不能以此自寧，散於萬物而不厭，卒以善辯為名。惜乎！惠施之才，駘蕩而不得，逐萬物而不反，是窮響以聲，形與影競走也。悲夫！

【註譯】

①卵有毛：意即卵含有成為羽毛動物的可能性。從生物學的觀點來說，每一物的成長乃是由潛能（Potentiality）到現實（Actuality）的過程。

胡適說：「『卵有毛』這條含有一個生物學的重要問題。……生物進化的前一級，便含有後一級的『可能性』。故可說：『卵有毛。』例如：雞卵中已含有雞形；若卵無毛，何以能成有毛的雞呢？」

汪奠基說：「舊註謂『胎卵來生而有毛羽之性』，是用『毛羽性』釋『有毛』，較原文詞意易於理解。從毛羽類動物的卵生變化之共相來看，本題可能概括當時生物科學方面某些演化思想的假設命題。莊子至樂篇曾記載過『種有幾』的生物變進說，寓言篇裏也有『萬物皆種也，以不同形相禪』的科學概念。我們不能否認，這裏確實有些模糊的進化思想。所謂『以不同形相禪』，在當時的認識，只能是一種經驗或直觀的假設。但是理論上合起『卵有毛』來說，確實具有自然的轉化的思想。又歷物論題所講的『物方生方死』之時間連續的概念與本題所含的不同形相禪的概念，都反映了惠施對物自身生長過程所有同異變化的觀察和認識。」

②雞三足：雞足之「實」為二，雞足之「名」（概念）為一，合名與實為三。

汪奠基說：「本題惠施怎樣解釋不知道，但在公孫龍子通變卻另有所論證。他說：『謂雞足，一；數足，二；二而一，故三。謂牛羊足，一；數足，四；四而一，故五。牛羊足五，雞足三。』這完全是概念意象上的詭辭。」

③郢有天下：「郢」，為楚國首都，在今湖北江陵縣北的紀南城。「郢」小「天下」大，「郢」為天下的一部分，就整體空間之不可分割性而言，可說「郢有天下」。這命題是從「畢同」的觀點而發的。

汪奠基說：「就惠施的辯題來說，可能是從空間屬性的範疇提出的問題。『郢都』是『天下』的屬性之一，名字上雖異於『天下』之是，而概念上則實為其屬性之是。謂『郢有天下』，正是從合同異的共相說的。惠施的論證沒有保留下來，我們只能根據歷物論的空間觀念來考察。如果按照空間具有無窮分割的可能性來說，惠施的辯題並非以小概大，而是要論證同質性的小大，仍為同一性的屬性存在。由『郢有天下』，正可以證氾愛一體的天下觀。」

④犬可以為羊：犬羊同屬四足動物，這命題是從共相來立論的。

⑤馬有卵：這命題和上條同屬一類的詭辯。從常識看，馬是胎生動物而異於鳥為卵生動物。然胎生動物和卵生動物同屬動物，從萬物「畢同」的觀念而論說「馬有卵」。則陽篇「合異以為同」與德充符「自其同者視之，萬物皆一也」和這命題觀點接近（福永光司說）。

汪奠基說：「本題指出物類中具有內外形質的變化，但可以有離形而言名的同一性。荀子不苟篇有『鉤有鬚』，或亦作『嫗有鬚』，同本題基本相合。古人相信無形的化生，……舊註謂動物始生於胎卵，馬生於胎卵的機變，而馬又有胎卵以生馬，故曰『馬有卵』。但此就生理之出於機的共相而言，對於現實的馬與卵生動物，則為兩不同概念。如果強不同以名為同一性的表現，則是無與於名字代表的真實對象，而為形而上學的詭辯了。」

⑥丁子有尾：楚人呼蝦蟆為丁子（成疏）。蝦蟆乃由幼蟲蝌蚪變化育成，而蝌蚪有尾，故說蝦蟆有尾。

汪奠基說：「本題辯說的理由，是謂蝦蟆方有尾方無尾的轉化過程，就是他離形化生與有無共相的表現，換句話說：對於丁子化生的表現說，謂之有尾的丁子，而無尾的蝦蟆即在；謂之無尾的蝦蟆，而有尾的丁子亦存。兩相畢同畢異，相反相生。但這裏只是講化生過程的情況，如果只抓住這一『有無』轉化的過程，來混同蝦蟆與蝌蚪兩個不同的現實，則在邏輯上就是名實不符，在語言上亦有『不喻之患』。」

⑦火不熱：熱是人的主觀感覺。如被石頭碰到，痛在人而不在石。

汪奠基說，「從知覺上說，覺火則知熱；從概念上說，知火之名，並不覺有火之熱。」

馮友蘭說：「『火不熱』，可從認識論及本體論兩方面說，從本體論方面說，火之共相只是火，熱之共相只是熱，二者絕對非一。具體的火雖有熱之性質，而火非即是熱。若從認識論方面說，則可以說火之熱乃由於人的感覺，熱是主觀的，在我而不在火。」

⑧山出口：舊註「山名出自人口」（成疏），乃望文生義。或說「空谷傳聲」（宣穎註），恐非。本命題不知何解。姑從汪說。

汪奠基說：「此題應與『山淵平』合看，兩題表示為正反同證。從『口』的共相或名字來說，山有要隘處稱山口或關口；河有出納處稱河口或港口；海岸有交通處稱海口或岸口。又從山的無限變遷之畢同的概念而言，曰『山淵平』；從山的變動過程所有畢異的概念而言，曰『山出口』；即謂山有谷壑險夷的現象。舊註有引荀子勸學篇『入乎耳，出乎口』來作論證者，似於原題所辯乃為合同異的正反相之說未得其解。或更有以『火山』、『湧泉』為『口噴』現象的，故曰『出口』。似亦非正解。」

⑨輪不蹍地：「輪」謂全體之「輪」。其蹍地之「輪」，不過為『輪』之一點。全體之「輪」，絕不能同時蹍地。故曰「輪不蹍地」（蔣錫昌說）。這命題解者頗紛歧。有以為屬公孫龍派論點，有以為屬惠施派論點。

馮友蘭說：「『輪不蹍地』，可以說，輪之所蹍者，地之一小部分而已。碾地的只是車輪與地相接觸的那一小部分。地的一部分非地，輪的一部分非輪，猶白馬非馬。也可以說，碾地之輪，乃具體的輪；其所碾之地，乃具體的地。至於輪之共相則不蹍地；地之共相亦不為輪所碾。」

汪奠基說：「舊註有成玄英的解釋很好，他說：『夫車之運動，輪轉不停，前跡已過，後塗未至，徐卻前後，更無碾時。是以輪雖運行，竟不碾於地也。』這是符合惠施派無限分割的理論的說法。過去有人曾引希臘詭辯者芝諾的論證來說明，實際上兩家的說法正相反。芝諾是要證明無窮分割為運動的不可能，所以他運用歸謬法，先設其可能，因而假定善走者終不能追過前行的龜走。但事實上善走者確可追過龜，所以說距離的無窮分割是虛偽的、不可能的。惠施則不然，他是由無窮分割出發，而承認其可能的。他以為感覺所見的碾地之輪，只是全輪一端的至小之一端，至小一端與車行的直綫上至小一端之合，皆是至小無內的一點，對於全輪與全行綫來說，直是『不碾地』的時間速度之運動轉變，並無碾不碾的絕對不同性。無疑惠施派想從空間時間的無窮分割來排斥實有的差異性，這當然是詭辯的分析方法，他雖然在運動意義上肯定了無限的理論意義，但對於客觀事物的邏輯說，卻陷入了主觀假設不可論證的謬誤。」

⑩目不見：原意不詳。通常解釋：僅目不足見，人之能見，需靠目及光與精神的作用。

胡適說：「目不見，若沒有能知覺的心神，雖有火也不覺熱，雖有眼也不能見物。」

郭沫若說：「『目不見』——目所見者只是物的返光，而非物的本體。」

馮友蘭說：「『目不見』，公孫龍子說：『白以目以火見，而火不見，則火與目不見，而神見，神不見而見離。』（公孫龍子堅白論）人之能有見，需有目及光及精神作用。有此三者，人才能有見，若只目則不能見。這是就認識論方面說。若就本體論方面說，則目之共相是目，火之共相自是火，神之共相自是神，見之共相自是見。四者皆離，不能混之為一。」

汪奠基說：「此為惠施的辯題，墨經下派及公孫龍亦各有所推闡。墨經說下曰：『知以目見，而目以火見，而火不見。』……此外儒家、道家皆有類似說法：『視而不見』、『視之不見』等等，都沒有特殊的論證，可能與本題並非同一辯論性質。墨派與公孫龍的例證說明了他們對辯題的具體意見，即是說，他們都認為任何客觀對象的知識，都要有對象的感覺，有光（火），有智慧抽象，才能有思想概念的認識，否則，雖有感覺（目光），亦將與對象現象相離。所以對名實概念來說，如果只靠眼看，結果對於思想智慧來說，只有『目不見』的情況了。惠施的意思，正是說共相概念是不可見的。公孫龍的論證，則從神之見而見離的觀點來指出『不見』的絕對意義。這與惠施所指的共相概念是有區別的。」

⑪指不至，至不絕：指事不能達到物的實際，即使達到也不能絕對窮盡。「指不至」，謂概念不能

完全反映實物。

⑫龜長於蛇：這命題和齊物論：「天下莫大於秋毫之末，而大山為小；若壽於殤子，而彭祖為夭。」是相同性質的論辯，旨在說明長短大小的相對性而無絕對性。

汪奠基說：「本題原有論證不可考。但從墨經下所說的『異類不比，說在量』的邏輯原則來看，好像犯了不可比的錯誤。實際上惠施可能正是取『說在量』的條件。龜圓蛇長是形量的差異，長於蛇之龜和短於龜之蛇，並非絕對有無的形量，因此個別的龜蛇長短只是相對的差異。」

⑬矩不方，規不可以為圓：絕對的方是方的共相；絕對的圓是圓的共相。事實上個體的方物或圓物，都不是絕對的方或圓。就個體的矩與規說，也不是絕對的方或圓。所以若與方及圓的共相比，也可以說：「矩不方，規不可以為圓。」（馮友蘭說）

⑭鑿不圍枘：就個體的獨特性而言，世界上沒有哪兩個個體是完全絕對相合的。

馮友蘭說：「鑿有孔，枘是孔中之木。具體的鑿和具體的枘總不能完全相合，所以也可以說『鑿不圍枘』。或者說，圍枘的是事實上個體的鑿；至於鑿之共相，則不圍枘。」

⑮飛鳥之景未嘗動也：這條辯論，用形而上學的觀點解釋運動。它認為若果把一個運動所經過的時間及空間加以分割，分成許多點，把空間的點與時間上的點一一相當地配合起來，就可見飛鳥之影在某一時間還是停留在某一空間的點上，所以是「未嘗動也」（馮友蘭說）。

⑯鏃（zú族）矢之疾而有不行不止之時：這個辯論認識到運動就是一個物體於同一時間在一個地方又不在一個地方。就其在一個地方說，它是「不行」；就其不在一個地方說，它是「不止」（馮友蘭說）。

汪奠基說：「本題為說明動靜相對的一體論。從時間上說明同一動體有不同時間的表現。……如果以鏃矢應聲而至的每一矢之疾來說，就是不止之時；以每前一鏃矢與後一鏃矢最快的時間間隔來說，就是不行之時；再合起整個共相之時來說，所有鏃矢經過的時間為不止的動體表現，而所有未經過的時間，則對於鏃矢之動而言為靜止的不行之時。

「又按此辯題與希臘芝諾所謂『離弦的飛箭，當永為靜止』的詭辯亦完全不同。過去有人誤以芝諾所謂箭在每一時間內僅能佔一個位置的話，來曲解惠施派的辯題，實際上，兩者並非同一動靜相對的說法。芝諾始終是在證明運動的矛盾不合理，而惠施派則在論不行不止的相對存在。」

⑰狗非犬：邵晉涵云：「犬子生而長毛未成者為狗。」狗為犬之一部，非全等於犬，所以說，狗非犬（范壽康說）。

汪奠基說：「這是名字定義問題。意謂：如果概念上名實不可離，則狗名狗實，犬名犬形，而謂狗非犬為合理的。……這種辯論，墨經下派的辯者對它作過邏輯的解答。首先從肯定『狗，犬也』的定義出發，指出：『知狗而自謂不知犬，過也。說在重。』因為『二名一實，重同也』。重同則謂『狗為犬』可也。這正是墨家實事求是的簡單邏輯說話。」

⑱黃馬驪牛三：黃馬與驪（黑）牛，只是二；加上稱謂這黃馬驪牛——即加上黃馬驪牛的概念，就是三。這和「雞三足」是同類性質的命題。

司馬彪說：「牛馬以二為三：曰牛，曰馬，曰牛馬，形之三也。曰黃，曰驪，曰黃驪，色之三也。曰黃馬，曰驪牛，曰黃馬驪牛，形與色為三也。」

⑲白狗黑：經典釋文引馬司彪說：「白狗黑目，亦可為黑狗。」說白狗是白的，是就毛說，因其所

白而白之。若就其眼說，因其所黑而黑了，則白狗也可說是黑的（馮友蘭說）。另一解：蓋謂狗雖有白黑色的不同，但從共相的「狗」與「顏色」的概念來看是相同的：因為同為狗，同為色，故曰白狗黑也可。這裏正好是取大同異而無視小同異的錯誤判斷（汪奠基說）。兩解都可通。

⑳孤駒未嘗有母：這是論名號的問題。「孤駒」的意義，就是無母之駒，這命題視「孤」與「未嘗有母」為異名同義。

㉑一尺之捶，日取其半，萬世不竭：這是說物質可以無限分割。「一尺之捶」，今天取其一半，明天取其一半的一半，後天再取其一半的一半的一半，如是「日取其半」，總有一半留下，所以「萬世不竭」。一尺之捶是一有限的物體，但它卻是由無限小的單位組成的，因此可以無限分割（馮友蘭說）。

㉒桓團：姓桓，名團，趙國辯士。

㉓公孫龍：趙人，曾為平原君客，其生年約與孟子、惠施、莊子、鄒衍諸人同時。漢書藝文志著錄公孫龍子十四篇，原註「趙人」。現存六篇，其八篇四庫全書總目提要以為亡於宋時。公孫龍的堅白異同之論，從當時一直到漢初，發生了很大的影響，也引起了很多的批評。因為他以專決於名的方法來正名實，事實上，是把常識上的名實關係都破壞了，這便引起人對客觀世界認識上的混亂。莊子常是把當時的辯者混淆在一起說。他對惠施的批評，幾乎也可以用到公孫龍方面。他是以超知忘言的態度來批評這些執名以爭實的人（以上引自徐復觀公孫龍子講疏序一〇至一二頁）。

㉔為怪：指為怪說。

㉕此其柢也：「柢」，大略。

俞樾說：「『柢』與『氏』通。史記秦始皇紀『大氏盡畔秦吏』，正義曰：『氏，猶略也。』『此其柢也』，猶云此其略也。」

㉖倚人：「倚」本作「畸」（釋文）。按：「倚」當為「奇」，「倚人」，異人（郭慶藩說）。

㉗黃繚（liáo 僚）：姓黃名繚。楚人，辯士。戰國策載魏王使惠子於楚，楚中善辯者黃繚輩爭為詰難（清徐廷槐說）。

㉘其塗隩矣：謂其道深（李頤註）。他走的道路是曲折的（依 B. Watson 英譯本譯）。

㉙庸：同功、用。

㉚夫充一尚可，曰愈貴道，幾矣：發揮一技之長還可以稱能，可以這樣說：「如果他能尊重道，那就差不多了。」（選輯今譯）按：「充一」的「一」，指一端、一技，不是指道。

林希逸說：「『充』，足也。若但以一人之私見而自足，猶可。」

宣穎說：「由充一而愈尊夫道，庶幾矣。」

陳壽昌說：「夫使不囿於一，其才尚堪造就，益貴道術，則庶幾矣。」

【今譯】

惠施以為這些是最大的道理，顯耀於天下而曉示於辯者，天下的辯者也都喜歡這學說：「卵中有毛；雞有三隻腳；楚國郢包有天下；犬可以是羊；馬有卵；蝦蟆有尾巴；火是不熱的；山是有口的；車輪不着地；眼睛不能看見東西；指事不能達到物的實際，即使達到也不能絕對窮盡；烏龜比蛇長；用矩畫出來的並不方，用圓畫出來的並不圓；鑿孔不圍繞孔內的枘木；飛鳥的影子不曾移動；箭鏃發射疾速卻有不前進不停止的時候；狗不是犬；黃馬驪牛是三個；白狗是黑的；孤駒未曾有母；一尺長的杖，每天取去它的一半，萬世都取不盡。」辯者用這些論題和惠施相對應，終身沒有窮盡。

桓團和公孫龍都是辯者一類的人，迷惑人心，改變人的看法，能夠勝過人的口舌，卻不能折服人的心，這是辯者的局限。惠施天天運用他的機智和人辯論，獨自和天下的辯者創造怪說，這就是他們的概略情形。

然而惠施的口辯，自以為最能幹，說：「天地偉大麼？」惠施有雄心而不知道術。南方有個名叫黃繚的奇人，問天地之所以不墜不陷，以及風雨雷霆的原因。惠施不加推辭而回應，不加思慮而對答，遍說萬物，說個不停，多得不窮盡，還以為說得少，更加上一些怪說。他用違反人的常理做為實情，要來勝過人求名聲，因此和衆人不適調。弱於德的修養，強於物的究析，他走的道路是曲折的。由天地的大道來看惠施的才能，他就像一隻蚊蟲那樣徒勞。對於萬物有什麼用？他發揮一技之長還可以，要是說能進一步尊重大道，那就差不多了！惠施不能夠自安於道，分散心思於萬物而不厭倦，終而以善辯成名。可惜呀！惠施的才能，放蕩而無所得，追逐萬物而不回頭，這是用聲音來止住回響，形體和影子競走，可悲呀！

本書主要參考書

郭　象　莊子註
陸德明　經典釋文莊子音義
成玄英　莊子疏
呂惠卿　莊子義
陳景元　南華真經章句音義
王元澤　南華真經新傳
林希逸　南華真經口義
褚伯秀　南華真經義海纂微
羅勉道　南華真經循本
焦　竑　莊子翼
陳　深　莊子品節
釋德清　莊子內篇註
方以智　藥地炮莊

林雲銘　莊子因
王夫之　莊子解
宣　穎　南華經解
徐廷槐　南華簡鈔
浦起龍　莊子鈔
王懋竑　莊子存校
胡文英　莊子獨見
周拱辰　南華真經影史
姚　鼐　莊子章義
王念孫　莊子雜志
方　潛　南華經解
王闓運　莊子內篇註
俞　樾　莊子平議

劉鳳苞　南華雪心編
陳壽昌　南華真經正義
馬其昶　莊子故
孫詒讓　莊子札迻
郭慶藩　莊子集釋
吳汝綸　莊子點勘
王先謙　莊子集解
章炳麟　莊子解故
陶鴻慶　讀莊子札記
劉師培　莊子斠補
林　紓　莊子淺説
武延緒　莊子札記
奚　侗　莊子補註
朱桂曜　莊子內篇證補
馬叙倫　莊子義證
丁展成　莊子音義繹
蔣錫昌　莊子哲學
劉文典　莊子補正

王叔岷　莊子校釋
胡懷琛　莊子集解補正
高　亨　莊子新箋
于省吾　莊子新證
楊樹達　莊子拾遺
王治心　莊子研究及註釋
葉玉麟　白話莊子讀本
曹受坤　莊子哲學
張默生　莊子新釋
聞一多　莊子內篇校釋
劉　武　莊子集解內篇補正
錢　穆　莊子纂箋
關　鋒　莊子內篇譯解和批判
嚴靈峯　道家四子新編
李鍾豫　語體莊子
陳啓天　莊子淺説
張成秋　莊子篇目考
李　勉　莊子總論及分篇評註

黃錦鋐　新譯莊子讀本
福永光司　莊子（日本朝日新聞社　新訂中國古典選叢書）
金谷治　莊子（日本岩波書店　岩波文庫）
曹礎基　莊子淺註
王叔岷　莊子校詮
楊柳橋　莊子譯詁
馬恆君　莊子正宗

□ 責任編輯：劉 華
□ 裝幀設計：李婧琳

莊子今註今譯

□
註譯
陳鼓應

□
出版
中華書局（香港）有限公司
香港北角英皇道 499 號北角工業大廈一樓 B
電話：(852) 2137 2338 傳真：(852) 2713 8202
電子郵件：info@chunghwabook.com.hk
網址：http://www.chunghwabook.com.hk

□
發行
香港聯合書刊物流有限公司
香港新界大埔汀麗路 36 號
中華商務印刷大廈 3 字樓
電話：(852) 2150 2100 傳真：(852) 2407 3062
電子郵件：info@suplogistics.com.hk

□
印刷
陽光印刷製本廠
香港柴灣安業街 3 號 新藝工業大廈 6 樓 G, H 座

□
版次
2012 年 9 月初版

□
規格
特 32 開（153 mm × 210 mm）

□
ISBN：978-988-8148-74-5